RÉPÉTITIONS

DE

DROIT CRIMINEL

CORBEIL. — TYP. ET STER. DE CRÉTÉ FILS.

RÉPÉTITIONS

DE

DROIT CRIMINEL

(Code pénal et Code d'instruction criminelle)

PAR

ALFRED DIEUDONNÉ

AVOCAT A LA COUR D'APPEL DE PARIS

> Optima lex quæ minimum relinquit
> arbitrio judicis.
> *Bacon. Aphor. 8.*

Cet ouvrage, au courant des lois nouvelles, comprend
toutes les matières exigées pour le second examen de baccalauréat
et est suivi du Formulaire en usage au parquet de la Seine.

PARIS

A. MARESCQ AINÉ, LIBRAIRE-ÉDITEUR

17, RUE SOUFFLOT, 17

—

1873

AVERTISSEMENT

Nul plus que moi n'apprécie le mérite des différents traités qui ont été publiés sur le droit criminel. Mais les uns, véritables monuments de la science juridique, ne sont pas destinés à la préparation des examens ; d'autres, incomplets et déjà anciens, semblent plutôt un recueil de dissertations détachées qu'un traité méthodique ; d'autres enfin, sorte de réduction au millimètre des ouvrages des maîtres, manquent d'unité et de proportion.

J'ai donc cru qu'il y aurait peut-être quelque utilité à offrir aux étudiants un livre très-court, contenant, sous une forme aussi simple que possible, l'explication des principes généraux du droit criminel, et présentant, à côté des déductions de la science, les règles de la jurisprudence.

Ce livre, tout à fait élémentaire, renferme l'explication de la partie générale du Code pénal et du Code d'instruction criminelle. J'ai cru devoir y joindre le commentaire sommaire des lois transitoires votées par l'Assemblée qui siége à Versailles, et notamment de celles du 21 novembre 1872, sur le jury, et du 25 mars 1873, sur la condition des déportés à la Nouvelle-Calédonie.

J'ai suivi, autant que possible, l'ordre du Code. Cependant, pour plus de clarté, j'ai quelquefois scindé mes explications. C'est ainsi qu'au lieu de grouper sous un chapitre unique les différentes manières de se pourvoir contre les arrêts et les jugements, j'ai préféré traiter séparément, dans les sections consacrées aux diverses juridictions, des voies de recours dont elles sont susceptibles.

Attaché pendant plusieurs années au cabinet d'un criminaliste célèbre, j'ai vu fonctionner de près la procédure criminelle, et j'ai eu mainte occasion de constater que les errements de la pratique s'écartent souvent des données de la science. J'ai noté avec soin ces divergences, et j'ai fait suivre mes explications du formulaire en usage au parquet de la Seine. Sans doute, la connaissance des formules ne présente, quant à la préparation des examens, qu'un intérêt très-éloigné. Il peut arriver cependant que la lecture d'un acte, en matérialisant et en mettant, pour ainsi dire, en mouvement les dispositions de la loi, en facilite l'intelligence et les grave plus profondément dans la mémoire. — Je n'ai publié, du reste, que les formules les plus usuelles, telles que les citations et assignations, les divers mandats, les arrêts de renvoi et actes d'accusation.

Le droit pénal, a dit un jurisconsulte, a l'inconvénient de prêter à la phrase. L'auteur qui signalait cet écueil, y est fréquemment tombé. Je crois l'avoir évité. S'il n'a pas d'autre mérite, ce livre a celui-là. Aussi ai-je fait souvent violence à mes convictions les plus chères pour rester fidèle au programme que je m'étais tracé. Je suis de ceux qui pensent que nos Codes ne sont plus en harmonie avec les mœurs et les besoins de la société moderne, et qu'une refonte générale de nos lois est nécessaire, surtout en ce qui concerne la législation criminelle. Cependant je me suis borné à expliquer la loi, telle qu'elle est, laissant à ceux qui ont l'expérience et l'autorité voulues le soin de signaler les *desiderata* de la science, et me bornant à souhaiter, dans un avenir prochain, une révision plus large, plus généreuse et plus philosophique que celle de 1832.

Le professeur éminent que l'École de Paris vient de perdre avait bien voulu accepter l'hommage de ce petit traité. Avec cette bienveillance inépuisable qui l'avait rendu si populaire parmi les étudiants, il avait daigné m'honorer de ses conseils et de ses critiques.

.....A monsieur Ortolan donc, mon savant et regretté maître, je dédie cet humble manuel, écrit sans aucune prétention doctrinale, et sans autre désir que celui d'être utile à quelques-uns.

Puisse ce patronage posthume m'aider à atteindre ce but !

ALFRED DIEUDONNÉ, avocat à la Cour d'appel, répétiteur de droit.

Paris, le 15 mai 1873,
241, rue Saint-Jacques.

INTRODUCTION.

DES ORIGINES DE NOTRE LÉGISLATION CRIMINELLE

Le fonds de notre droit pénal est dans l'élément germanique mêlé à l'élément gallo-romain. Le droit romain s'était introduit par la conquête dans une partie des Gaules ; mais lorsqu'au cinquième siècle, la société romaine succomba sous les invasions des barbares, ses règles disparurent en partie devant les coutumes de ces peuples nouveaux.

Le principe qui dominait à cette époque était la vengeance individuelle. La répression des délits se faisait par la voie des armes. Mais la vengeance pouvait se racheter : de là, le système des *compositions*, sorte de transaction entre l'accusé et la partie poursuivante. Les lois déterminaient la somme à payer pour chaque délit. Ces compositions étaient désignées sous le nom de *Wehrgeld*. Elles variaient suivant la nature du fait et la qualité des personnes. Leur taux étant, en général, très-élevé, l'offensé eut un grand intérêt à suivre cette marche et à renoncer ainsi à sa vengeance. Bientôt le pouvoir social s'attribua une portion des compositions. Cette somme payée au représentant du pouvoir était comme l'amende de la violation de la paix publique. On l'appelait *fredum* ; la part attribuée à l'offensé se nommait *faida*. Ainsi, les peines étaient toujours pécuniaires, quelle que fût la gravité du délit.

Il existait cependant des peines corporelles réservées aux crimes de trahison. Elles se réduisaient le plus souvent à la peine de mort, dont les deux formes principales étaient l'écartellement à quatre chevaux et le feu.

Lorsque les lois barbares eurent perdu insensiblement leur empire, les peines se multiplièrent.

Celles en usage sous le régime féodal furent la mort, la mutilation, l'emprisonnement, l'amende, l'échelle (exposition publique au haut d'une échelle).

Enfin, dans le dernier état de notre ancienne jurisprudence, elles formaient plusieurs catégories ; on les divisait en capitales, afflictives, infamantes et non infamantes.

On appelait *capitales* les peines qui entraînaient la perte de la vie ou la privation pour toujours de la liberté. On en comptait quatre de cette nature : la mort, le bannissement à perpétuité hors du royaume, les galères perpétuelles et la réclusion à perpétuité dans une maison de force ou dans un hospice. Toutes ces peines, qui étaient à la fois afflictives et infamantes, emportaient la mort civile et la confiscation.

Le genre de mort le plus ordinaire était la potence. Les gentilshommes étaient décapités. La roue était réservée pour les crimes atroces, tels que l'assassinat avec préméditation et le vol sur les grands chemins. La peine du feu était en usage pour les sacriléges et les crimes contre nature.

Ceux qui attentaient à la vie du roi avaient le poing coupé ; ils étaient tenaillés aux bras, aux mamelles et aux cuisses, sur lesquelles on jetait du plomb fondu, de l'huile bouillante, de la poix résine brûlante, de la cire et du soufre fondus ensemble ; leur corps était tiré et démembré à quatre chevaux, leurs membres jetés au feu, leurs biens confisqués, la maison où ils étaient nés, rasée, avec défense d'y bâtir à l'avenir ; leurs père et mère étaient bannis à perpétuité du royaume, avec défense d'y revenir sous peine d'être pendus ; enfin défense était faite à leurs frères, sœurs, oncles et autres parents de continuer à porter leur nom. Tel fut le supplice que subirent Châtel, Ravaillac et Damiens. Ce crime était imprescriptible.

On appelait *afflictives* les peines qui infligeaient une souffrance au corps ou le gênaient dans sa liberté. C'étaient : les galères à temps (trois, cinq, six ou neuf ans) ; la réclusion à temps (même durée) ; le fouet ; le bannissement à temps (trois, cinq, six ou neuf ans) ; le bannissement perpétuel hors d'une province ; le pilori et le carcan.

Les peines *infamantes* étaient l'amende honorable, le blâme et l'amende.

Enfin les peines *non infamantes* étaient l'admonition et la condamnation à une aumône.

Les juges jouissaient d'un pouvoir discrétionnaire pour la détermination de la peine. Ils pouvaient ajouter des peines accessoires à la peine principale, et même appliquer cumulativement deux modes d'exécution. On connaît ce passage de Pothier si souvent cité : « Il y a quelques années, la cour con- « damna un parricide de ce pays-ci à être roué, et « ensuite jeté au feu tout vivant. » Il y avait même certains délits dont la punition était laissée à *l'arbitrage du juge ;* quant aux faits qui n'étaient pas spécialement prévus, ils étaient punis *suivant la gravité du cas.*

Après cet exposé sommaire des diverses phases de la pénalité en France, il nous reste à parler de la procédure.

Deux procédures ont été successivement en usage : la procédure *accusatoire*, depuis l'ère barbare jusqu'au quinzième siècle, et la procédure par *inquisition*, depuis le quinzième siècle jusqu'en 1789.

I. — *Procédure accusatoire.*

La conquête avait laissé subsister les anciennes divisions territoriales de la Gaule. Chacune d'elles fut placée sous les ordres d'un chef appelé dans la langue romaine *dux* ou *comes*, et dans la langue germanique *graf* ou *grafio*. Ce chef était investi des pouvoirs militaire, administratif et judiciaire.

La justice était rendue dans des assemblées nommées *mallum* ou *placitum*, qui se tenaient à des époques fixes et périodiques. Le chef de la juridiction ne participait pas au jugement : il se bornait à présider les juges. Les juges étaient les hommes libres de chaque canton (*boni homines*). On les appelait *Arimans* ou *Rachimbourgs*. Le concours de sept juges était nécessaire pour former un *placitum*. Le *mallum* du comte était la juridiction ordinaire. A côté se trouvaient les juridictions de ses lieutenants : les viguiers ou vicomtes, les centeniers, les dizainiers auxquels il déléguait son autorité dans les subdivisions éloignées. Ils tenaient comme le comte un *plaid* (placitum) où les hommes libres, réunis sous leur présidence, rendaient leurs jugements.

Dans une sphère supérieure, étaient placées deux juridictions exceptionnelles : le *placitum palatii*, présidé par le roi ou le comte du palais, qui jugeait principalement les actes de rébellion, et le *placitum generale Francorum*, ou assemblée générale des Francs, qui connaissait des accusations politiques les plus graves.

La poursuite était exercée par la partie lésée ; elle citait directement l'accusé devant le tribunal. L'assignation était donnée en présence de témoins pour comparaître à sept jours. Si l'accusé ne se présentait pas au jour indiqué, il pouvait être amené de force devant les juges. Il devait être laissé en liberté, quelque grave que fût l'accusation lorsqu'il possédait des biens ou fournissait caution.

L'audience était publique. Les modes de preuve

étaient l'aveu, la preuve testimoniale, le serment, les épreuves et le combat judiciaire.

1° *Aveu.* — Il est souvent question dans la loi salique de l'aveu de l'accusé, et la manière dont elle s'exprime démontre que cet aveu suffisait pour motiver une condamnation, même en matière criminelle. C'était seulement à défaut d'aveu qu'on avait recours aux autres preuves. La loi l'encourageait en diminuant la peine à l'égard de celui qui l'avait fait. On ne trouve point pendant cette période l'usage de la question pour arracher des aveux aux hommes libres. On ne l'employait qu'à l'égard des esclaves.

1° *Preuve testimoniale.* — La preuve testimoniale était la première à laquelle les juges devaient recourir. L'accusateur produisait ses témoins ; l'accusé lui opposait les siens. Les témoins devaient prêter serment de dire la vérité, et déposer à jeun ; ils devaient être interrogés séparément, et pouvaient être reprochés.

2° *Serment.* — Lorsque les dépositions des témoins étaient contestées, ou, à défaut de cette preuve, on déférait le serment à l'accusé.

Un pareil usage devait entraîner de fréquents abus. Pour y remédier, on eut recours au serment *compurgatoire* prêté par les amis et les parents de l'accusé, que l'on appelait *conjuratores* ou certificateurs, et dont le rôle consistait à affirmer que le serment prêté par l'accusé méritait créance. Leur nombre variait suivant la nature de la cause et la qualité des personnes. Il s'élevait quelquefois jusqu'à soixante-douze.

3° *Épreuves*. — A côté des *conjuratores*, les coutumes barbares avaient placé les épreuves ou *ordalies*. On n'y avait recours qu'à défaut d'autres preuves. Les principales épreuves étaient celles de l'eau bouillante, de l'eau froide, du fer rouge, du sort, de la plaie saignante, de la croix, du pain et du fromage, et de la balance.

Épreuve de l'eau bouillante. — L'accusé devait plonger le bras nu dans un bassin rempli d'eau bouillante et en retirer un anneau qui se trouvait au fond. Si le bras restait intact, l'accusé était absous.

Épreuve de l'eau froide. — On jetait le prévenu à l'eau, les pieds et les mains liés. S'il surnageait, on le considérait comme coupable; s'il allait au fond, il était réputé innocent, et on le retirait.

Épreuve du fer rouge. — L'accusé devait porter un fer rouge dans ses mains nues, sans se brûler, ou marcher pieds nus sur neuf socs de charrue rougis au feu.

Épreuve du sort. — Cette épreuve avait lieu au moyen d'un certain nombre de petites verges blanches et d'une noire. L'accusé, les yeux bandés, devait en tirer une : s'il amenait la verge noire, il était coupable.

Épreuve de la plaie saignante. — Cette épreuve était employée pour découvrir l'auteur d'un meurtre resté inconnu. On faisait passer devant le cadavre tous ceux qui étaient soupçonnés. Celui à l'approche duquel la plaie commençait à saigner était le coupable.

Épreuve de la croix. — Le prévenu devait se tenir immobile, les bras étendus, devant une croix, pendant un temps déterminé. Au moindre mouvement, il était reconnu coupable. Cette épreuve était employée aussi dans les contestations civiles.

Épreuve du pain et du fromage. — L'accusé devait avaler un morceau de pain et un morceau de fromage consacrés par des rites et voués aux imprécations. S'ils passaient sans encombre, l'innocence était démontrée. Dans le cas contraire, la culpabilité était évidente.

Épreuve de la balance. — Cette épreuve avait lieu dans les accusations de sorcellerie. Elle reposait sur la croyance que les personnes en relation avec l'esprit malin n'avaient plus leur poids naturel. La coutume de réputer coupables les accusés qui surnageaient dans l'épreuve de l'eau froide, était fondée sur la même superstition.

Les épreuves avaient un caractère religieux. Elles s'accomplissaient le plus souvent dans les églises, et étaient dirigées par les prêtres et accompagnées de rites et de prières. On peut supposer que les prêtres avaient une grande influence sur leurs résultats, et qu'au moyen de certaines fraudes et de recettes inconnues du vulgaire, ils pouvaient favoriser les accusés auxquels ils s'intéressaient.

Les épreuves commencèrent à tomber en désuétude vers le neuvième siècle. Elles furent réservées pour les serfs. Dès le commencement du treizième siècle, elles avaient complétement disparu.

4° *Combat judiciaire.* — Montesquieu rattache l'origine du combat judiciaire à la preuve négative par serment. « Quand on faisait une demande, dit-« il, et qu'on voyait qu'elle allait être éludée par un « serment, que restait-il à un guerrier qu'à deman-« der raison du tort qu'on lui faisait ? » L'usage de ce combat est pour la première fois consacré dans la loi des Bourguignons, connue sous le nom de loi *Gombette.* Il ne tarda pas à se généraliser et à prendre place dans les lois des Francs ripuaires, dans celles des Bavarois, des Saxons et des Lombards.

Le combat n'était pas restreint aux parties ; elles pouvaient aussi s'attaquer aux témoins et leur offrir le combat. Elles pouvaient même jeter aux juges une accusation de mensonge et les contraindre à venir en champ clos soutenir leur sentence.

Ce fut là l'origine de l'appel. On *faussait* le jugement, en prétendant qu'il avait été faussement et méchamment rendu. L'appelant devait offrir le gage de bataille à tous les juges. S'il ne le faisait pas, il était à l'instant décapité. S'il offrait de justifier son accusation, il devait se battre avec tous les juges, un à un, et les vaincre tous en un jour. Vainqueur, il avait gagné son procès ; vaincu, fût-ce par le dernier, il était pendu. Plus tard, il put demander que chaque juge émît son avis à haute voix. Il formulait alors son accusation contre le premier juge qui opinait contre lui. Il n'y avait plus qu'un combat à soutenir.

Enfin, à la peine de mort fut substituée une forte amende.

Louis IX est le premier de nos rois qui ait sérieusement travaillé à abolir le combat judiciaire. En 1245, il établit la *quarantaine du roy*, nommée aussi *trêve de Dieu*. C'était un intervalle de quarante jours qui suivait chaque querelle, et pendant lequel les voies de fait étaient interdites.

En 1260, il défendit le combat judiciaire dans ses domaines, et son exemple fut suivi par quelques barons.

Philippe le Bel continua l'œuvre réformatrice commencée par Louis IX. Son ordonnance de 1306 abolit définitivement le combat judiciaire en matière civile, et le restreignit à un petit nombre de cas en matière criminelle. Insensiblement et par degrés, à mesure que la juridiction du roi empiétait sur celle des seigneurs, il finit par disparaître complétement.

Telle était l'organisation de la justice pendant la période barbare. Charlemagne remplaça les Rachimbourgs, qui n'avaient pas de caractère officiel, par les *Scabins* (d'où sont venus les échevins des villes), qui étaient institués par le prince et furent les premiers juges permanents.

L'établissement du régime féodal amena un changement considérable dans l'administration de la justice. Chaque seigneur devint juge dans son fief des différends survenus entre ses vassaux. Les assises étaient présidées à l'origine par les seigneurs, et plus tard, par leurs lieutenants. Les justices féodales se divisaient en hautes, moyennes et basses justices. Elles s'appelaient prévôtés, châtellenies, vicomtés, vigueries. Le principe essentiel de cette juridiction était le jugement par les *pairs*.

Sous cette période, le combat judiciaire tend à se substituer aux modes ordinaires de preuve. La défense est orale et publique. Les épreuves du fer chaud, de l'eau bouillante, etc., le serment de l'accusé sont tombés en désuétude. L'accusé ne peut témoigner ni pour lui, ni contre lui. Il a le choix entre le combat judiciaire et la preuve testimoniale. Une fois le jugement rendu, il existe une voie extraordinaire d'annulation : *l'appel de faux jugement*, qui était soutenu par gages de bataille.

A côté des justices seigneuriales fonctionnait la justice ecclésiastique. L'Église établit le privilége clérical, qui enleva tous ses membres aux justices séculières. Elle institua les officialités, qui attirèrent tous les délits qui touchaient à ses intérêts, ou avaient quelque apparence d'offense envers la religion. Les cours ecclésiastiques, comme nous le verrons tout à l'heure, créèrent de nouvelles règles de procédure. Elles substituèrent la dénonciation à l'accusation, et établirent le système des enquêtes, qui fut la source de la procédure d'office et de l'instruction secrète.

La justice féodale subit de graves atteintes à mesure que l'autorité royale se développa. Comme seigneur suzerain, le roi fit aboutir dans ses justices les appels portés contre les sentences des juges seigneuriaux. L'établissement des *cas royaux* et l'extension qui leur fut donnée continua à étendre la juridiction royale. Les cas royaux étaient des crimes et des délits dont la connaissance était réservée aux officiers du roi (prévôts, baillis ou sénéchaux), ou aux cours de parlement. Il existait aussi des *cas privilégiés*, fondés sur la qualité des accusés et établis en faveur des nobles et des officiers de judicature.

L'institution des appels nécessita l'augmentation des justices royales. La cour du roi prit le nom de parlement et devint sédentaire sous Philippe le Bel. Une ordonnance de 1320 l'avait divisée en trois chambres : la chambre des *requêtes*, qui délivrait des lettres de justice autorisant le demandeur à citer la partie adverse; la chambre des *enquêtes*, qui procédait aux actes d'instruction, et la *grand'chambre*, qui jugeait. Une ordonnance de 1413 créa, pour le jugement des affaires criminelles, une chambre particulière appelée *la Tournelle*.

Enfin l'action publique cessa d'être abandonnée à l'intérêt privé par l'institution du *ministère public*, dont on rencontre la première trace dans une ordonnance de 1355.

II. — *Procédure par inquisition.*

C'est par le droit canonique qu'a été introduite en France la procédure inquisitoire. L'Église, qui réprouvait les épreuves et le combat judiciaire, les avait remplacés dans ses tribunaux par l'audition des témoins. L'instruction était écrite, et la défense libre.

Les tribunaux ecclésiastiques avaient d'abord été institués pour la défense des droits du clergé, mais bientôt ils revendiquèrent toutes les causes intéressant la foi, et dans leurs luttes contre l'hérésie, ils eurent recours aux rigueurs de l'instruction secrète et de la torture, qui avait cessé, depuis plusieurs siècles, de figurer au nombre des moyens de preuve.

Louis IX, en défendant dans ses domaines, par l'ordonnance de 1260, le combat judiciaire, ordonna d'y substituer la preuve par témoins, en usage dans les justices ecclésiastiques. Or, en empruntant cette procédure au droit canonique, on en suivit naturellement les formes.

Il y eut d'abord deux sortes d'enquête : l'enquête proprement dite et l'*aprise*.

La première avait lieu en présence de l'accusé, qui pouvait récuser les témoins et produire des témoins justificatifs.

L'*aprise* n'admettait ni la présence de l'accusé, ni les récusations : elle était faite d'office par le juge sur une dénonciation. Elle finit par devenir la règle générale.

Ainsi, substitution de la dénonciation à l'accusation, information préalable secrète, poursuites d'office par le juge, abandon de la publicité des débats, réapparition de la torture : tels furent les

changements apportés dans la procédure criminelle sous l'influence des justices ecclésiastiques.

Du reste, ce ne fut que dans le quinzième siècle
que l'instruction devint réellement secrète et que
la liberté de la défense fut supprimée. L'ordonnance de 1498 ne permettait la plaidoirie à l'audience que dans le cas où, malgré l'emploi de la
torture, on n'avait pu obtenir l'aveu de l'accusé.
L'ordonnance de Villers-Cotterets (1539), due à
l'impie Poyet, comme l'appelle Dumoulin, restreignit encore le droit de défense, en refusant tout défenseur à l'accusé. On sait que l'auteur de cette ordonnance en fut une des premières victimes.

Accusé de péculat et de concussion devant le parlement, Poyet réclamait un défenseur ; mais le juge
lui répondit ces justes paroles : *Patere legem quam
ipse tulisti.*

Enfin la célèbre ordonnance de 1670, rendue
malgré les vives réclamations du président de La-
moignon, organisa définitivement la procédure in-
quisitoriale. Il importe d'en rappeler les principales
dispositions.

Les crimes étaient poursuivis sur la dénonciation
ou sur la plainte de la partie lésée, ou d'office par
le juge. L'information première était secrète. Les
dépositions des témoins étaient déposées au greffe.
Ordinairement le juge demandait à l'évêque un
monitoire, c'est-à-dire la publication en chaire,
dans toutes les paroisses du diocèse, d'une invitation
aux fidèles, sous peine de censures ecclésiastiques,

de révéler à la justice ce qu'ils savaient du crime ou de ses auteurs.

L'information achevée, la procédure était communiquée aux gens du roi, qui étaient tenus de donner leurs conclusions dans les trois jours : l'accusé devait être interrogé dans les vingt-quatre heures de son arrestation. On lui faisait préalablement *prêter serment* de dire la vérité. Il ne pouvait communiquer avec un conseil que lorsqu'il s'agissait de crimes non capitaux, ou de certains crimes spéciaux, tels que le péculat, la banqueroute, le faux en écriture. Alors, si le fait était de nature à entraîner des peines corporelles ou infamantes, l'affaire était réglée à l'*extraordinaire*. L'accusation était *instruite* par la voie des *récolements* et de la *confrontation*. Le récolement était la lecture aux témoins de leurs dépositions qu'ils pouvaient modifier. Les accusés étaient récolés sur leurs interrogatoires. La confrontation était la représentation à l'accusé des témoins qui avaient déposé contre lui. Ils devaient déclarer, en sa présence, que leurs dépositions étaient vraies et qu'ils y persistaient.

La procédure était ensuite portée devant le tribunal ou la Cour qui procédait à l'interrogatoire définitif, dit *sur la sellette*. L'accusé pouvait seulement alors faire valoir ses moyens justificatifs, et produire ses témoins à décharge. Les juges pouvaient ordonner que l'accusé serait appliqué à la *question*.

Il y avait deux sortes de questions : la question *préparatoire*, et la question *préalable*.

La question *préparatoire* précédait le jugement définitif et avait pour but d'obtenir de l'accusé l'aveu de sa culpabilité. Elle ne pouvait être ordonnée que lorsqu'il existait déjà contre l'accusé des preuves considérables, et seulement pour des crimes emportant la peine de mort. On en comptait encore *cent quinze* de cette nature en 1780! Toutefois, pour que la question pût être donnée, il fallait un arrêt confirmatif du Parlement. L'accusé y était envoyé avec le dossier. Il était entendu par la chambre criminelle, dite *la Tournelle*, ainsi nommée parce que les conseillers qui la composaient y siégeaient à tour de rôle. Lorsque le Parlement confirmait le jugement relatif à la question, l'accusé qui devait la subir était renvoyé au siége de première instance.

La question était *ordinaire* ou *extraordinaire* (c'est-à-dire double de l'ordinaire), selon la gravité des cas. Elle était donnée de différentes manières suivant l'usage des lieux : avec les *brodequins*, avec l'*estrapade*, avec l'*eau* ou le *feu*, ou l'*huile bouillante*. Avant, pendant et après la torture, l'accusé était interrogé, et l'on tenait note de ses réponses. Lorsque la question avait été ordonnée *sans réserve de preuves*, l'accusé qui l'avait subie sans faire aucun aveu était réputé innocent ; mais lorsqu'elle avait été ordonnée *avec réserve de preuves*, il pouvait néanmoins être condamné à toutes espèces de peines afflictives, excepté à la peine de mort.

Enfin la procédure revenait devant le tribunal, après une nouvelle communication au procureur du roi, et le jugement définitif était prononcé.

Les juges se trouvaient alors en présence du système des *preuves légales* dont nous devons dire quelques mots.

Les juges devaient statuer, non d'après leur conviction, mais d'après le caractère attaché par la loi aux différentes preuves.

On distinguait les preuves *pleines* et *semi-pleines, manifestes, considérables* et *imparfaites;* les preuves *concluantes, démonstratives, réelles, présomptives, affirmatives, négatives, conjecturales.*

Les indices étaient *violents, graves, légers.* On pouvait être condamné comme étant *véhémentement soupçonné* (1).

Lorsqu'il n'y avait pas assez de preuves, ni pour ni contre l'accusé, les juges pouvaient rendre un jugement de *plus ample informé* ou de *mise hors de Cour.*

Le *plus ample informé* était indéfini ou à temps. Le premier entraînait la mise en liberté sans caution de l'accusé, le second renfermait quelquefois l'obligation de rester en prison.

La *mise hors de Cour* était une absolution *ab instantia,* mais sans décharge morale de l'accusation. Elle était considérée comme infamante.

Lorsque la peine capitale était prononcée et que le

____

(1) On peut voir dans la *Gazette des tribunaux,* du 3 juillet 1842, un jugement du tribunal suprême de Berlin du 28 mars 1842, qui condamne un individu à 6 années de détention comme étant *véhémentement suspect.*

condamné était présumé avoir des complices, le jugement pouvait ordonner la question dite *préalable*, pour obtenir du condamné des révélations touchant ses complices. Cette torture subie, l'exécution suivait immédiatement.

La question préparatoire fut supprimée par la déclaration du 24 août 1780, et la question préalable par celle du 1er mai 1788.

Telle était la manière dont les procès criminels se jugeaient encore, sous le règne de Louis XVI, à la veille de 1789.

Rappelons également certaines procédures particulières. En cas de duel ou de suicide, on faisait le procès au *cadavre* ou à la *mémoire* du défunt. Si le corps était encore *extant*, il était *salé* ou embaumé. Cette conservation du cadavre permettait d'exécuter la peine du *traînement sur la claie*, prononcée contre les individus qui s'étaient suicidés.

On comprend qu'une pareille législation, critiquée avec la plus grande vivacité par Beccaria, par Filangieri, par Voltaire, par Servan, et en général par tous les écrivains du dix-huitième siècle, devait être réformée de fond en comble. Ce fut l'œuvre de l'Assemblée constituante.

Le décret du 8 octobre 1789 proclama la nécessité d'une réforme entière de l'ordre judiciaire, et établit quelques-unes des améliorations les plus urgentes : l'assistance d'un conseil, la délivrance d'une copie gratuite de la procédure, l'obligation pour le ministère public de motiver ses conclusions, et enfin la publicité des débats. Ces principes sont restés la base de nos codes criminels.

La loi du 16 août 1790 établit l'institution du jury, et consacra le principe de l'élection des magistrats.

En même temps un nouvel ordre judiciaire fut créé par les décrets des 19-22 juillet, 16-29 septembre 1791 qui établirent trois ordres de tribunaux : les tribunaux de police municipale, de police correctionnelle, et les tribunaux criminels.

Devant les tribunaux de police municipale et de police correctionnelle, l'instruction se faisait tout entière à l'audience. Devant les tribunaux criminels, fonctionnait le jury d'accusation sous la présidence d'un juge du tribunal, appelé *directeur du jury*. Les jurés d'accusation, au nombre de huit, après avoir entendu la lecture des pièces et les dépositions orales des témoins, déclaraient s'il y avait lieu ou non à accusation.

La loi du 25 septembre 1791 organisa la pénalité. Dans l'économie de cette loi, aucune peine n'était perpétuelle. La plus longue était celle des fers, qui pouvait s'élever jusqu'à vingt-quatre ans. Le juge n'avait aucune latitude pour l'application des peines ; il devait prononcer la peine édictée par la loi, sans pouvoir se mouvoir dans les limites d'un minimum et d'un maximum.

Le Code des délits et des peines du 3 brumaire an IV, qui, malgré son titre, s'occupait beaucoup plus de la procédure que des peines, modifia l'œuvre de l'Assemblée constituante dans beaucoup de dispositions secondaires. Nous aurons souvent à parler de ses règles sur la position des questions aux jurés.

Enfin, le 8 janvier 1808, fut présenté au Conseil d'État un projet de Code d'instruction criminelle et de Code pénal.

Le Code d'instruction criminelle fut discuté le premier. Sa discussion, commencée dans la séance du 8 janvier, fut terminée le 30 octobre 1808, et le projet présenté au Corps législatif fut décrété le 16 décembre de la même année. Mais il ne put être mis en vigueur avant la promulgation du Code pénal, dont le dernier titre ne fut décrété que le 20 février 1810. Tous deux furent mis en exécution à partir du 1er janvier 1811.

Ces deux Codes ont été modifiés par des lois postérieures que nous ferons connaître dans le cours de notre travail.

CODE PÉNAL

Le Code pénal, promulgué en 1810, revisé par la loi du 28 avril 1832, et modifié depuis par un grand nombre de dispositions législatives, est divisé en quatre livres.

Le premier, précédé de dispositions préliminaires, est relatif aux peines en matière criminelle et correctionnelle et à leurs effets; le second traite des personnes punissables, excusables ou responsables; le troisième s'occupe des crimes et des délits, et le quatrième des contraventions de police.

Outre les dispositions renfermées dans ces quatre livres, il en est d'autres, éparses dans le Code d'instruction criminelle, qui se rattachent au Code pénal par leur nature et leur portée. Ce sont notamment les art. 365 sur le cumul des peines, 321 et suivants sur les excuses, 619 et suivants sur la réhabilitation; 635 et suivants, sur la prescription de la peine.

Nous nous bornerons à expliquer les dispositions

préliminaires, les deux premiers livres, et l'art. 463 qui contiennent la partie générale du Code pénal, et renferment les matières exigées pour le second examen de droit.

Dispositions préliminaires (art. 1, 2, 3, 4, 5).

La loi divise les faits punissables suivant la nature des peines qu'elle prononce. L'infraction que les lois punissent de peines de police est une *contravention*. — L'infraction que les lois punissent de peines correctionnelles est un *délit*. — L'infraction que les lois punissent d'une peine afflictive ou infamante est un *crime* (art. 1).

Cette division, souvent critiquée, a pour but et pour avantage de déterminer la compétence des tribunaux qui doivent connaître de la poursuite.

Le mot *délit*, dans son sens le plus large, est toute espèce d'infraction à la loi pénale. C'est dans ce sens que le Code de brumaire an IV est appelé le *Code des délits et des peines*, et que Beccaria a intitulé ses recherches sur le droit criminel : *Traité des délits et des peines*. Ce mot n'a pris la signification restreinte qu'il a aujourd'hui que depuis le Code de 1810 ; et encore ce Code l'emploie-t-il souvent dans le sens général, notamment dans les expressions flagrant délit, délits connexes, corps du délit (art. 41, 59, 226 et 227 C. inst. crim., et 11, C. pén.). Le Code pénal prévoit un grand nombre de délits. Toutefois, il en existe beaucoup d'autres punis par des lois particulières : telles sont les lois sur la chasse, sur les brevets d'invention, la propriété littéraire, la police des cultes, la médecine et la pharmacie, sur les contributions indirectes, les associations, etc., etc.

Les criminalistes ont établi diverses classifications des délits d'après leur nature, abstraction faite de toute pénalité. C'est ainsi qu'ils ont divisé les délits en : délits intentionnels et non intentionnels ; délits d'action et d'inaction ; délits instantanés et continus ; délits simples et délits collectifs ; délits flagrants et non flagrants ; délits connexes et non connexes ; délits ordinaires et délits spéciaux ; délits politiques et délits non politiques.

SECTION I. — DIVERSES QUALIFICATIONS DES DÉLITS.

Nous n'expliquerons pas chacune des divisions que nous venons d'indiquer. Nous nous bornerons à dire quelques mots de celles qui présentent un véritable intérêt pratique.

§ 1. — *Délits intentionnels et non intentionnels.*

Les délits *intentionnels* sont ceux dans lesquels l'intention est une condition essentielle du délit. La peine, en effet, ne peut frapper qu'un coupable : or, il n'y a pas de culpabilité sans intention. La bonne foi anéantit la culpabilité ; mais elle doit porter sur le *fait*, et non sur le *droit*. On ne devrait pas renvoyer un accusé parce qu'il ne croyait pas que le fait incriminé fût défendu par la loi. C'est surtout en matière criminelle que la maxime : *Nemo jus ignorare censetur*, reçoit son application.

La jurisprudence a consacré ces principes (Cass., 11 décembre 1834).

On appelle *non intentionnels* les délits qui sont punissables même en l'absence de toute intention coupable. Tels sont les faits prévus par les art. 319, 192, 193, 194, 237, 249, 254. Telles sont aussi les contraventions aux lois de police municipale et rurale, les infractions en matière de douanes, en matière forestière, de contributions indirectes, etc. Aucune preuve n'est admise contre cette présomption. La culpabilité résulte du fait matériel même.

§ 2. — *Délits instantanés et délits continus.*

Les délits *instantanés* sont ceux qui ne se prolongent pas au delà de leur consommation. Tels sont l'homicide, l'empoisonnement, l'incendie, les coups et blessures, le viol, etc. Les délits *continus* sont ceux qui se prolongent après leur accomplissement pendant un temps plus ou moins long. Tels sont les rassemblements armés, les associations de malfaiteurs, la séquestration arbitraire, la détention d'armes de guerre, le vagabondage, etc.

L'intérêt de cette distinction consiste dans le point de départ de la prescription. Pour les délits instantanés, la prescription court du jour où ils ont été commis; pour les délits successifs, elle ne court qu'à partir de la consommation du dernier acte qui les constitue. Ainsi, en matière de séquestration illégale, la prescription ne court que du jour où la séquestration a cessé.

§ 3. — *Délits simples et délits d'habitude.*

En général, toutes les infractions à la loi pénale sont punissables, abstraction faite de leur réitération. Par exception certains faits délictueux ne sont punis que lorsqu'ils se sont reproduits un certain nombre de fois, et qu'ils constituent une sorte d'habitude. Ce sont les délits *collectifs* ou d'*habitude*. Nous citerons comme exemples : le délit d'usure, le délit d'excitation de mineurs à la débauche, et le délit de mendicité par un homme valide.

§ 4. — *Délits flagrants et non flagrants.*

Le délit est réputé *flagrant* soit lorsqu'il se commet actuellement ou qu'il vient de se commettre ; soit, lorsque le cri public désigne hautement l'auteur du crime ; soit, lorsque le prévenu est trouvé saisi d'effets, armes, instruments ou papiers faisant présumer qu'il est auteur ou complice, pourvu que ce soit dans un temps voisin du délit.

Nous étudierons, dans notre seconde partie, les conséquences qui résultent de la flagrance du délit. — Disons seulement ici :

1° Que lorsque le délit est *flagrant* le ministère public est, par exception, investi temporairement du droit de procéder lui-même aux actes les plus urgents de l'information ;

2° Que tout dépositaire de la force publique, et même *tout citoyen*, peut arrêter, sans *mandat*, l'individu coupable d'un flagrant délit ;

3° Que les flagrants délits correctionnels sont, depuis la loi du 20 mai 1863, soumis à une procédure expéditive.

§ 5. — *Délits connexes et non connexes.*

Les délits peuvent être connexes dans trois hypothèses, prévues par l'art. 227 du Code d'instruction criminelle :

1° Lorsqu'ils ont été commis *en même temps* par *plusieurs personnes réunies ;*

2° Lorsqu'ils ont été commis par *différentes personnes*, même en *différents temps* et en *divers lieux*, mais par suite d'un *concert* formé à l'avance entre elles ;

3° Lorsque les coupables ont *commis les uns* pour se *procurer les moyens de commettre les autres*, pour en *faciliter*, pour en *consommer l'exécution* ou pour en *assurer l'impunité*.

L'effet de la connexité, dont il est traité plus amplement dans notre seconde partie, est d'autoriser la jonction des procédures et d'étendre la compétence des juridictions. On sent, en effet, qu'il est impossible de scinder l'instruction de plusieurs délits liés entre eux, sans nuire à la manifestation de la vérité, et d'en diviser le jugement sans exposer les tribunaux à rendre sur des faits semblables, des décisions contradictoires.

SECTION II. — De la tentative (art. 2, 3).

On appelle *tentative* les différents actes par lesquels celui qui a résolu de commettre un crime ou un délit, en commence l'exécution. Il importe de rechercher à quel moment précis, et dans quelle mesure, il doit être puni. Pour arriver à cette détermination, il faut distinguer trois périodes : la résolution, la préparation, et le commencement d'exécution.

1° *Résolution*. — Évidemment la culpabilité morale commence dès cette première période; mais comme elle ne cause pas un préjudice social appréciable, elle échappe à la répression.

2° *Préparation*. — Ici nous avons des actes matériels, mais la criminalité sociale ne commence pas encore. Ces actes, en effet, n'ont pas un rapport direct et nécessaire avec un crime déterminé. J'achète un revolver : ce peut être pour commettre un crime, mais il se peut aussi que ce soit pour ma défense personnelle. Je me procure une échelle. Est-ce pour faciliter une escalade, ou pour l'employer à l'usage habituel auquel elle est destinée? On ne peut le savoir. Ces actes ne peuvent donc être incriminés que lorsqu'ils constituent une infraction *sui generis*.

3° *Commencement d'exécution.* — Ici les actes n'ont plus le caractère incertain des actes préparatoires. Ils sont rattachés au crime par une relation étroite et manifeste. L'escalade a été accomplie, l'individu est entré dans la maison, il a ouvert ou brisé les portes. C'est un commencement d'exécution.

Ce point atteint, deux hypothèses sont à envisager :

L'exécution du crime peut être interrompue — ou elle peut ne pas produire l'effet que l'auteur en attendait.

Première hypothèse. — L'exécution du crime peut être interrompue volontairement, comme par exemple, lorsque le voleur, pris de remords ou saisi de peur, se retire sans rien emporter.

Elle peut être interrompue forcément, par exemple, lorsque le voleur est découvert et saisi avant la consommation du crime.

Deuxième hypothèse. — Il est possible que l'agent fasse tout ce qui est nécessaire pour la perpétration de son crime, mais qu'il n'atteigne pas son but, par suite d'une circonstance imprévue. Prenons pour exemple le cas d'empoisonnement, et celui d'assassinat. Ainsi le poison a été administré, mais la victime a été soignée à temps et sauvée ; ou bien l'arme a éclaté entre les mains du meurtrier, ou la balle a été amortie par un obstacle quelconque.

Nous trouvons donc, dans la période d'exécution, trois phases distinctes qui peuvent se rencontrer :

1° tentative abandonnée ; 2° tentative arrêtée ; 3° crime manqué.

Dans chacune de ces phases, la culpabilité existe, mais à des degrés inégaux.

Telles sont les principales questions soulevées par notre matière. Examinons maintenant comment elles ont été résolues par notre législation pénale.

Des trois périodes que nous avons distinguées, la résolution et la préparation échappent, en règle générale, à toute pénalité. Dans la troisième, la tentative volontairement abandonnée n'est passible d'aucune peine : la tentative interrompue et le crime manqué sont punis des mêmes peines que le crime consommé.

Mais ces règles comportent plusieurs exceptions.

Et d'abord, dans certains cas, la loi punit la simple résolution. Ainsi :

1° L'art. 89 punit le *complot*, c'est-à-dire la *résolution* d'agir, concertée entre deux ou plusieurs personnes, lorsqu'il a pour but les crimes mentionnés aux art. 86 et 87, bien qu'il n'y ait eu ni commencement d'exécution, ni même aucun acte préparatoire. La loi ne se borne même pas à punir le complot ; elle punit également la proposition faite et non agréée de former un complot pour arriver aux crimes mentionnés dans les art. 86 et 87.

2° Les art. 265, 266 et 267 prévoient et punissent les associations de malfaiteurs, alors même qu'elles n'auraient été accompagnées ni suivies d'aucun crime.

2.

D'un autre côté, la règle suivant laquelle les actes préparatoires ne sont passibles d'aucune peine reçoit plusieurs exceptions.

1° Ainsi l'art. 277 punit de deux ans à cinq ans d'emprisonnement tout mendiant ou vagabond qui a été saisi travesti d'une manière quelconque, ou porteur d'armes, bien qu'il n'en ait usé ni menacé, ou muni de limes, crochets ou autres instruments propres, soit à commettre des vols ou autres délits, soit à lui procurer les moyens de pénétrer dans les maisons.

2° La loi punit également le simple fait de la détention des armes de guerre, et le port d'armes prohibées (art. 314).

3° Enfin, aux termes de l'art. 90, l'individu qui a formé seul la résolution de commettre un attentat contre la vie ou la personne du chef de l'État, et qui a commis un acte pour en préparer l'exécution, est passible de la détention.

En sens inverse, la tentative d'un crime qui n'a été suspendue ou n'a manqué son effet que par des circonstances indépendantes de la volonté de son auteur, n'est pas toujours punie comme le crime même, et, dans certains cas, n'est pas punie.

1° Aux termes de l'art. 179, la tentative de corruption d'un fonctionnaire public pour en obtenir un acte de son ministère, si elle est restée sans effet, au lieu d'être punie, comme le crime même, de peines afflictives et infamantes, ne donne lieu qu'à l'application de peines correctionnelles.

2° La tentative d'avortement, faite par une femme

sur elle-même, n'est passible d'aucune peine (art. 317, n° 2).

C'est une question controversée que de savoir si elle est punissable lorsqu'elle a été commise par toute autre personne. La jurisprudence de la Cour de cassation, contraire en cela à la doctrine, s'est prononcée pour l'affirmative.

3° Il résulte de la combinaison des art. 361 et 365 que la tentative de subornation de témoins n'est pas punissable.

Nous venons d'indiquer rapidement les caractères généraux de la tentative. Nous avons maintenant à examiner les règles particulières de la tentative suivant qu'il s'agit de crimes, de délits, ou de contraventions.

§ 1. — De la tentative de crime.

Aux termes de l'art. 2 : « Toute tentative de crime, « qui aura été manifestée par un commencement « d'exécution, si elle n'a été suspendue, ou si elle n'a « manqué son effet que par des circonstances indé- « pendantes de la volonté de son auteur, est considé- « rée comme le crime même. »

D'après les termes de cet article, la tentative n'est punissable qu'autant qu'elle a été manifestée par un commencement d'exécution. Mais qu'entend-on par actes d'exécution? Dans la pratique, la distinction entre ces actes et les actes préparatoires n'est pas toujours facile. Il n'y a point de règle générale à poser. C'est d'après les circonstances particulières à chaque espèce que la question doit être résolue. Ainsi acheter du poison, le remettre à un tiers qui doit l'administrer, ne sont que des actes préparatoires. Mais il y a commencement d'exécution, et par conséquent tentative, dès que le poison est présenté à la victime, ou mis à sa disposition.

C'est surtout en matière de vol avec effraction, escalade et fausses clefs qu'il est difficile d'établir la distinction entre les actes préparatoires et le commencement d'exécution.

Selon M. Faustin Hélie, « l'escalade, l'effraction, « l'usage de fausses clefs, sont en dehors de l'action « criminelle ; ils la précèdent, ils la préparent, mais « elle n'est pas encore commencée. Ces actes, en effet, « peuvent avoir pour but la perpétration d'un tout « autre crime que le vol ; ils peuvent préparer un « rapt, un viol. Mais si l'escalade était suivie d'un acte « quelconque d'exécution, telle que l'ouverture d'un « meuble, cela suffirait pour constituer la tentative. »

Nous ne pouvons admettre cette distinction. On peut répondre, en effet, que l'ouverture du meuble, de même que l'escalade, l'effraction et l'usage de fausses clefs, ne constitue qu'un acte préparatoire. Rien ne prouve qu'il ait été ouvert pour commettre un vol. Il est possible que l'auteur du fait ait eu pour but de surprendre un secret, de supprimer un titre, ou d'en altérer les énonciations.

L'escalade est un acte infiniment grave. La loi, dans certains cas, permet de la repousser par le meurtre (art. 329). Il nous paraît donc impossible de la considérer, d'une manière absolue et dans tous les cas, comme un simple acte préparatoire.

Nous pensons avec M. Bertauld que la solution de la question doit être subordonnée aux circonstances. Si rien n'indiquait quelle était l'intention précise du malfaiteur, il ne serait pas possible de le condamner ; mais si l'auteur du fait était un voleur de profession, s'il était démontré par les circonstances que son but était de commettre un vol, il devrait être réputé coupable de tentative dès le moment où il commencerait à employer un des moyens illicites que nous avons indiqués. C'est aussi l'avis de M. Ortolan.

Une question délicate nous reste à examiner :

Qu'arrivera-t-il si la tentative se produit dans des circonstances telles qu'elle ne puisse avoir aucun résultat ? Est-elle punissable ?

Supposons d'abord le cas où le crime était par lui-même impossible.

Ainsi je crois frapper quelqu'un dans son sommeil, mais il se trouve que cette personne était morte depuis la veille ; ou bien encore, je m'introduis, en l'absence d'un parent, dans son appartement, et j'y soustrais des valeurs importantes. Mais on apprend qu'au moment où la soustraction a été commise, ce parent était mort. Or je suis son unique héritier. J'ai soustrait ce qui m'appartenait déjà. Dans ces deux cas, il n'y a ni assassinat ni vol, mais y a-t-il eu tentative de ces crimes ? Évidemment non. Pour que la tentative soit punissable, il faut qu'il y ait eu commencement d'exécution ; or il ne peut y avoir commencement d'exécution d'une chose impossible en soi.

Supposons maintenant que le crime était possible en lui-même, mais qu'il ne pouvait être commis par les moyens qui ont été employés.

Ainsi un individu administre à une personne qu'il veut empoisonner des substances qu'il croit vénéneuses, mais qui sont inoffensives. Y a-t-il tentative punissable ? Nous ne le croyons pas. Ici encore il est vrai de dire que ce qui est impossible ne peut être exécuté, et par conséquent ne peut recevoir un commencement d'exécution.

Voyons maintenant dans quelle mesure la loi punit la tentative. Aux termes de l'art. 2, elle est considérée comme le crime même, c'est-à-dire punie des mêmes peines. Cette sévérité est vivement critiquée. Sans doute l'admission des circonstances atténuantes permet de tempérer la rigueur de la loi. Mais le système des circonstances atténuantes n'a pas été introduit pour remédier aux imperfections de la loi pénale. Il a pour but de permettre aux juges d'abaisser la pénalité dans les cas exceptionnels où la criminalité descend au-dessous de son niveau habituel. Or c'est dans tous les cas que la simple tentative est moins criminelle que le fait consommé. « Il est juste, « dit Beccaria, de réserver une peine plus grande au « crime consommé, pour laisser à celui qui n'a que « commencé le crime quelques motifs qui le détour- « nent de l'achever. »

La loi étant telle, il faut en tirer les conséquences, quelque dures qu'elles soient. Nous dirons donc que dans les cas où la tentative présente les caractères qui la rendent punissable, la peine atteint également les complices. En effet, la tentative étant assimilée au crime, il s'ensuit que les complices de la tentative doivent être considérés comme complices du crime consommé. Peu importe que, de leur part, il n'y ait pas eu commencement d'exécution. Il résulte de l'art. 60 que la complicité peut fort bien exister sans que les complices prennent aucune part à la perpétration. En effet, provoquer par dons, promesses ou menaces à commettre un crime, donner des instructions et fournir les moyens nécessaires pour le commettre, ce n'est assurément point participer au commencement d'exécution de ce crime. On peut donc se rendre complice d'une tentative de crime, sans participer au commencement d'exécution nécessaire pour qu'il y ait tentative.

§ 2. — *De la tentative de délit.*

En matière de crime, l'assimilation de la tentative au crime consommé forme la règle ; en matière de délit, elle n'est qu'une exception subordonnée à une disposition expresse de la loi.

« Les tentatives de délit, dit l'art. 3, ne sont consi-« dérées comme délits que dans les cas déterminés « par une disposition spéciale de la loi. »

Parmi les cas dans lesquels la loi punit la tentative de simple délit, nous citerons : 1° les tentatives d'évasion de détenus (art. 241 et 245); 2° les tentatives de vols (art. 388 et 401); 3° les tentatives d'escroquerie (art. 405).

Le principal motif qui a déterminé le législateur à établir cette distinction entre les crimes et les délits, c'est que les tentatives de délit ne se révèlent pas d'ordinaire par des caractères assez marqués pour qu'il soit possible de les saisir avec certitude.

§ 3. — *De la tentative de contravention.*

Le Code pénal ne parle pas de la tentative de contravention. Il faut en conclure qu'aucune peine ne peut alors être appliquée.

SECTION III. — DE LA NON-RÉTROACTIVIVÉ DES LOIS PÉNALES (art. 4).

Aux termes de l'art. 2 du Code civil, « la loi ne « dispose que pour l'avenir, elle n'a pas d'effet ré- « troactif. »

Ce principe domine toute notre législation pénale. L'art. 1 ne reconnaît de crimes, de délits ou de contraventions que dans les infractions spécialement prévues et punies par la loi; l'art. 4 dispose que « nulle contravention, nul délit, nul crime, ne peu- « vent être punis de peines qui n'étaient pas pronon- « cées par la loi avant qu'ils fussent commis; » les art. 159, 191 et 364 du Code d'instruction crimi- nelle veulent que les tribunaux renvoient absous l'individu traduit devant eux qui n'est reconnu coupable d'aucun fait qualifié crime, délit ou contravention.

Aucune induction, aucune raison d'analogie ne justifieraient une condamnation que ne prononcerait pas clairement la lettre de la loi.

Le principe de la non-rétroactivité des lois pénales reçoit cependant une exception.

Si depuis la perpétration du fait, mais avant la condamnation, une loi nouvelle est venue substituer à la pénalité ancienne une pénalité plus douce, c'est cette dernière qui doit être appliquée. L'équité ne permet pas, en effet, d'appliquer une peine que le législateur a déclaré être trop sévère. Il devrait en être de même, à plus forte raison, dans le cas où la pénalité aurait été abolie par la loi nouvelle.

Cette règle avait été formellement posée par le Code pénal de 1791. Le décret du 23 juillet 1810, relatif à la publication des Codes criminels, dispose, dans son art. 6, que « si la nature de la peine pro« noncée par le nouveau Code pénal était moins forte « que celle prononcée par le Code actuel, les cours « et tribunaux appliqueront les peines du nouveau « Code. »

Une disposition analogue se trouve dans l'art. 267 du Code de justice militaire du 9 juin 1857, et dans l'art. 376 du Code de justice militaire pour l'armée de mer du 4 juin 1858.

Que doit-on décider lorsque la loi nouvelle prononce une peine dont le maximum est inférieur, mais le minimum supérieur à celui de la loi sous l'empire de laquelle le fait a été commis?

Nous croyons qu'il faut combiner les deux lois de manière que l'accusé soit toujours condamné à la peine la moins sévère. Or la peine la moins sévère sera, tantôt celle de la loi nouvelle, tantôt celle de la loi contemporaine du délit. Les juges ont-ils reconnu en sa faveur des circonstances atténuantes, et veulent-ils lui appliquer le minimun de la peine, ils appliqueront la loi ancienne, puisque son *minimum* est inférieur à celui de la loi nouvelle ; veulent-ils, au contraire, lui appliquer le *maximum* de la peine, ils appliqueront la loi nouvelle, puisque son maximum est inférieur à celui de la loi ancienne.

Le principe de la non-rétroactivité ne s'applique pas aux lois de procédure et de simple instruction. « Tout ce qui touche à l'instruction des affaires, « disait l'arrêté du gouvernement du 5 fructidor an IX, « se règle d'après les formes nouvelles, sans blesser « le principe de non-rétroactivité, que l'on n'a jamais « appliqué qu'au fond du droit. » La jurisprudence a consacré cette règle. Lorsque, dans un intérêt public, on a changé ou détruit une institution, on ne peut exiger qu'elle soit recréée pour l'instruction d'un procès qui a pris naissance sous son empire. Que demain l'on découvre un crime commis par un ex-sénateur, devra-t-on ressusciter pour le juger la Haute Cour de justice, abolie par le décret du 19 septembre 1870 ? Il serait absurde de le prétendre.

LIVRE 1

DES PEINES EN MATIÈRE CRIMINELLE ET CORRECTIONNELLE ET DE LEURS EFFETS (art. 6 à 58).

Les peines peuvent être l'objet de plusieurs classifications, selon les différents points de vue sous lesquels on les envisage.

Le Code pénal les a divisées en trois classes, suivant la gravité des infractions auxquelles il les appliquait : 1° les peines criminelles, applicables aux crimes; 2° les peines correctionnelles, applicables aux délits; 3° les peines de simple police, applicables aux contraventions.

Il a subdivisé les premières en peines afflictives et infamantes et peines simplement infamantes.

On divise aussi les peines en *principales* et *accessoires*.

Il y a des peines qui sont toujours principales, et d'autres qui sont toujours accessoires; mais il en est qui sont tantôt principales, et tantôt accessoires.

La mort, les travaux forcés à perpétuité ou à temps, la détention, la réclusion, le bannissement sont toujours peines principales; l'interdiction légale, l'interdiction des droits civiques, civils ou de famille, la surveillance, la confiscation spéciale sont toujours accessoires.

La dégradation civique, l'emprisonnement, l'amende sont tantôt peines principales et tantôt peines accessoires. L'emprisonnement n'est peine accessoire que lorsque la dégradation civique est peine principale.

Enfin on peut diviser les peines en peines *perpétuelles* et *temporaires*, en peines de *droit commun* et en peines *politiques*, en peines *prescriptibles* et *imprescriptibles*. Ces divisions n'ont pas besoin d'explications. Nous ne nous y arrêterons donc pas. Disons seulement que les peines imprescriptibles sont celles qui consistent dans une déchéance, telles que l'interdiction légale, la dégradation civique, etc. — Revenons à la division du Code. Nous examinerons successivement : les peines en matière criminelle, correctionnelle et de simple police, — les peines communes aux matières criminelles et correctionnelles, — les peines communes aux trois catégories d'infractions, — et les peines de la récidive pour crimes et délits. Nous dirons ensuite quelques mots du cumul des peines, de la prescription et de la réhabilitation.

CHAPITRE PREMIER

DES PEINES EN MATIÈRE CRIMINELLE.

Nous avons dit que le Code pénal divise les peines en peines *afflictives et infamantes*, et en peines *in-*

famantes seulement (art. 6). Nous suivrons cette division.

SECTION I. — PEINES AFFLICTIVES ET INFAMANTES.

Les peines afflictives et infamantes sont : — 1° la mort ; — 2° les travaux forcés à perpétuité et à temps ; — 3° la déportation ; — 4° la détention ; — 5° la réclusion.

Nous allons passer en revue chacune de ces peines.

§ 1. — *De la peine de mort.*

Nous laisserons de côté la question si discutée de la légitimité de la peine de mort. Nous ne nous occuperons que de son exécution, et des cas où elle est encore applicable.

L'exécution de la peine de mort est réglée par les art. 12 et 14. L'art. 12 porte « que tout condamné à mort aura la tête tranchée. » Le Code pénal de 1810 voulait que le parricide, avant de subir la peine capitale, eût le poignet coupé ; la loi de 1832 a supprimé cette mutilation. Elle a conservé néanmoins, dans ce cas, un certain appareil aggravant. Aux termes de l'art. 13, le condamné est conduit sur le lieu de l'exécution *en chemise, nu-pieds* et la *tête couverte d'un voile noir ;* il reste exposé sur l'échafaud pendant qu'un huissier fait au peuple lecture de l'arrêt de condamnation. M. Faustin Hélie considère avec raison cette aggravation comme un reste de barbarie.

Autrefois les corps des suppliciés étaient jetés à la voirie. Aujourd'hui, ils sont rendus à leurs familles, si elles les réclament, à la charge par elles de les faire inhumer sans aucun appareil (art. 14).

Si une femme condamnée à mort se déclare enceinte, et s'il est vérifié qu'elle l'est réellement, l'art. 27 veut qu'il soit sursis à son exécution jusqu'après sa délivrance.

Aucune condamnation à mort ne peut être exécutée les jours de fêtes nationales ou religieuses, ni les dimanches (art. 25).

L'art. 377 (C. inst. crim.) prévoit le cas où, avant de subir sa peine, le condamné désire faire une déclaration. Cette déclaration doit être reçue par un des juges du lieu de l'exécution, assisté du greffier. Il est regrettable que, pour assurer l'observation de cet article, et ne pas laisser le condamné à la discrétion de l'exécuteur, la loi n'ait pas préposé un officier de justice à la surveillance des exécutions.

Voyons maintenant dans quels cas la peine de mort est encore applicable. Dans les dernières années de l'ancien régime, il existait *cent quinze* crimes punis de mort. Le Code de 1810 s'était aussi montré prodigue de cette peine terrible.

Lors de la réforme opérée en 1832 elle a été restreinte aux crimes qui compromettent la vie des personnes. Elle n'est plus applicable aux faux monnayeurs (art. 132), aux contrefacteurs du sceau de l'État, des effets publics et de la banque (art. 139), aux coupables de vols avec circonstances aggravantes (art. 381).

Les crimes pour lesquels elle est encore prononcée sont ceux : d'assassinat, de parricide, d'infanticide, d'empoisonnement (art. 302), — de meurtre précédé, accompagné ou suivi d'un autre crime ou ayant eu pour but de préparer, faciliter ou exécuter un délit (art. 304), — d'incendie de maison habitée ou servant à l'habitation (art. 434), — de complots contre la sûreté intérieure et extérieure de l'État (art. 91 à 97 et 75 à 77), — de séquestration illégale avec tortures (art. 344), de crime emportant la peine des travaux forcés à perpétuité, lorsqu'il a été commis en récidive (art. 16).

La peine de mort n'est plus applicable en matière politique. Son abolition a été prononcée par décret du gouvernement provisoire du 26 février 1848, confirmé par l'art. 5 de la constitution de 1848. Elle est remplacée par la déportation dans une enceinte fortifiée (Loi du 8 juin 1850, art. 1).

§ 2. — *Des travaux forcés à perpétuité et à temps.*

La peine des travaux forcés peut être prononcée à *perpétuité* ou à *temps*. La peine des travaux forcés à temps est de cinq ans au moins, et de vingt ans au plus; maximum qui peut être porté au double en cas de récidive. Sous l'empire du Code pénal de 1810 les hommes condamnés aux travaux forcés étaient employés aux *travaux les plus pénibles*. Ils traînaient à leurs pieds un *boulet* ou étaient *attachés* deux à deux avec une *chaîne*, lorsque la nature de leur travail le permettait (art. 15). Les femmes et les filles n'étaient employées que dans l'intérieur d'une maison de force (art. 16). Il en résultait que, pour elles, la peine des travaux forcés se confondait à peu près avec la réclusion, peine d'un degré inférieur. Il en était de même, à l'égard des condamnés âgés de soixante-dix ans (art. 70, 71 et 72).

Les condamnés aux travaux forcés étaient répartis dans les trois bagnes de Toulon, de Brest et de Rochefort. Le service des chaînes pour le transport des forçats avait été supprimé par une ordonnance de 1836. La marque l'avait été en 1832.

Une importante réforme, provisoirement opérée par le décret du 27 mars 1852, a été introduite dans cette matière par la loi du 31 mai 1854.

Cette peine n'est plus prononcée contre les individus âgés de soixante ans accomplis. Elle est remplacée par la réclusion, soit à perpétuité, soit à temps (art. 5). Elle s'exécute au moyen de la transportation sur le territoire d'une possession française autre que l'Algérie. La Guyane française avait d'abord reçu cette destination. Un décret du 2 septembre 1863 a autorisé la création, à la Nouvelle-Calédonie, d'établissements pénitentiaires. — En cas d'empêchement à la translation des condamnés, la peine est subie provisoirement en France dans le bagne de Toulon (1).

(1) La suppression du bagne de Toulon est décidée en principe.

Les condamnés sont employés aux travaux les plus pénibles de la colonisation et à tous autres travaux d'utilité publique (art. 2). Les femmes peuvent être conduites dans un des établissements créés aux colonies; mais elles sont séparées des hommes et employées à des travaux en rapport avec leur âge et leur sexe (art. 4).

Les condamnés ne peuvent plus être enchaînés deux à deux, ni assujettis à traîner le boulet, qu'à titre de punition disciplinaire ou par mesure de sûreté (art. 3). En outre, ceux qui se sont signalés par leur bonne conduite peuvent obtenir du gouvernement, après avoir subi deux ans au moins de leur peine : 1° l'autorisation de travailler, soit pour les habitants de la colonie, soit pour les administrations locales ; 2° la concession d'un terrain et la faculté de le cultiver pour leur propre compte (art. 11).

Ils peuvent aussi obtenir, en totalité ou en partie, l'exercice des droits civils dans la colonie, et la faculté de jouir ou de disposer de tout ou partie de leurs biens (art. 12).

Tout condamné à temps qui s'est rendu coupable d'*évasion* est passible de deux à cinq ans de travaux forcés qui ne se confondent pas avec la peine primitive. Si c'est un condamné à perpétuité, il est appliqué à la double chaîne pendant

Il sera complétement évacué le 1er janvier 1874. Il n'y aura plus en France que deux établissements de dépôt pour les condamnés au bagne : Landerneau (à Brest) pour la région du Nord, le fort Boyard, à Rochefort, pour la région du Midi.

3.

deux ans au moins et cinq ans au plus (art. 7).

A l'expiration de leur peine, les condamnés aux travaux forcés ne recouvrent pas leur pleine et entière liberté. Tout condamné dont la peine est inférieure à *huit années* est tenu, à l'expiration de ce terme, de résider dans la colonie pendant un temps égal à la durée de sa condamnation. Si la peine est de huit années, et au delà, il est tenu d'y résider pendant toute sa vie (art. 6). — Cette obligation a lieu même en cas de *grâce*, à moins d'une disposition formelle des lettres de grâce.

Des concessions provisoires ou définitives de terrains peuvent être faites aux individus qui, ayant subi leur peine, restent dans la colonie. Le libéré peut quitter momentanément la colonie, en vertu d'une autorisation du gouverneur, mais sans pouvoir être autorisé à se rendre en France (art. 6). Tout libéré qui a quitté la colonie sans autorisation, est renvoyé aux travaux forcés pendant une durée de un à trois ans (art. 8).

Les infractions aux articles 7 et 8, ainsi que tous les crimes et délits commis par les condamnés sont jugés par un *tribunal maritime* spécial.

§ 3. — *De la déportation.*

La déportation a été introduite dans notre législation pénale en 1791. Elle était appliquée comme aggravation de peine à celui qui, condamné pour un premier crime, se rendait coupable d'un second crime. Cette déportation, désignée sous le nom de *déportation judiciaire* ne fut jamais appliquée. Mais il en existait une autre, appelée *déportation politique*, et qui fut employée principalement contre les prêtres *insermentés*, et contre les évêques qui s'opposaient au mariage des prêtres. Le Code pénal maintint cette peine, mais en la réservant pour les crimes politiques, et en lui attribuant, dans l'échelle de la pénalité, une place correspondante à celle qu'occupe pour les crimes de droit commun, la peine des travaux forcés à perpétuité.

Aucun lieu n'avait été établi, pour l'exécution de la déportation. Le condamné subissait à perpétuité la peine de la *détention*, d'abord au *Mont-Saint-Michel* (ord. du 2 avril 1817), plus tard dans la citadelle de *Doullens* (ord. du 22 janvier 1835). Enfin la loi du 8 juin 1850 organisa régulièrement la déportation. Elle établit pour cette peine deux degrés différents : la *déportation dans une enceinte fortifiée*, et la *déportation simple*.

1° *Déportation dans une enceinte fortifiée.* — Cette peine est destinée à remplacer la peine de mort dans tous les cas où elle a été abolie par l'art. 5 de la constitution de 1848. Elle consiste, non pas à être renfermé dans une prison, mais à résider dans un lieu où la surveillance puisse s'exercer. L'art. 1 porte que les déportés y jouiront de toute la liberté compatible avec la nécessité d'assurer la garde de leurs personnes. Les déportés sont en état d'*interdiction légale*, conformément aux art. 29 et 31 du

Code pénal. — La vallée de Waïthau, dans l'île de Tahuta, l'une des Marquises, avait d'abord été choisie pour lieu de déportation dans une enceinte fortifiée. La loi du 23 mars 1872 a désigné la presqu'île Ducos, dans la Nouvelle-Calédonie.

Un règlement d'administration publique du 31 mai 1872 a réglé provisoirement le régime des condamnés à la déportation dans une enceinte fortifiée. Ils peuvent avoir des habitations séparées. L'État pourvoit à l'entretien de ceux qui ne peuvent suffire à cette dépense. La nourriture est celle du soldat aux colonies, sauf la ration de vin qui n'est accordée qu'en échange d'un travail déterminé.

2° Déportation simple. — La déportation simple est la peine des crimes politiques, destinée à remplacer celle des travaux forcés à perpétuité. Elle consiste simplement à être transporté et à demeurer à perpétuité dans un lieu déterminé par la loi, hors du territoire continental de la république.

L'île de Noukahiva, l'une des Marquises, avait été déclarée lieu de déportation simple.

Depuis la loi du 23 mars 1872, la déportation simple est subie dans l'île des Pins, et, en cas d'insuffisance, dans l'île Maré, dépendances de la Nouvelle-Calédonie. Les condamnés jouissent d'une liberté qui n'a pour limites que les précautions indispensables pour empêcher leur évasion, et assurer la sécurité et le bon ordre.

Les condamnés de cette catégorie conservent l'exercice des droits civils dans le lieu de la déportation. Il peut leur être remis, avec l'autorisation du gouvernement, tout ou partie de leurs biens ; mais les actes faits par eux dans le lieu de la déportation ne peuvent affecter les biens qu'ils possédaient au jour de leur condamnation, ou qui leur sont échus à titre gratuit depuis cette époque, sauf la dérogation que nous indiquons plus bas.

L'art. 17 du Code pénal prévoit le cas d'une évasion : «Si le déporté rentre en France, il sera, sur la « seule preuve de son *identité*, condamné aux tra- « vaux forcés à perpétuité.— Le déporté qui ne sera « pas rentré sur le territoire français, mais qui sera « saisi dans des pays occupés par des armées fran- « çaises sera conduit dans le lieu de sa déportation. »

Les art. 237 à 248 du Code pénal sont applicables à l'évasion et à la tentative d'évasion des déportés, commises même sans bris de clôtures et sans violence.

Condition des déportés. — La loi du 25 mars 1873 a réglé d'une manière définitive la condition des déportés à la Nouvelle-Calédonie. En voici les points essentiels :

1° Les femmes et les enfants des déportés ont la faculté d'aller les rejoindre. Le gouvernement se charge, dans la limite du crédit spécial ouvert an- nuellement au budget de la déportation, du trans- port gratuit des femmes et des enfants de ceux qui seront en mesure de subvenir aux besoins de leur famille. Des subsides en vivres et en vêtements, et un abri temporaire pourront être, en outre, accordés, à l'arrivée dans la colonie, aux femmes et aux enfants de ceux qui seront reconnus aptes à remplir l'engagement de satisfaire, dans le délai de deux ans, aux besoins de leur famille (art. 7).

2° Les condamnés à la déportation simple pourront recevoir, dès leur arrivée à la colonie, une concession provisoire de terres, sans préjudice de leur droit d'exercer une industrie pour leur compte et de travailler pour le compte des particuliers (art. 9). — La même faveur pourra être accordée à tout déporté dans une enceinte fortifiée, lorsque sa conduite aura été irréprochable pendant cinq ans (art. 15).

Les concessions de terrains peuvent être retirées pour inconduite, indiscipline, défaut de mise en culture des terres, évasion, et pour tout crime ou délit ayant entraîné des peines criminelles ou correctionnelles. Les familles des déportés pourront, dans ce cas, si elles résident dans la colonie, continuer en leur lieu et place l'exploitation de la concession (art. 10). Les concessions qui n'auront pas été retirées dans un délai de cinq ans deviendront définitives, et des titres de propriété seront délivrés aux détenteurs (art. 11).

3° L'article 13 renferme une grave dérogation au droit commun en ce qui touche les successions. Il règle les droits de la veuve sur la concession originaire, et sur les fruits du travail postérieur de son mari. Si le déporté meurt sans enfants légitimes ou autres descendants, la veuve, si elle habitait avec son mari, succédera à la moitié en propriété des biens qu'il aura acquis dans la colonie. En cas d'existence d'enfants, le droit de la femme ne sera que d'un tiers en usufruit. Un règlement d'administration publique déterminera les conditions de l'envoi en possession de la femme et de la liquidation des biens appartenant aux déportés dans la colonie.

La disposition de cet art. 13 est applicable à l'époux de la femme déportée.

4° Enfin, les condamnés pourront, dans les limites autorisées par les art. 1094 et 1098 du Code civil, disposer de leurs biens, *dans quelque lieu qu'ils soient situés*, au profit de leurs conjoints habitant avec eux. Le gouvernement pourra, en outre, accorder aux déportés l'exercice dans la colonie de tout ou partie des droits dont ils sont privés par l'art. 34 du Code pénal.

Il ne faut pas confondre la déportation, peine créée et réglementée par la loi, avec la *transportation* qui n'est qu'une mesure dictatoriale de police ou de sûreté générale prise par le pouvoir exécutif. On sait que des transportations en masse ont été faites, à la suite des journées de juin 1848 et du coup d'État de décembre 1851.

§ 4. — *De la détention.*

La détention, spécialement réservée aux crimes politiques, a été introduite dans notre législation criminelle par la loi de 1832. Elle consiste à être renfermé dans l'une des forteresses situées sur le territoire continental de la république. Les détenus peuvent communiquer avec les personnes placées dans l'intérieur du lieu de la détention ou avec celles du dehors, conformément aux règlements de police. Ils ne sont soumis ni à l'obligation du silence, ni à celle du travail. — La détention ne peut être prononcée pour moins de cinq ans, ni pour plus de vingt ans, sauf le cas prévu par l'art. 33. Ce cas est celui où un banni rentre sur le territoire français avant l'expiration de sa peine. Il est alors, sur la seule preuve de son identité, condamné à la détention pour un temps au moins égal à celui qui restait à courir jusqu'à l'expiration du bannissement, et qui ne pourra excéder le double de ce temps.

Le Mont-Saint-Michel, la citadelle de Doullens, celle de Belle-Isle-en-Mer ont été successivement désignés comme lieux de détention. Depuis 1858, la citadelle de Corte (en Corse) est affectée à cette destination.

§ 5. — *De la réclusion.*

La réclusion consiste : 1° à être enfermé dans une *maison de force;* 2° à être soumis à l'obligation du travail. Sa durée est de cinq ans au moins, et de dix ans au plus.

Elle emporte avec elle deux autres peines accessoires : 1° la *dégradation civique* (art. 28); 2° le renvoi du condamné, pendant toute sa vie, sous la *surveillance de la haute police* (art. 47). De plus, aux termes de l'art. 29, quiconque a été condamné à la réclusion est, pendant la durée de sa peine, en état d'*interdiction légale.*

La peine de la réclusion se subit dans les maisons centrales. Ces maisons se subdivisent en *maisons de force* et *maisons de correction* (ordonnance du 2 avril 1817).

Les maisons de force sont destinées à renfermer : 1° les femmes condamnées aux travaux forcés ; 2° les hommes condamnés aux travaux forcés, lorsqu'ils ont soixante ans ; 3° les individus condamnés à la réclusion.

Les maisons de correction renferment : 1° les condamnés à un emprisonnement correctionnel de plus d'une année ; 2° les individus âgés de moins de seize ans, ayant agi avec discernement, et qui, sans la circonstance de leur âge, auraient encouru une peine plus forte.

L'ordonnance de 1817 prescrivait la séparation des diverses classes de condamnés, mais, en fait, cette séparation est loin d'être accomplie. Dans la plupart des maisons la confusion existe, excepté parmi les sexes.

La réclusion impose le silence, le travail en commun, dont le produit est en partie attribué aux détenus, et l'interdiction de toute communication avec les personnes du dehors.

SECTION II. — DES PEINES INFAMANTES.

Les peines simplement infamantes sont : 1° le bannissement ; 2° la dégradation civique (art. 8).

§ 1. — *Du bannissement.*

Le bannissement, très-usité dans notre ancienne jurisprudence, avait été supprimé par l'Assemblée constituante. Le Code pénal le rétablit, mais il en restreignit l'application à quelques crimes politiques.

Il punit cependant de cette peine quelques crimes qui n'ont rien de politique, tels que la falsification d'une feuille de route et le fait de recevoir des frais de route avec cette feuille falsifiée (art. 156, 158, 160 et 229).

La peine du bannissement consiste à être transporté hors du territoire de la République. Sa durée est de *cinq ans* au moins et de *dix ans* au plus.

S'il arrivait qu'un banni fût refusé à la frontière, il devrait être détenu jusqu'à ce que l'exécution fût possible ou jusqu'à l'expiration de sa peine. Sa situation est celle du condamné qui attend l'exécution de sa peine. Les bannis qui se trouvaient dans ce cas étaient autrefois, en vertu d'une ordonnance de 1817, transférés à la maison de Pierre-Châtel (Ain). Aujourd'hui, c'est dans la citadelle de Corte (Corse) que se subit cette détention.

Le bannissement emporte défense de rentrer sur le territoire français. La contravention à cette défense se nomme *infraction de ban*. L'art. 33 la punit par une condamnation à la détention pour un temps au moins égal à celui qui restait à courir jusqu'à l'expiration du bannissement, et qui ne peut excéder le double de ce temps.

Dans ces derniers temps, la peine du bannissement a été fréquemment appliquée par les conseils de guerre. On se rappelle que la peine du commandant Cerfbeer, condamné à mort *à l'unanimité* pour crime de *désertion à l'ennemi*, a été commuée par le président de la République en celle du bannissement. Il est bon de citer, à ce sujet, les paroles prononcées par M. Barthe, garde des sceaux, lors de la révision de 1832 : « La commission a pensé que punir du « bannissement le Français qui trahit la France « pour l'étranger, ce n'est autre chose que lui don- « ner le moyen d'aller toucher le prix de sa trahison... « Je suis tellement frappé de cette circonstance que « punir du bannissement le Français qui trahit la « France c'est l'atteindre d'une peine illusoire, que « j'adhère à l'opinion de la commission. »

§ 2. — *De la dégradation civique.*

La dégradation civique consiste :

1° Dans la destitution et l'exclusion des condamnés de toutes fonctions, emplois ou offices publics ;

2° Dans la privation du droit de vote, d'élection, d'éligibilité et en général de tous les droits civiques et politiques, et du droit de porter aucune décoration ;

3° Dans l'incapacité d'être juré-expert, d'être employé comme témoin dans les actes, et de déposer en justice autrement que pour y donner de simples renseignements ;

4° Dans l'incapacité de faire partie d'aucun conseil de famille, et d'être tuteur, curateur, subrogé tuteur ou conseil judiciaire, si ce n'est de ses propres enfants et sur l'avis conforme de la famille ;

5° Enfin, dans la privation du droit de port d'armes, du droit de faire partie de la garde nationale (aujourd'hui dissoute), de servir dans les armées françaises, de tenir école ou d'enseigner et d'être employé dans aucun établissement d'instruction, à titre de professeur, maître ou surveillant (art. 34).

Cette peine a été vivement critiquée, surtout en ce qui concerne l'incapacité d'être juré-expert ou témoin, car elle atteint, non le coupable, mais un tiers. « Il y a, dit Bentham, un mode de punition « où, pour faire une égratignure au coupable, on « passe une épée au travers du corps d'un innocent ; « je veux parler de cette peine infamante qui rend « inadmissible à témoigner. »

Ces inconvénients sont d'autant plus sensibles que cette peine constitue un état indivisible, et que les juges ne peuvent pas faire un choix parmi les diverses incapacités qu'elle entraîne.

La dégradation civique qui, sous le Code pénal de 1791, était entourée de formes solennelles, est encourue aujourd'hui par le seul fait de la condamnation et à compter du jour où cette condamnation est devenue irrévocable ; et, en cas de condamnation par contumace, du jour de l'exécution par effigie (art. 28).

La dégradation civique est *perpétuelle*, et ne peut cesser que par l'effet de l'*amnistie*, de la *réhabilitation*, ou de la *révision*. La grâce la laisse subsister. Quant à la prescription de la peine principale, loin de la faire cesser, elle la rend ineffaçable, puisqu'aux termes de l'art. 619 du Code d'instruction criminelle, elle rend impossible la réhabilitation. — Lorsque la dégradation civique résulte d'une condamnation par contumace, elle ne peut cesser que par la comparution volontaire ou forcée du condamné avant la prescription de la peine, et par l'amnistie. La dégradation civique est tantôt une peine *accessoire*, et tantôt une peine *principale*.

L'art. 28 détermine les cas dans lesquels elle est peine *accessoire*. Ces cas sont la condamnation à la peine de la déportation, des travaux forcés à temps, de la détention, de la réclusion et du bannissement. Il faut ajouter, depuis l'abolition de la mort civile, les condamnations à mort et aux travaux forcés à perpétuité.

. La dégradation civique est prononcée comme peine *principale* dans les cas déterminés par les art. 111, 114, 119, 122, 126, 127 et 130, 143, 177, 179, 183. Citons seulement, parmi ces cas, l'attentat à la liberté individuelle (art. 114 et 119), l'empiétement des autorités administratives et judiciaires (127 et 130); le crime de corruption de fonctionnaires publics (177).

Dans tous les cas où la dégradation civique est prononcée comme peine principale, le Code pénal permet aux juges d'y ajouter un emprisonnement dont le *maximum* est de cinq ans, et dont le *minimum* n'est pas déterminé (art. 35). Il peut, par conséquent, être abaissé jusqu'au taux des peines de simple police. Mais cet emprisonnement est obligatoire, lorsque le coupable est un *étranger*, ou un Français ayant perdu la *qualité de citoyen*. La peine serait nulle pour cette catégorie de personnes, si l'on n'y ajoutait pas l'emprisonnement.

Telles sont les peines afflictives et infamantes, ou simplement infamantes, énumérées dans les art. 7 et 8. Il nous reste à parler de l'interdiction légale, et des déchéances qui ont remplacé la mort civile.

SECTION III. — DE L'INTERDICTION LÉGALE.

L'interdiction légale est la privation de l'*exercice* des droits civils. Le condamné conserve la *jouissance* de ces mêmes droits, mais il ne peut les exercer par lui-même. Il lui est nommé un tuteur et un subrogé tuteur pour gérer et administrer ses biens, dans les formes prescrites pour les nominations des tuteurs et subrogés tuteurs aux interdits (art. 29). Quels sont les effets de l'interdiction légale ? Cette question est vivement controversée. Selon nous, elle ne se rapporte qu'à l'administration des biens. Notre opinion se fonde sur l'art. 29 qui ne prescrit la nomination d'un tuteur et d'un subrogé tuteur, qu'en ce qui concerne la gestion des biens du condamné. Elle a aussi sa base dans le motif qui a fait établir cette peine. La loi n'a pas voulu laisser au condamné la faculté de se procurer des ressources pécuniaires au moyen desquelles il aurait pu, soit adoucir son sort, soit faciliter son évasion.

Nous en concluons qu'il peut faire tous les actes qui sont essentiellement personnels. Ainsi, il peut tester, se marier, reconnaître un enfant naturel. — Remarquons, en effet, que tous les auteurs — même ceux qui combattent notre système — reconnaissent que la loi n'enlève au condamné que l'*exercice* de ses droits civils, et lui en laisse la *jouissance*. — Or, lui refuser l'exercice des droits de tester, de se marier, de reconnaître un enfant naturel, ce serait lui en enlever la jouissance, puisque ces droits sont de telle nature, qu'ils ne peuvent être exercés par l'intermédiaire d'un tuteur.

Du reste, depuis la loi du 31 mai 1854, abolitive de la mort civile, il nous semble que la question ne peut plus être discutée, du moins en ce qui concerne la faculté de tester. En effet, cette loi après avoir établi que les condamnés à des peines afflictives perpétuelles sont en état de dégradation civique et d'interdiction légale (art. 2), ajoute dans son art. 3, qu'ils ne peuvent disposer de leurs biens, soit par donation, soit par *testament:* Donc l'interdiction légale, à elle seule, n'emporte pas cette prohibition. D'un autre côté, le décret du 24 mai 1866, dans le but de favoriser les mariages des condamnés aux travaux forcés, les dispense de la formalité des actes respectueux. Donc, un individu en état d'interdiction légale peut se *marier*.

D'après l'art. 29, les peines qui emportent l'interdiction légale sont les travaux forcés à temps, la détention et la réclusion. Il faut y ajouter, depuis la loi du 31 mai 1854, les peines afflictives perpétuelles, c'est-à-dire la mort, les travaux forcés à perpétuité et la déportation. Cette déchéance a lieu de plein droit.

L'interdiction légale ne s'applique point aux condamnés par contumace. Elle n'a lieu que *pendant la durée de la peine* (art. 29). Or, aucune peine ne peut être subie en vertu d'une condamnation par contumace. Toutefois les biens du contumax sont mis sous séquestre, et régis comme biens d'absent (art. 471 C. inst. crim.).

L'interdiction légale commence avec la peine principale à laquelle elle est attachée. Elle cesse, *de plein droit*, à l'expiration de cette peine. Elle cesse également par la prescription, la grâce, l'amnistie et la révision de la condamnation.

SECTION IV. — DE LA MORT CIVILE ET DES DÉCHÉANCES QUI L'ONT REMPLACÉE.

La peine de mort, les travaux forcés à perpétuité et la déportation entraînaient autrefois la *mort civile*. Ses principaux effets étaient : 1° l'ouverture anticipée de la succession du condamné ; 2° la nullité de son testament ; 3° l'incapacité de succéder, et de disposer ou de recevoir par donation ou testament ;

4° l'incapacité de contracter un mariage valable ;

5° la dissolution du mariage antérieurement contracté.

La loi du 16 juin 1850 avait décidé que la mort civile ne résulterait plus à l'avenir des condamnations à la déportation. La loi du 31 mai 1854, faisant un pas de plus, l'a supprimée complétement, et l'a remplacée par une quadruple déchéance, savoir :

1° La dégradation civique,

2° L'interdiction légale,

3° L'incapacité de disposer par donation ou par testament, et de recevoir, au même titre, si ce n'est pour cause d'aliments ;

4° La nullité du testament fait antérieurement.

— Les différentes déchéances que nous venons d'examiner ne s'appliquent pas, comme on a pu le voir, cumulativement à tous les crimes. Elles sont distribuées de la manière suivante.

I. Sont en état de dégradation civique seulement :

1° Les individus condamnés au bannissement ;

2° Ceux contre qui cette peine a été prononcée, comme peine principale.

II. Sont en état de dégradation civique et d'interdiction légale :

1° Les condamnés aux travaux forcés à temps ;

2° Les condamnés à la détention ;

3° Les condamnés à la réclusion.

III. Sont en état de dégradation civique et d'interdiction légale, et, *en outre*, frappés de l'incapacité de recevoir et de disposer, et de la nullité de leur testament :

1° Les condamnés à mort ;

2° Les condamnés aux travaux forcés à perpétuité ;

3° Les condamnés à la déportation.

Rappelons que le gouvernement peut relever les condamnés à une peine afflictive perpétuelle, de tout ou partie de ces incapacités.

CHAPITRE II

DES PEINES EN MATIÈRE CORRECTIONNELLE.

Les peines, exclusivement propres aux matières correctionnelles, sont :

1° L'emprisonnement de police correctionnelle ;

2° L'interdiction des droits civiques, civils et de famille.

SECTION I. — DE L'EMPRISONNEMENT DE POLICE CORRECTIONNELLE.

L'emprisonnement présente la plus grande analogie avec la réclusion. Comme elle, il consiste à être détenu, et soumis au travail. C'est surtout par la durée qu'il en diffère. La réclusion ne peut être prononcée pour moins de cinq ans, tandis que l'emprisonnement ne peut, en général, dépasser ce terme, de sorte que le *maximum* de l'un forme le *minimum* de l'autre.

La durée de cette peine est de *six jours* au moins et de *cinq ans* au plus, sauf les exceptions qui résultent des art. 57 et 58, relatifs à la récidive, et de l'art. 67, concernant les mineurs de seize ans qui ont agi avec discernement, et pour lesquels les peines criminelles se changent en un emprisonnement qui peut aller jusqu'à vingt ans.

La loi désigne pour l'exécution de cette peine les *maisons de correction* (art. 40), mais il n'en existe que dans fort peu de départements. Dans les départements où il n'en existe point, on fait une distinction entre les condamnés à plus d'un an d'emprisonnement et les condamnés à moins d'un an. Les premiers subissent leur peine dans les maisons *centrales*, et les autres dans les maisons *d'arrêt* et de *justice*, mêlés avec les prévenus ou les accusés, et cela en violation de l'art. 604 du Code d'instruction criminelle, qui dispose que « les maisons d'arrêt « et de justice seront entièrement distinctes des pri- « sons établies pour peines. »

La condamnation à plus d'un an de prison a, en outre, pour effet de constituer le condamné en état de récidive, lorsqu'il vient à commettre un nouveau délit.

L'art. 40 soumet les condamnés à l'emprisonnement à l'obligation du *travail*, mais il leur laisse le choix de ce travail, dont les produits sont appliqués, partie aux dépenses communes de la maison, partie à leur procurer quelques adoucissements, s'ils les méritent, et partie à former pour eux, au temps de leur sortie, un fonds de réserve (art. 41).

La loi du 5 août 1850 a organisé pour les jeunes détenus envoyés en correction ou condamnés par application des articles 67 et 69, des *colonies pénitentiaires* et *correctionnelles* et des *maisons pénitentiaires.*

Les colonies *pénitentiaires* reçoivent :

1° Les jeunes détenus acquittés comme ayant agi sans discernement, et non remis à leurs parents (art. 66);

2° Les jeunes condamnés à un emprisonnement de plus de six mois et de moins de deux ans ;

3° Les mineurs détenus par voie de correction paternelle (art. 1, 3, 4).

Les colonies *correctionnelles*, établies soit en Algérie, soit sur le continent, reçoivent :

1° Les jeunes détenus condamnés à plus de deux ans d'emprisonnement ;

2° Les jeunes détenus des colonies pénitentiaires déclarés insubordonnés (art. 10 et suiv.).

Les maisons *pénitentiaires* sont destinées aux jeunes filles. Elles reçoivent :

1° Les mineures détenues par voie de correction paternelle ;

2° Les jeunes filles de moins de seize ans, condamnées à l'emprisonnement pour une durée quelconque ;

3° Les jeunes filles acquittées comme ayant agi sans discernement et non remises à leurs parents (art. 16).

Les jeunes détenus ne peuvent disposer d'aucune portion des produits de leur travail. Ils sont, après leur libération, placés sous le patronage de l'assistance publique pendant trois ans au moins (art. 19).

SECTION II. — DE L'INTERDICTION DES DROITS CIVIQUES, CIVILS ET DE FAMILLE.

L'art. 42 porte que les tribunaux correctionnels « pourront, dans certains cas, interdire, en tout ou « en partie, l'exercice des droits civiques, civils « et de famille suivants : 1° de vote et d'élection ; « — 2° d'éligibilité ; — 3° d'être appelé ou nommé « aux fonctions de juré ou autres fonctions « publiques, ou aux emplois de l'administra- « tion, ou d'exercer ces fonctions ou emplois ; « — 4° du port d'armes ; — 5° de vote et de suf- « frage dans les délibérations de famille ; — 6° d'è- « tre tuteur, curateur, *si ce n'est de ses enfants*, et « sur l'avis seulement de la famille ; — 7° d'être « expert ou employé comme témoin dans les actes ; « — 8° de témoignage en justice, autrement que « pour y faire de simples déclarations. »

Comme on le voit cette peine se rapproche beaucoup de la dégradation civique. Toutes les incapacités qu'elle emporte sont comprises dans la dégradation civique. Mais elle en diffère sous plusieurs rapports essentiels :

1° Elle est *correctionnelle ;* la dégradation civique est *infamante.*

2° Elle est moins étendue que la dégradation civique. — Elle ne comprend pas la privation du droit de porter des décorations, l'incapacité d'être subrogé tuteur, conseil judiciaire, de faire partie de la garde nationale ou de l'armée, de tenir école ou d'exercer des emplois dans des établissements d'instruction.

3° Elle est toujours *accessoire* (voir cependant l'art. 113 qui semble faire exception à la règle générale) ; la dégradation civique est tantôt peine principale, et tantôt peine accessoire.

4° Elle peut être appliquée partiellement, tandis que la dégradation civique forme un tout indivisible qui ne peut être scindé.

5° Enfin sa durée est fixée par le jugement qui la prononce ; la dégradation civique, au contraire, est perpétuelle de sa nature.

L'interdiction dont il s'agit ne peut être prononcée que lorsqu'elle est *ordonnée* ou *autorisée* par une disposition particulière de la loi.

La loi l'ordonne dans les cas des art. 109, 112, 113, 171, 175, 185, 187, 197 et 335.

Elle l'autorise dans les cas des art. 86, 89, 91, 123, 388, 401, 405, 406 et 410.

CHAPITRE III

DES PEINES EN MATIÈRE DE SIMPLE POLICE.

La seule peine exclusivement applicable aux matières de simple police, est l'*emprisonnement de sim-*

ple police. Cet emprisonnement ne peut « être « moindre d'un jour, ni excéder cinq jours. Les « jours d'emprisonnement sont des jours complets « de vingt-quatre heures. » (Art. 465.)

Cet emprisonnement se subit dans les *maisons municipales* établies au chef-lieu de canton, par chaque arrondissement de justice de paix.

CHAPITRE IV

PEINE COMMMNE AUX MATIÈRES CRIMINELLES ET CORRECTIONNELLES.

La seule peine de cette nature est la *surveillance de la haute police*, qui a été introduite dans notre législation par le décret du 19 ventôse an XIII.

Nous allons examiner rapidement quels en sont les effets, et dans quels cas elle est encourue.

I. *Effets du renvoi sous la surveillance de la haute police.*

Ces effets ont été réglés différemment par le Code pénal, par la loi de 1832, et par le décret du 8 décembre 1851.

1° *Système du Code pénal.* — Le gouvernement exigeait du libéré une caution solvable de bonne conduite jusqu'à concurrence de la somme fixée par l'arrêt ou le jugement. A défaut de ce cautionnement, le gouvernement avait le droit d'ordonner, soit l'éloignement de l'individu de certains lieux, soit sa résidence continue dans un lieu déterminé (art. 44). — En cas de désobéissance à cet ordre, il pouvait être arrêté et détenu jusqu'à l'expiration du temps fixé pour l'état de surveillance.

Quelques difficultés s'étant élevées sur l'application de ces dispositions, un avis du conseil d'État du 4 août 1812 décida que le gouvernement pouvait refuser le cautionnement. Cette interprétation réduisait ce bénéfice à l'état de fait exceptionnel, et équivalait presque à sa suppression.

2° *Système de la loi de* 1832. — Le mode de surveillance établi par cette loi peut se résumer ainsi :

1° Faculté pour l'autorité d'interdire au libéré l'accès de certains lieux, par exemple, de ceux qu'habitaient sa victime ou la famille de celle-ci, les témoins, les jurés, etc.; de ceux où sont établis des maisons de détention, des bagnes, etc., et aussi des grandes villes ;

2° Obligation pour le libéré de faire connaître, avant sa mise en liberté, le lieu où il veut fixer sa résidence ;

3° Obligation de se présenter, dans les vingt-quatre heures de son arrivée, devant le maire de la commune ;

4° Défense de changer de résidence, sans avoir indiqué, trois jours à l'avance, à ce fonctionnaire, le lieu où il se propose d'aller habiter (art. 44).

Le condamné qui a prescrit sa peine est placé sous un mode de surveillance plus rigoureux que celui qui l'a exécutée. A son égard, l'interdiction locale n'est pas facultative, mais obligatoire. Il ne peut résider dans le département où demeureraient, soit celui sur lequel ou contre la propriété duquel le crime aurait été commis, soit ses héritiers directs. Le gouvernement peut même lui assigner le lieu de son domicile (art. 635 C. inst. crim.).

En cas de *rupture de ban*, l'individu, placé sous la surveillance de la haute police, est condamné à un emprisonnement qui ne peut excéder cinq ans (art. 45). La loi n'ayant pas fixé le *minimum* de cette peine, le tribunal peut l'abaisser jusqu'au taux des peines de simple police.

3° *Système du décret du 8 décembre 1851.* — Ce décret avait établi des règles plus sévères.

Le gouvernement avait le droit de déterminer le lieu où le condamné libéré devait résider à l'expiration de sa peine (art. 3). — Le séjour de Paris et de sa banlieue lui était interdit (art. 4).

En cas de rupture de ban, le condamné pouvait être transporté par mesure de sûreté générale dans une colonie pénitentiaire, à Cayenne ou en Algérie, pour cinq ans au moins, et dix ans au plus (art. 1). Les individus transportés en vertu de cet article, étaient assujettis à l'obligation du travail, privés de leurs droits civils et politiques, et soumis aux lois et à la juridiction militaires (art. 7).

Le décret du 8 décembre 1851 a été aboli par un décret du gouvernement de la défense nationale du 24 octobre 1870, qui a remis en vigueur le système de la loi de 1832.

Le gouvernement a présenté dans la séance du 23 janvier 1873 un nouveau projet de loi, modificatif des art. 44, 47 et 48 du Code pénal. D'après l'art. 1ᵉʳ de ce projet le condamné doit déclarer, au moins *trois mois* avant sa mise en liberté, le lieu où il veut fixer sa résidence, et il ne peut quitter cette résidence avant l'expiration du délai d'*un an*, sans l'autorisation du ministre de l'intérieur.

II. — *Cas dans lesquels la surveillance est encourue.*

La surveillance est l'accessoire nécessaire de certaines peines. Elle est tantôt perpétuelle et tantôt temporaire.

Les condamnés aux travaux forcés à temps, à la détention et à la réclusion, sont de *plein droit*, à l'expiration de leur peine, et *pendant toute leur vie*, sous la surveillance de la haute police (art. 47). Les condamnés au bannissement sont de *plein droit* sous la même surveillance pendant un temps égal à la durée de leur peine (art. 48).

Sont également renvoyés sous la même surveillance ceux qui ont été condamnés pour crimes ou délits qui intéressent la sûreté intérieure ou extérieure de l'État (art. 49). La loi ne se sert pas dans ce cas de l'expression de *plein droit* comme dans les art. 47 et 48. Nous en concluons que la surveillance doit être prononcée en termes exprès, les peines de droit ne pouvant être étendues au delà des termes précis de la loi pénale. — Hors ces cas, le condamné ne peut être placé sous la surveillance qu'en vertu d'une disposition particulière de la loi (art. 50).

Lorsque la peine de la surveillance doit nécessairement être prononcée, par exemple en matière de récidive, les tribunaux peuvent néanmoins en affranchir les condamnés, s'il existe des circonstances atténuantes. Cette conséquence longtemps contestée par la jurisprudence, a été admise par la Cour de cassation, dans un arrêt rendu en audience solennelle et toutes les chambres réunies, le 2 janvier 1836 (affaire Raspail).

Le projet de loi présenté par le gouvernement propose une modification importante aux art. 47 et 48. En aucun cas, le renvoi sous la surveillance n'aura lieu de plein droit. Sa durée ne pourra excéder vingt années (art. 1er). L'art. 2 dispose en outre que la peine de la surveillance pourra être remise ou réduite, par voie de grâce, aux individus qui y ont été soumis antérieurement de plein droit par application des art. 47 et 48.

Nous avons dit que la surveillance était, en général, une peine accessoire. Il est cependant des cas où elle est prononcée seule. Nous pouvons citer notamment le cas où les coupables de complots contre la sûreté de l'État les révèlent à l'autorité avant toute exécution ou tentative et avant toutes poursuites commencées (art. 108), et celui où des individus ayant fait partie de bandes armées, organisées pour la sédition, s'en sont retirés volontairement (art. 100). — Elle est alors moins une peine qu'une mesure de précaution.

CHAPITRE V

DES PEINES COMMUNES AUX MATIÈRES CRIMINELLES,
CORRECTIONNELLES ET DE SIMPLE POLICE.

Les peines communes aux trois ordres d'infractions à la loi pénale sont : l'amende, la confiscation spéciale et la publicité des condamnations.

SECTION I. — DE L'AMENDE.

L'amende consiste dans l'obligation de payer une certaine somme, comme châtiment d'une infraction à la loi. Elle est le plus souvent peine accessoire, mais elle est quelquefois aussi peine principale.

§ 1. — *Caractère de l'amende.*

L'amende est une peine. De là découlent plusieurs conséquences.

1° L'amende est *personnelle :* elle ne peut donc être prononcée contre les personnes civilement responsables. Cette règle souffre exception en matière de *douanes* et de *contributions indirectes.* En ces matières, l'amende est considérée comme une réparation civile du dommage causé à l'État, et non comme une peine. Au cas de minorité du contrevenant, la responsabilité civile des parents est encourue.

2° Après le *décès* de celui qui a encouru l'amende, ses *héritiers* ne peuvent être condamnés à la payer. Cette proposition n'est que l'application de l'art. 2 du Code d'Instruction criminelle qui porte que « l'action publique pour l'application de la peine « s'éteint par la mort du prévenu. » Elle s'applique même en matière de douanes et en matière de contributions indirectes.

Mais, lorsque la condamnation a été prononcée contre le délinquant avant son décès et par jugement passé en force de chose jugée, l'amende constitue une dette qui grève les biens du condamné et passe à ses héritiers en vertu du principe posé par l'art. 2093 du Code civil.

§ 2. — *Solidarité de l'amende.*

Tous les individus condamnés pour un même crime ou pour un même délit sont tenus *solidairement* des amendes (art. 55). La solidarité n'a pas besoin d'être prononcée ; elle a lieu de plein droit.

L'art. 55 ne prononce la solidarité qu'à l'égard des crimes et des délits ; or, comme une disposition pareille n'existe pas pour les *contraventions*, et qu'en matière pénale tout est de droit étroit, il n'est pas permis de suppléer au silence de la loi.

La solidarité prononcée par l'art. 55 n'est pas une véritable solidarité. C'est une obligation *in solidum*, ou obligation de payer la dette en totalité. Il en résulte que les actes faits avec l'un des co-auteurs ou complices ne peuvent ni être opposés ni profiter aux autres. Ainsi la poursuite à l'égard de l'un n'interrompt pas la prescription à l'égard des autres ; la remise faite à l'un ne profite pas aux autres.

D'un autre côté, celui qui a payé la totalité de la dette ne peut pas obliger le créancier à lui céder ses actions contre ses co-auteurs ou complices. Mais, dans ce cas, peut-il exercer un recours contre eux ? Nous pensons qu'il le peut. En effet, la cause de la réclamation n'est pas le délit, mais le payement d'une dette commune à plusieurs, et que l'équité ne permet pas de faire peser sur un seul. Il en était ainsi sous notre ancienne jurisprudence qui s'écartait, sur ce point, du droit romain.

§ 3. — *Quotité de l'amende.*

En matière criminelle et correctionnelle, le *minimum* de l'amende est de 16 francs ; le *maximum* est fixé par la loi pour chaque crime ou délit. Il peut s'élever jusqu'à 10,000 francs, comme dans l'art. 176.

Il est certains cas où le montant de l'amende est calculé sur le dommage causé par le délit (art. 174 et 457), ou sur le bénéfice que le coupable en a retiré ou devait en retirer (art. 177).

L'amende de simple police est de 1 franc à 15 francs.

§ 4. — *Recouvrement de l'amende.*

Le recouvrement de l'amende se fait par l'administration de l'enregistrement et des domaines, au nom du procureur de la République.

La contrainte par corps, qui a été abolie par la loi du 22 juillet 1867, a été maintenue pour le recouvrement des *amendes*. Elle ne peut excéder *cinq jours* en matière de simple police, ni *deux ans* en matière criminelle et correctionnelle.

Aux termes de l'art. 3 de cette loi, la contrainte par corps ne pouvait être exercée pour le recouvrement des *frais* dus à l'État. Cet article a été abrogé par une loi du 19 décembre 1871, qui a remis en vigueur les anciennes dispositions légales sur ce point.

SECTION II. — DE LA CONFISCATION SPÉCIALE.

La confiscation générale abolie une première fois par la loi du 21 janvier 1790 l'a été définitivement par la Charte de 1814.

La confiscation spéciale, c'est-à-dire la confiscation des objets saisis par suite d'un crime, d'un délit ou d'une contravention, continue de subsister. Elle s'applique, d'après l'art. 11 :

1° Soit au corps du délit quand la propriété en appartient au condamné. On entend ici par *corps du délit*, certains objets qui entrent dans la constitution du délit, tels que les denrées frelatées, la fausse monnaie, les objets contrefaits, l'acte falsifié, etc. (1).

(1) Dans une autre acception, on entend par corps du délit l'ensemble des éléments matériels dont le délit est composé : le temps, le lieu, les moyens, etc.

La confiscation a lieu, quel que soit le propriétaire, lorsqu'il s'agit d'instruments prohibés, de gravures obscènes, de produits contrefaits ;

2° Soit aux choses produites par le délit ; telles que les objets achetés avec la fausse monnaie, l'édition contrefaite ;

3° Soit aux choses qui ont servi ou qui étaient destinées à commettre le délit ; par exemple, les coins et balanciers, les planches, moules et matrices, les faux poids.

La confiscation ayant le caractère d'une peine ne peut être prononcée que dans les cas où la loi l'autorise formellement.

La confiscation peut être prononcée, même après le décès du prévenu, mais seulement dans le cas où le délit réside dans les objets mêmes, tels que les armes prohibées, les boissons falsifiées, les ouvrages contrefaits, ainsi que les planches, moules et matrices, etc. (1).

______

(1) Il existe en Angleterre une espèce de confiscation appelée *deodand*. On donne ce nom à tout objet qui est la cause immédiate de la mort d'une personne raisonnable. Dans ce cas, il est confisqué et destiné à des aumônes. Lorsqu'un cheval, un bœuf, un animal quelconque tue une personne, ou qu'une voiture lui passe sur le corps, l'animal ou la voiture est confisquée comme *deodand*. Quand une chose qui n'est pas en mouvement occasionne la mort d'une personne, la partie seule qui en est la cause immédiate est confisquée; si, par exemple, un homme monte sur la roue d'une voiture, et qu'il se tue en tombant de cette roue, la roue seule est un *deodand*; si un homme tombe d'un navire dans un fleuve et s'y noie, le navire et le chargement sont un *deodand*. En général, les jurés prennent sur eux de modérer ces confiscations en n'attribuant la cause de la mort

Nous rappellerons, en terminant cet exposé des différentes peines, que le Code de 1810 attachait aux peines des travaux forcés à perpétuité et à temps et de la réclusion, la peine accessoire du *carcan*.

Cette peine fut remplacée en 1832 par celle de l'*exposition publique* qui en différait en ce que le condamné n'était pas attaché au poteau. La peine de l'exposition a été abolie à son tour par le décret du 14 juin 1848.

SECTION III. — DE LA PUBLICITÉ DES CONDAMNATIONS.

Aux termes de l'art. 36, « tous les arrêts portant la « peine de mort, des travaux forcés à perpétuité et « à temps, la déportation, la détention, la réclusion, « la dégradation civique et le bannissement, doi- « vent être imprimés par extrait et affichés dans la « ville centrale du département, dans celle où l'ar- « rêt a été rendu, dans la commune du lieu où le « délit a été commis, dans celle où se fera l'exécution, « et dans celle du domicile du condamné. »

L'usage est de réunir les extraits des arrêts dans un seul placard, qui est affiché tous les trimestres dans chaque département.

En matière de délit ou de contravention, les tribunaux ne peuvent ordonner d'office l'impression et l'affiche de leurs jugements que dans les cas où la

qu'à quelque objet de peu d'importance, ou à une partie seulement de l'objet entier. (V. Blackstone, liv. I, chap. VIII.)

loi contient à cet égard une disposition expresse,
par exemple en matière d'usure , de contrefaçon,
de délit de presse. C'est, en effet, un des principes
fondamentaux de notre droit qu'aucune peine ne
peut être appliquée qu'en vertu de la loi. Or l'affiche
est une peine. Mais, lorsque la partie civile requiert
cette impression et affiche à titre de réparation du
préjudice qui lui a été causé par le délit, comme les
tribunaux ont une latitude illimitée pour la détermination des dommages-intérêts qui peuvent être
dus, rien ne s'oppose à ce que, dans ce cas, ils ordon-
nent l'impression et l'affiche, en vertu des pouvoirs
généraux qui leur sont attribués par les art. 1382 et
1383 du Code civil, et par les art. 10 et 51 du Code
pénal.

CHAPITRE VI

DES PEINES DE LA RÉCIDIVE POUR CRIMES OU DÉLITS.

La récidive légale est l'état de l'individu qui a
commis un crime, un délit ou une contravention
après une première condamnation pour un crime,
un délit ou une contravention.

Nous allons examiner successivement les caractères constitutifs de la récidive et ses règles spéciales
en matière de crimes, de délits et de contraventions.

SECTION I. — CARACTÈRES CONSTITUTIFS DE LA RÉCIDIVE.

Il ne faut pas confondre la récidive avec la réité-

ration de plusieurs crimes ou délits. Cette réitération constitue ce qu'on appelle le *cumul des délits* dont nous parlerons plus loin. La récidive suppose nécessairement, non-seulement que deux infractions ont été commises successivement, mais aussi que la première a été suivie d'une *condamnation*.

Il faut, en outre, que cette condamnation soit *définitive*, et légalement connue du condamné. Si donc, au moment où il commet le second crime, le premier n'était encore réprimé que par un jugement par défaut, frappé d'opposition, il n'y aurait pas récidive (Cass. 23 février 1833, 6 mai 1837).

Et ce que nous disons de la condamnation par défaut, on doit le dire également, par identité de raison, de la condamnation par contumace, si le condamné, au moment où il a commis le second crime, était encore dans les délais pour se représenter.

Mais dès que la condamnation est devenue définitive, il n'y a pas à distinguer si l'accusé a ou non subi sa peine. Ainsi l'accusé qui a prescrit la première peine à laquelle il a été condamné, ne peut échapper à la peine de la récidive.

La *réhabilitation* ne fait pas obstacle à l'application des dispositions relatives à la récidive. En effet, elle n'efface pas le crime ; elle relève seulement le condamné, pour l'avenir, des incapacités qui résultent de la condamnation.

On doit en dire autant de la *grâce* ou de la *commutation de peine*.

Mais il en est autrement de l'*amnistie* qui a pour effet d'anéantir entièrement la condamnation. Cette condamnation ne peut donc plus servir de base à l'application des peines de la récidive.

La preuve de la récidive doit être faite par l'accusation. Les art. 600 et suivants du Code d'instruction criminelle fournissent au ministère public les moyens de rechercher les condamnations encourues, et une circulaire du garde des sceaux, du 6 novembre 1850, a ajouté à l'efficacité de ces moyens par l'établissement des *casiers judiciaires*, dans les greffes de chaque arrondissement.

Le bulletin de chaque condamné se classe, aussitôt après sa condamnation, au casier de l'arrondissement dans lequel se trouve le lieu de sa naissance; de sorte qu'il suffit de connaître le lieu de naissance d'un individu pour avoir tous les renseignements nécessaires sur ses antécédents.

Après ces notions générales, nous allons examiner les différentes combinaisons que peuvent former les crimes et les délits se succédant les uns aux autres.

Ces combinaisons sont au nombre de quatre. Il y a donc quatre cas de récidive : 1° récidive de crime à crime; 2° de crime à délit; 3° de délit à crime; 4° de délit à délit.

M. Ortolan distingue avec raison ces quatre cas de récidive, non par la qualification légale des faits qui peut faire naître des équivoques, mais par la désignation de la peine prononcée. Nous suivrons son exemple, et nous étudierons la récidive : 1° de peine criminelle à peine criminelle ; 2° de peine criminelle à peine correctionnelle ; 3° de peine correctionnelle à peine criminelle ; 4° de peine correctionnelle à à peine correctionnelle.

SECTION II. — Récidive de peine criminelle a peine criminelle.

Le Code de 1810 exigeait une condamnation pour *crime* : « Quiconque, portait l'art. 56, ayant été con- « damné pour *crime*, aura commis un second « crime, etc. » La Cour de cassation interprétait rigoureusement cette expression. Selon elle, c'était d'après la nature du fait qui avait servi de base à la première condamnation, et non d'après la nature de la peine prononcée, qu'il fallait décider s'il y avait lieu à récidive. Ainsi, toutes les fois qu'en raison de l'âge ou de la déclaration des circonstances atté- nuantes, l'accusé avait été condamné à des peines correctionnelles, s'il venait à commettre ultérieure- ment un nouveau crime, il était considéré comme récidiviste.

La loi de 1832 est venue substituer au mot *crime* les mots *peine afflictive ou infamante*. Dans les cas que nous venons de rappeler la récidive ne serait donc pas applicable.

L'art. 56 s'applique aux condamnations pronon- cées par les tribunaux militaires, mais ce n'est qu'autant que la première condamnation aurait été prononcée pour des crimes ou délits punissables d'après les lois pénales ordinaires. Ce n'en est pas moins une disposition fâcheuse. Outre que ces tribunaux, à raison des formes expéditives et sommaires de leur procédure, présentent moins de garanties que les juridictions ordinaires, les lois militaires n'admettent pas la récidive ; d'où il résulte que le sort du condamné se trouve plus ou moins rigoureux, suivant que la condamnation militaire a précédé ou suivi la condamnation prononcée par les juges ordinaires.

Quoi qu'il en soit, la peine des fers peut seule, parmi les peines militaires, servir de base à la récidive. Celles des travaux publics et du boulet ne sont, en effet, ni afflictives ni infamantes (Cassation 22 décembre 1826).

Il n'y a pas récidive si la première condamnation émane d'un tribunal étranger, mais on ne doit pas considérer comme émanant d'un tribunal étranger, la condamnation prononcée par une cour criminelle faisant partie de la France, à l'époque où cette condamnation a été rendue et détachée du territoire, par suite des traités.

Il nous reste à parler des effets de la récidive en matière de crimes. Le Code de 1810 punissait le second fait de la peine immédiatement supérieure. La loi de 1832 a maintenu ce système dans les trois premiers paragraphes de l'art. 56, qui remplacent la dégradation civique par le bannissement, le bannissement par la détention, et la réclusion par les travaux forcés à temps.

Elle y a dérogé dans les deux alinéa suivants qui se bornent à aggraver la peine applicable au second fait (détention et travaux forcés élevés au maximum de la peine, qui peut être portée jusqu'au double).

Mais elle revient au système du Code dans les paragraphes suivants, qui transforment la déportation en travaux forcés à perpétuité, et cette dernière peine en peine de mort.

Remarquons, en passant, l'énormité de ces deux dernières dispositions : la déportation, peine essentiellement politique, transformée en travaux forcés à perpétuité, et ceux-ci remplacés par la peine de mort !

SECTION III. — RÉCIDIVE DE PEINE CRIMINELLE A PEINE CORRECTIONNELLE.

C'est le cas de l'art. 57. Cet article n'avait pas été modifié par la loi de 1832. Il faisait résulter la récidive d'une première condamnation pour *crime*, sans s'occuper de la peine prononcée.

La jurisprudence avait abusé de cette expression, en prenant pour base de la récidive tous les faits auxquels la loi avait donné la qualification de *crime*, alors même que le juge la leur avait enlevée en leur appliquant, par suite d'excuses ou de circonstances atténuantes, une peine correctionnelle. La loi du 13 mai 1863 a étendu aux art. 57 et 58 la rectification apportée à l'art. 56 par la loi de 1832.

Il y a récidive, soit lorsque le nouveau fait est un

délit, soit lorsqu'il constitue un crime *qui devra n'être puni que de peines correctionnelles*. Cette prévision peut se réaliser par l'effet de la minorité de seize ans, par l'effet d'une excuse, ou par la déclaration de circontances atténuantes. Nous reviendrons sur ce point.

L'aggravation consiste dans le *maximum* de la peine, laquelle peut être élevée jusqu'au double, et, en outre (depuis la loi du 13 mai 1863), dans la surveillance de la haute police pendant cinq ans au moins, et dix ans au plus.

SECTION IV. — Récidive de peine correctionnelle a peine criminelle.

Le Code est muet sur ce point. Il n'y a donc pas d'aggravation. De même, un délit n'est pas commis en récidive lorsqu'il a été précédé d'une condamnation pour contravention.

SECTION V. — Récidive de peine correctionnelle a peine correctionnelle.

C'est le cas de l'art. 58. Les délits passibles d'un emprisonnement de *plus d'une année* entrent seuls dans la constitution de la récidive ; mais il n'est pas nécessaire que le nouveau délit soit passible d'une peine si grave. Ainsi le délit le plus léger forme la récidive lorsqu'il a été précédé d'un délit plus grave, et il n'y entrerait pas comme élément, s'il avait été commis le premier. C'est là une anomalie que le système des circonstances atténuantes permet de corriger, il est vrai, mais qui n'en est pas moins regrettable,

Il y a exception à la règle de l'art. 58, lorsque la loi a prévu elle-même le cas de récidive d'un délit, et a gradué la peine, en tenant compte de cette circonstance, comme, par exemple, dans l'art. 200 ; et lorsqu'elle punit d'une peine déterminée un fait qui suppose l'état de récidive. C'est le cas des art. 45 et 245, applicables à la rupture de ban, et à l'évasion des détenus. Ces infractions supposant nécessairement la récidive ne peuvent faire aggraver une peine qui a été calculée en considération de son existence.

Les art. 57 et 58 veulent que, dans les cas de récidive qu'ils prévoient, les juges prononcent le maximum de la peine et même que cette peine puisse être élevée au double. Cette disposition nécessite quelques explications.

Plusieurs cas peuvent se présenter.

Premier cas. — La loi peut prononcer une peine principale et des peines accessoires facultatives, comme dans l'art. 401, qui punit les larcins et filouteries de l'emprisonnement (peine principale), de l'amende, de l'interdiction des droits civils et de la surveillance (peines facultatives).

Dans ce cas le juge n'est tenu d'appliquer le maximum que de la peine principale.

Deuxième cas. — La loi peut prononcer cumulativement plusieurs peines, comme dans les art. 410 et 411.

Elles doivent alors être toutes élevées au maximum ou au-dessus.

Troisième cas. — La loi peut prononcer deux peines en laissant aux juges la faculté de choisir, comme dans l'art. 311 relatif aux coups et blessures.

Les juges conservent alors la faculté de n'appliquer qu'une peine, pourvu qu'ils l'élèvent au maximum. S'ils les appliquent toutes les deux, l'une d'elles doit être portée au maximum.

La peine de la surveillance doit être prononcée dans tous les cas.

Jusqu'ici nous avons supposé la succession de deux véritables délits. Mais il peut se faire que la peine, soit du fait antérieur, soit du fait nouveau, devienne correctionnelle par l'effet d'une excuse ou par la déclaration des circonstances atténuantes. Appliquera-t-on l'art. 58?

En ce qui concerne la peine qui a frappé le fait antérieur, il importe peu qu'elle ait été prononcée pour un crime ou pour un délit. Il s'agit, en effet, d'une peine déjà appliquée. Mais, quant à la peine méritée pour le nouveau fait, une controverse des plus vives s'est élevée dans la doctrine depuis la loi du 13 mai 1863.

On admet sans difficulté que, dans l'hypothèse où la peine est réduite au taux correctionnel par l'admission d'une excuse ou le rejet d'une circonstance aggravante, il y a lieu à récidive. Ainsi un individu, condamné pour délit à plus d'un an d'emprisonnement est poursuivi pour crime. Le jury écarte les circonstances aggravantes ou reconnaît l'existence d'une excuse. Il faudra appliquer l'art. 58. Ici, en effet, la qualification légale est changée. L'accusé est condamné pour un délit. Il y a donc récidive de délit à délit.

Mais il en est autrement, dans le cas où la peine est réduite au taux correctionnel par l'effet des circonstances atténuantes. Dans ce cas, la qualification légale n'est pas changée. Il y a réellement crime. C'est sur ce point que s'est élevée la controverse dont nous parlions tout à l'heure. Si l'on déclare l'art. 58 applicable, on se trouve conduit à des conséquences inattendues et inacceptables. Dans le cas contraire, il faut dire qu'il y a récidive de délit à crime, et que, par conséquent, il n'y a lieu à aucune aggravation de peine.

La plupart des auteurs admettent que les art. 57 et 58 régissent notre hypothèse. M. Bertaud a le premier soutenu le système contraire. Selon lui, l'aggravation motivée par l'état de récidive doit s'opérer avant l'abaissement que doivent entraîner les circonstances atténuantes.

Cette opinion, embrassée depuis par MM. Labbé, Ortolan et Trébutien, nous paraît conforme aux principes du droit. Avant de tenir compte des nuances particulières de chaque espèce, il faut déterminer la pénalité telle qu'elle résulte de l'ensemble de la cause. L'art. 463 dit que les circonstances atténuantes produisent leur effet sur la peine *prononcée par la loi*. Or la peine prononcée par la loi, c'est tout à la fois la peine qu'emporte le fait et la peine qu'entraîne l'état de récidive. Le même art. 463, § 7, détermine l'effet des circonstances atténuantes dans leurs rapports avec le *maximum d'une peine afflictive*. Or le maximum d'une peine afflictive n'est prononcé *par la loi* que dans le cas de récidive.

Il faut donc pour arriver à déterminer la pénalité se reporter à la peine dont le crime est frappé par la loi, augmenter cette peine à raison de la récidive, et, sur cette peine ainsi aggravée, opérer l'abaissement motivé par les circonstances atténuantes.

Au contraire, dans le système opposé, on tient d'abord compte des circonstances atténuantes, puis on relève la pénalité, en raison de la récidive. .

L'exemple suivant va nous montrer les différences de résultat qu'amènent ces deux manières de procéder.

Un condamné pour un délit à plus d'un an d'emprisonnement commet un crime passible des travaux forcés à temps. Il obtient des circonstances atténuantes. Dans notre système, nous dirons : il y a récidive de délit à crime; et, par conséquent, pas d'aggravation possible. Nous appliquerons ensuite à la peine prononcée par la loi l'art. 463, et nous la ferons descendre au moins jusqu'à la réclusion, et facultativement jusqu'aux peines de l'art. 401, en prenant pour minimum la durée de deux ans.

Dans l'autre système on appliquera tout d'abord l'art. 463, ce qui pourra faire descendre la peine jusqu'à l'emprisonnement. Il y aura alors récidive de délit à délit, ce qui forcera la Cour à élever la peine jusqu'au maximum (cinq ans), et facultativement jusqu'au double.

Ce n'est pas tout. L'application des art. 57 et 58 à notre hypothèse conduit à des impossibilités juridiques. En effet, l'accusé qui a obtenu des circonstances atténuantes pourra être plus sévèrement puni qu'il ne l'aurait été dans le cas contraire. Un individu condamné pour un délit à plus d'un an d'emprisonnement, se rend coupable d'un crime qui l'expose à la dégradation civique. Si le jury lui refuse des circonstances atténuantes, il sera condamné au plus à la dégradation civique et à cinq ans d'emprisonnement (art. 35). Il y a, en effet, récidive de délit à crime: ce qui n'aggrave pas la peine.

Avec des circonstances atténuantes, au contraire, la peine devient correctionnelle. Il y a récidive de délit à délit. La peine pourra être élevée jusqu'au double du maximum. En sorte que l'accusé pourra être condamné à dix ans d'emprisonnement, 1000 fr. d'amende, vingt ans d'interdiction des droits mentionnés en l'art. 42, et dix ans de surveillance.

De pareils résultats suffisent à juger un système. Nous concluons donc que la récidive de délit à crime, qui n'est pas une cause d'aggravation de la peine ne le devient pas davantage, lorsque les circonstances atténuantes ont abaissé la peine au taux correctionnel. Ce cas ne rentre pas dans la prévision des art. 57 et 58.

SECTION VI. — DE LA RÉCIDIVE EN MATIÈRE DE CONTRAVENTIONS.

Les conditions de la récidive en matière de contraventions sont déterminées par l'art. 483. Il faut :

1° Qu'il s'agisse d'un des cas prévus dans le livre IV du Code pénal ;

Si donc le nouveau fait, quoique constituant toujours une contravention, était qualifié et puni par une autre loi, il n'y aurait pas récidive. Mais il n'est pas nécessaire que le fait antérieur soit lui-même du nombre des faits prévus dans le livre IV. La loi n'exige pas cette condition. Elle n'exige pas non plus que la contravention soit la même dans les deux cas ;

2° Qu'un premier jugement ait été rendu contre le prévenu pour contravention de police ;

3° Que les deux contraventions aient été commises dans le ressort du même tribunal de police.

Dans le cas de la division d'une commune importante en plusieurs justices de paix, il n'y a cependant, aux termes mêmes de la loi (art. 142, C. inst. crim.), qu'un *tribunal de police*. Mais ce ne serait pas le *même tribunal* qui aurait jugé, et conséquemment il n'y aurait pas récidive, si c'était le tribunal de police correctionnelle qui eût prononcé la première condamnation, lors même qu'il n'aurait infligé qu'une peine de police ;

4° Que le premier jugement ait été rendu dans les douze mois précédents.

La peine de la récidive en matière de contraventions est l'emprisonnement. Sa durée varie selon qu'il s'agit de telle ou telle classe de contraventions.

On sait, en effet, que le Code pénal divise en trois classes les contraventions qu'il prévoit :

La première classe comprend les contraventions énumérées par l'art. 471, et punies d'une amende de 1 à 5 francs ;

Pour cette classe de contraventions, la peine de la récidive est un emprisonnement d'un jour à trois jours (art. 474).

La deuxième classe comprend les contraventions énumérées par l'art. 475, et punies d'une amende de 6 à 10 francs ;

La peine de la récidive est alors un emprisonnement de *un* à *cinq* jours (art. 478).

La troisième classe comprend les contraventions énumérées par l'art. 479, et punies d'une amende de 11 à 15 francs.

Il n'y a plus de minimum ni de maximum. La durée de l'emprisonnement est fixée d'une manière absolue à *cinq* jours (art 482).

Ainsi, en cas de récidive, l'emprisonnement est toujours obligatoire, excepté toutefois dans les cas où il y a déclaration de circonstances atténuantes. L'art. 483, § 2, a rendu, en effet, l'art. 463 applicable aux contraventions de police.

La nouvelle loi du 23 janvier 1873 a modifié les conditions de la récidive en matière de contraventions. L'art. 1 de cette loi punit l'ivresse d'une amende de 1 à 5 francs et déclare applicables les art. 474 et 483 relatifs à la récidive des contraventions. L'art. 2 prévoit le cas d'une seconde récidive, dans les douze mois qui auront suivi la nouvelle condamnation, et dispose que l'inculpé sera traduit devant le tribunal de police correctionnelle et condamné à un emprisonnement de six jours à un mois et à une amende de 16 à 300 francs.

Ainsi la seconde récidive a pour effet de transformer la contravention en délit et de changer la compétence des juridictions.

CHAPITRE VII

DU CUMUL OU DU NON-CUMUL DES PEINES.

Nous avons dit qu'il ne fallait pas confondre la récidive avec la réitération ou *cumul des délits*. Il y a réitération lorsque plusieurs infractions à la loi pénale ont été commises successivement avant toute condamnation. La récidive, au contraire, suppose nécessairement que la première infraction a été frappée d'une condamnation.

Ceci expliqué, quelle est sur la pénalité l'influence du cumul des délits : en d'autres termes, lorsque plusieurs délits, punis de peines plus ou moins graves, ont été commis successivement, quelle peine doit être appliquée ?

En droit romain, et dans notre ancien droit, le principe de la cumulation des peines était admis.

Chaque délit commis par le même individu était
frappé d'une peine particulière. Le principe contraire a prévalu dans notre législation : « En cas de
« conviction de plusieurs crimes ou délits, porte
« l'art. 365 (C. inst. crim.), la peine la plus forte sera
« seule prononcée. » L'art. 379 du même Code
complète en ces termes cette disposition : « Lors-
« que, pendant les débats qui auront précédé l'arrêt
« de condamnation, l'accusé aura été inculpé, soit
« par des pièces, soit par des dépositions de témoins,
« sur d'autres crimes que ceux dont il était accusé,
« si les crimes nouvellement manifestés méritent
« une peine plus grave que les premiers.... la Cour
« ordonnera qu'il soit poursuivi à raison de ces nou-
« veaux faits. Le procureur général surseoira à l'exé-
« cution de l'arrêt qui a prononcé la condamnation,
« jusqu'à ce qu'il ait été statué sur le second procès. »

Ainsi deux cas peuvent se présenter : si l'accusé
est poursuivi simultanément pour plusieurs crimes
ou délits, il n'est passible que de la peine réservée
au plus grave des délits qui lui sont reprochés.

Si les poursuites sont successives, il ne tombe
sous le coup de la loi qu'autant que le fait qui mo-
tive la nouvelle poursuite est de nature à entraîner
une peine plus forte que celle qui a servi de base à
la première condamnation.

En résumé, lorsque deux peines concourent, la
peine la plus forte absorbe la plus légère. Cette règle a besoin d'être bien comprise. Elle ne veut pas
dire qu'un même individu ne peut pas subir inté-

gralement plusieurs peines pour faits antérieurs à la première condamnation. Le contraire arrive tous les jours. Ainsi un individu condamné aujourd'hui à six mois de prison pour escroquerie peut être condamné demain à trois mois de prison pour coups et blessures, et il subira intégralement ces deux condamnations. Ce que la loi veut, c'est que la durée de ces peines réunies n'excède pas le maximum déterminé par la loi pour le délit le plus grave.

Mais qu'entend-on par *la peine la plus forte ?* Il n'est pas toujours facile de le déterminer. En effet, telle peine peut occuper, dans l'échelle des pénalités, un degré plus élevé qu'une autre, et cependant être moins rigoureuse qu'elle, si l'on considère la durée assignée à chacune. La jurisprudence décide cependant que c'est le caractère des peines prononcées et non leur durée que les tribunaux doivent prendre en considération. Ainsi une condamnation à cinq ans de détention doit être regardée comme plus forte qu'une condamnation à dix ans de réclusion.

En un mot, la gravité relative des peines est déterminée par l'ordre dans lequel elles sont classées par la loi elle-même. Ainsi les peines afflictives et infamantes sont plus graves que les peines purement infamantes ; celles-ci sont plus graves que les peines correctionnelles, etc. ; quant aux peines comprises dans une même catégorie, leur gravité relative est déterminée par l'ordre dans lequel la loi les nomme. Ainsi, la peine de mort est plus grave que les travaux forcés à perpétuité, les travaux forcés à perpétuité que la déportation, etc.

L'art. 365 ne parle que des crimes et délits. La Cour de cassation, après de longues hésitations, en a conclu que la prohibition du cumul des peines ne s'applique pas en matière de contraventions (Ch. réun., 7 juin 1842). Elle a même étendu cette jurisprudence aux contraventions spéciales, prévues par des lois particulières, et déférées aux tribunaux correctionnels, telles, par exemple, que les contraventions relatives à l'exercice de la médecine et de la chirurgie.

Même en matière de crimes et délits la règle prohibitive du cumul des peines reçoit plusieurs exceptions. Ainsi dans le cas d'évasion ou de rébellion de détenus, pendant leur prévention, la peine encourue pour le fait d'évasion ou de rébellion se cumule avec celle prononcée pour le fait principal à raison duquel ils étaient détenus (art. 220 et 245).

Il y a également cumul dans le cas prévu par l'art. 4 de la loi de 1807. Aux termes de cet article, tout individu convaincu de se livrer habituellement à l'usure doit être condamné à une amende. De plus, s'il résulte de la procédure qu'il y a eu escroquerie de la part du prêteur, il est, en outre, condamné à l'emprisonnement.

L'épuisement de la pénalité éteint-il l'action publique : en d'autres termes, lorsqu'un individu a été condamné à la peine la plus forte, l'action publique est-elle éteinte relativement à tous les crimes ou délits, entraînant une peine moins grave, qu'il aurait pu commettre antérieurement à sa condamnation ? Cette question est controversée, nous l'examinerons en traitant des causes d'extinction de l'action publique.

Nous terminerons cette matière en faisant remarquer que la prohibition du cumul est absolument inapplicable aux réparations civiles qu'entraîne le crime ou le délit. Ces réparations ne sont pas, en effet, des peines : ce sont de simples dettes.

CHAPITRE VIII

DE LA PRESCRIPTION DES PEINES.

Les peines se prescrivent à compter de la date de l'arrêt ou du jugement rendu en dernier ressort, ou à compter du jour de l'expiration du délai d'appel.

En matière *criminelle*, les peines se prescrivent par *vingt années révolues* (art. 635, C. inst. crim.). Néanmoins, le condamné n'a pas le droit de *résider* dans le département où demeurent, soit celui sur lequel ou contre la propriété duquel le crime a été commis, soit ses héritiers directs, c'est-à-dire ses ascendants et descendants. Le gouvernement peut lui assigner le lieu de son domicile.

La peine n'est prescriptible que par vingt ans, même dans le cas où, par l'effet de l'admission de circonstances atténuantes, la peine appliquée ne serait plus qu'une peine correctionnelle. Le fait n'en reste pas moins un crime.

En matière *correctionnelle*, les peines se prescrivent par *cinq années révolues* (art. 636, C. inst. crim.).

Cette prescription ne peut être *interrompue* par de simples actes de poursuite. Il faut un acte d'exécution du jugement : *l'arrestation*, quand il s'agit de la peine de l'emprisonnement ; l'exercice de la *contrainte par corps* ou la *saisie* des biens des condamnés, quand il s'agit de l'amende.

En matière de *simple police*, les peines se prescrivent par *deux années révolues* (art. 639, C. inst. crim.).

La prescription des peines, après l'expiration des délais ci-dessus, est acquise aux condamnés, soit qu'elles aient été prononcées contradictoirement, soit qu'elles l'aient été par contumace ou par défaut. — Mais, en aucun cas, les condamnés par défaut ou par contumace dont la peine est prescrite, ne sont admis à se présenter pour purger le défaut ou la contumace (art. 641, C. inst. crim.).

Les condamnations *civiles* prononcées par des arrêts ou par des jugements, rendus en matière criminelle, correctionnelle, ou de simple police, et devenues irrévocables, se prescrivent d'après les règles du Code civil, c'est-à-dire par *trente* ans (art. 642, C. inst. crim.).

Les *amendes* étant une peine se prescrivent suivant les art. 635, 636 et 639 du Code d'instruction criminelle.

Quant aux *frais*, ils doivent être considérés comme un accessoire de la condamnation principale,

6

et soumis, par conséquent, à la même prescription (Cass., 24 février 1832).

CHAPITRE IX

DE LA RÉHABILITATION.

L'exécution ou la remise d'une peine n'en fait par toujours cesser les conséquences légales. Ainsi nous avons vu que la dégradation civique survit aux peines auxquelles elle est attachée par la loi.

Il est même certaines peines dont les conséquences légales ne commencent qu'au moment où finit leur exécution. C'est ainsi que les condamnés aux travaux forcés à temps, à la détention et à la réclusion sont de plein droit, à l'expiration de leur peine, et pour toute leur vie, sous la surveillance de la haute police.

La loi cependant n'a pas voulu que ces conséquences fussent ineffaçables. Elle a organisé dans ce but la réhabilitation qui rétablit les condamnés dans tous leurs droits civils pour l'avenir. Nous allons en examiner rapidement les conditions et les effets.

Le Code d'instruction criminelle n'admettait la réhabilitation que pour les condamnés à des peines criminelles. C'était même une question de savoir si les condamnés à la dégradation civique, prononcée comme peine principale, pouvaient être réhabilités. L'ancien art. 619, en effet, ne fixait aucun point de départ pour la demande en réhabilitation. La révision de 1832 a fait cesser cette controverse en disposant que la réhabilitation pourra

être demandée dans le délai de 5 ans, à compter du
jour où la peine aura été subie ou la grâce accordée,
ou à compter de celui où la condamnation sera devenue irrévocable. Ainsi modifié, l'art. 619 n'en
contenait pas moins une étrange anomalie. Il ne
permettait pas la réhabilitation aux condamnés pour
le délit le plus léger, et il la permettait aux condamnés pour le crime le plus grave ! Cette lacune a
été comblée par la loi du 3 juillet 1852 qui autorise
la réhabilitation en matière correctionnelle, et par
celle du 19 mai 1864 qui en étend le bénéfice aux
déchéances et incapacités résultant de la destitution
prononcée contre un officier ministériel.

Ainsi aujourd'hui, tout condamné pour un crime
ou pour un délit peut être réhabilité. Il nous reste
à examiner sous quelles conditions.

Le condamné ne peut former sa demande qu'après
un délai de cinq ans, s'il s'agit d'une peine criminelle, ou de trois ans, s'il s'agit d'une peine correctionnelle.

Il doit résider depuis cinq ou trois ans dans le
même arrondissement, et depuis deux ans dans la
même commune.

Le condamné adresse sa demande au procureur
de la République de l'arrondissement en y joignant
les pièces justificatives du payement des frais, amendes et dommages-intérêts, auxquels il a été condamné, ou de la remise qui lui en a été faite, ou de
la contrainte par corps qu'il a subie.

Le procureur de la République provoque, par

l'intermédiaire du sous-préfet, des attestations de bonne conduite délivrées par les conseils municipaux et par les municipalités dans le territoire desquelles il a demeuré pendant le temps qui a précédé sa demande. Il prend ensuite l'avis du maire des communes et des juges de paix des cantons où le condamné a résidé, et celui du sous-préfet, et il se fait délivrer : 1° une expédition de l'arrêt de condamnation ; 2° un extrait des registres des lieux de détention où la peine a été subie.

Il transmet les pièces, avec son avis, au procureur général. Dans les deux mois du dépôt de ces pièces au greffe de la Cour, l'affaire est rapportée à la chambre des mises en accusation. Le procureur général doit donner ses conclusions motivées, et par écrit.

Si la Cour est d'avis que la demande en réhabilitation ne peut être admise, le condamné ne peut former une nouvelle demande qu'après un délai de deux ans.

Si, au contraire, la Cour pense que la demande en réhabilitation peut être admise, le procureur général transmet le dossier au ministre de la justice. Le ministre fait son rapport au chef du pouvoir exécutif qui accorde ou non, des lettres de réhabilitation.

Quant aux effets de la réhabilitation, ils sont réglés par l'art. 633. Elle fait cesser, pour l'avenir, dans la personne du condamné, toutes les incapacités qui résultaient de la condamnation. Elle laisse donc subsister, à son égard, tous les effets produits jusqu'au jour de sa réintégration.

Sont exclus du bénéfice de la réhabilitation : 1° les

condamnés qui ont prescrit leur peine ; 2º les condamnés pour crime qui ont commis un second crime, et subi une nouvelle condamnation à une peine afflictive ou infamante ; 3º ceux qui, après avoir obtenu la réhabilitation, ont encouru une nouvelle condamnation.

LIVRE II

DES PERSONNES PUNISSABLES, EXCUSABLES OU RESPONSABLES POUR CRIMES OU DÉLITS
(art. 59 à 74).

On doit distinguer, au point de vue du droit pénal, trois classes de personnes : 1º les personnes *punissables* ; 2º les personnes *non punissables*; 3º les personnes *excusables*.

Nous allons les passer rapidement en revue; nous dirons ensuite quelques mots, pour nous conformer à l'ordre du Code, des personnes *civilement responsables*, bien que cette matière appartienne plutôt au droit civil qu'au droit criminel.

CHAPITRE PREMIER

DES PERSONNES PUNISSABLES.

Est punissable toute personne qui, au moment où l'infraction a été commise, jouissait de son *intelligence* et de sa *liberté*. Telle est la règle générale.

6.

Toute personne qui veut s'y soustraire doit donc prouver le fait qui la place dans l'exception.

L'auteur d'un délit peut être multiple. Plusieurs personnes peuvent, en effet, y avoir participé. Il importe de déterminer la part de responsabilité qui incombe à chacune d'elles. Nous rattacherons donc à ce chapitre la théorie de la complicité. Nous traiterons ensuite des faits constitutifs et des circonstances aggravantes dont la distinction est importante et souvent difficile.

SECTION I. — DE LA COMPLICITÉ.

Nous n'essayerons pas de donner une définition susceptible d'embrasser tous les éléments de la complicité. Nous dirons, d'une manière générale, que c'est la participation directe ou indirecte et avec connaissance de cause, à un fait coupable dont un autre est l'auteur principal.

Nous examinerons successivement les règles de la complicité en général et de la complicité par recel.

§ 1. — *De la complicité en général.*

Les principaux caractères de la complicité sont les suivants :

Elle est accessoire à un fait principal, qui doit être d'abord reconnu ou constaté. C'est la personne de l'auteur qui sert à caractériser l'infraction.

Elle ne peut résulter que de faits secondaires. Enfin elle est essentiellement intentionnelle.

Nous traiterons sous ce paragraphe :—1° de la nécessité d'un fait principal ; — 2° des faits constituant la complicité ; — 3° des peines de la complicité ; — 4° de la distinction entre les complices et les co-auteurs.

1° *Nécessité d'un fait principal.* — Les faits qui constituent la complicité légale ne sont pas punissables par eux-mêmes. Il faut qu'il y ait un crime ou un délit (ou une tentative) auquel ils se rattachent, et dont ils empruntent la criminalité. Ainsi l'amnistie ne laisse pas de complices.

Le suicide n'étant pas incriminé par la loi, le complice d'un suicide ne saurait être poursuivi. En cette matière toutefois, la complicité ne doit s'entendre que de l'assistance donnée aux actes préparatoires (fourniture des armes, préparation du poison). Mais si le complice avait concouru à l'accomplissement de l'acte, il serait considéré comme le véritable auteur du meurtre.

Pour que la complicité soit punie, il n'est pas nécessaire que le crime ou le délit le soit aussi. Il importe peu que l'auteur principal soit absent ou inconnu : il suffit que le fait punissable soit constaté. Ainsi le complice pourrait être poursuivi lors même que la poursuite serait devenue impossible contre l'auteur principal, par suite de son décès.

Il pourrait même être condamné malgré l'acquittement ou l'absolution de l'auteur principal. Toutefois, si le renvoi était fondé sur ce que le fait n'est pas constant ou n'est passible d'aucune peine, il serait contradictoire de condamner le complice.

L'acquittement de l'auteur principal, fondé sur

un privilége qui lui est personnel, ne profite pas non plus au complice. Ainsi les complices d'un vol, commis par un fils au préjudice de son père, sont passibles des peines du vol (1). C'est par application de la même règle que l'on décide que l'absolution du mineur de seize ans pour défaut de discernement n'affranchit pas le complice des conséquences du crime ou du délit auquel il a concouru.

2° *Faits qui constituent la complicité.* — L'art. 60 énumère de la manière suivante les faits constitutifs de la complicité :

Seront punis comme complices d'une action qualifiée crime ou délit :

« 1° Ceux qui, par dons, promesses, menaces, abus « d'autorité ou de pouvoir, machinations ou artifices « coupables, auront provoqué à cette action ou « donné des instructions pour la commettre ;

« 2° Ceux qui auront procuré des armes, des ins- « truments ou tout autre moyen qui aura servi à « l'action, sachant bien qu'ils devaient y servir ;

« 3° Ceux qui auront, avec connaissance de cause, « aidé ou assisté l'auteur ou les auteurs de l'action

---

(1) D'après la cour de cassation ces complices ne peuvent être poursuivis que dans le cas de *recel*. Nous croyons qu'ils peuvent l'être dans tous les cas. L'art. 380 qualifie les objets soustraits d'objets *volés*. Le fait matériel du vol subsiste donc. Or la complicité n'est pas subordonnée à la culpabilité de l'auteur principal, mais à l'existence matérielle du fait. L'art. 380 nous fournit en outre un argument *à fortiori*. Il punit des peines du vol celui qui recèle tout ou partie des objets volés. Or le recel est une complicité spéciale pour laquelle la loi se montre moins sévère que pour la complicité ordinaire. Donc celle-ci doit être punie.

« dans les faits qui l'auront préparée ou facilitée, ou
« dans ceux qui l'auront consommée.

L'art. 60, comme on le voit, distingue deux ordres
de faits de nature différente. Sa première disposition
se rapporte à la complicité morale, la seconde à la
complicité matérielle.

1° *Complicité morale.* — La complicité morale
consiste dans les provocations à l'action coupable,
par l'un des moyens énumérés dans le paragraphe 1
de l'art. 60, dans les instructions données pour sa
réalisation, dans le fait de fournir habituellement
lieu de retraite ou de réunion aux malfaiteurs dont
on connait la conduite criminelle (art. 61). Elle consiste encore dans le fait d'aider les auteurs d'un délit
à en faire disparaître les traces, spécialement en re-
célant les choses enlevées.

Le Code pénal de 1791 punissait comme complice
celui qui provoquait à un crime ou à un délit par
des discours ou des conseils proférés ou donnés publiquement. D'après le Code de 1810, cette provocation ne constituait la complicité que dans le cas de
l'art. 102, c'est-à-dire lorsqu'il s'agissait d'un crime
contre la sûreté intérieure ou extérieure de l'État.
Mais la loi du 17 mai 1819 punit des peines de la
complicité la provocation soit par discours, cris ou
menaces proférés dans des lieux publics, soit par
écrits, imprimés, dessins, gravures, peintures ou
emblèmes vendus ou distribués, mis en vente ou exposés dans des lieux publics, soit par placards et
affiches exposés aux regards du public (art. 1).

Tels sont les seuls cas où la loi punisse la complicité morale. Il faut qu'elle se manifeste de l'une des manières prévues par la loi. On ne doit admettre aucune analogie. Ainsi, le fait d'avoir poussé à commettre un crime, mais sans employer ni dons, ni promesses, ni ordres, ni menaces, et sans donner d'instructions pour le commettre ne constitue pas la complicité légale, et, par conséquent, n'est pas punissable.

2° *Complicité matérielle.* — La complicité matérielle consiste : 1° dans le fait d'avoir procuré des armes, des instruments, ou tout autre moyen ayant servi à l'action, *sachant qu'ils devaient y servir* (art. 60, § 2). Il y a, par conséquent, complicité de la part de celui qui a fourni les échelles qui ont facilité l'escalade, les pinces avec lesquelles on a forcé les meubles, ou qui a fabriqué les fausses clefs qui ont servi à les ouvrir.

2° Dans l'*aide* et *assistance* prêtée *avec connaissance de cause* à l'auteur de l'action dans les faits qui l'ont préparée ou facilitée, ou dans ceux qui l'ont consommée. Ainsi doivent être considérés comme complices ceux qui accompagnaient le criminel au moment du crime, qui ont fait le guet, qui ont tenu l'échelle pendant l'escalade, qui ont intimidé la victime ou qui ont empêché de venir à son secours, etc. Au surplus, les jurés et les juges correctionnels sont souverains appréciateurs des actes qui constituent l'aide et assistance, en matière de complicité.

3° *Peines de la complicité.* — L'art. 59 assimile

sous le rapport de la pénalité, les complices aux auteurs principaux : « Les complices d'un crime « ou d'un délit seront punis de la *même peine* que « les auteurs mêmes de ce crime ou de ce délit, « sauf les cas où la loi en aurait disposé autrement. »

Les expressions de cet article ont besoin de quelques explications. Il y est dit que les complices sont punis de la *même peine* que les auteurs principaux. Or il arrive souvent qu'il n'y a pas égalité de peine entre les complices et les auteurs, par suite de la latitude accordée aux juges dans l'application des peines. Ainsi lorsque l'auteur principal encourt le maximum des travaux forcés à temps, le complice peut n'être condamné qu'au minimum, et réciproquement. La loi n'a donc pas voulu parler d'une identité dans la durée, mais seulement d'une identité de genre. La *même peine,* dit Boitard, c'est la même peine de *droit,* et non pas une peine égale ou la même peine de fait. Mais cette définition elle-même est inexacte. En effet, le système des circonstances atténuantes permet de n'infliger aux uns que des peines correctionnelles, tandis que les autres sont atteints par des peines afflictives et infamantes. Enfin, les priviléges personnels ou exemptions de peines dont jouissent certains auteurs de délits, tels que les mineurs, les parents en ligne directe, etc., tendent encore à augmenter l'inexactitude de la disposition de l'art. 59. Nous croyons que le législateur n'a entendu s'exprimer que pour les cas ordinaires, où la situation du complice et de l'auteur principal ne se trouve atténuée ou aggravée par aucune circonstance particulière.

Ceci expliqué, nous avons à examiner deux questions importantes : 1° l'excuse légale qui peut être invoquée par l'auteur principal profite-t-elle au complice ? 2° les circonstances aggravantes réagissent-elles sur le complice ?

Occupons-nous d'abord de l'excuse légale.

On sait, qu'aux termes de l'art. 321, le meurtre est excusable lorsqu'il a été provoqué par des coups et violences graves envers les personnes, mais que cette disposition n'est applicable ni au parricide, ni au meurtre commis par l'un des époux sur l'autre. Supposons maintenant qu'un individu, provoqué par coups et violences graves tue son agresseur. Il pourra invoquer l'excuse de la provocation. Mais s'il a eu pour complice le conjoint ou le descendant de la personne homicidée, ce conjoint ou ce descendant pourra-t-il se prévaloir de l'excuse légale qui existe en faveur de l'auteur principal ?

Nous n'hésitons pas, malgré la jurisprudence contraire de la Cour de Cassation à soutenir l'affirmative. Qu'on ne dise pas que l'excuse est personnelle. Elle est inhérente à l'acte criminel lui-même. Cet acte n'existe qu'avec la modification qui le rend excusable. Les art. 323 et 324 ne s'opposent pas à cette solution. Ils ne se réfèrent, en effet, qu'à l'hypothèse où l'auteur principal est précisément le conjoint ou le descendant de la victime.

Mais il en serait autrement si le descendant ou le

conjoint était co-auteur du meurtre. En effet, l'auteur principal apporte dans l'incrimination toutes les circonstances aggravantes qui procèdent de ses actes ou de sa personne. Or le co-auteur est auteur principal. Sa personnalité constitue l'un des éléments de l'incrimination. Si donc il est descendant ou conjoint, les circonstances prévues par les articles 323 et 324 sont réalisées par son propre fait. Mais cette inexcusabilité n'est pas applicable aux autres co-auteurs. Le crime reste soumis, à leur égard, à l'application des règles ordinaires de la pénalité.

Renversons maintenant l'hypothèse. Le conjoint ou le descendant est l'auteur principal, et c'est l'étranger qui est le complice. Dans ce cas, ce dernier pourra-t-il faire valoir de son propre chef l'excuse de la provocation, bien que ce droit n'appartienne pas à l'auteur principal ? Aucune disposition de la loi n'y fait obstacle. Les art. 323 et 324 se bornent à dire que le parricide et le meurtre d'un conjoint par l'autre ne sont *pas excusables*. Mais rien n'autorise à étendre cette inexcusabilité aux complices du conjoint ou du descendant.

Notre seconde question est relative à l'effet des circonstances aggravantes, en matière de complicité.

Sous le Code de 1791 et sous celui de l'an IV, les circonstances aggravantes entraînaient à l'égard des complices la même augmentation de peine qu'à l'égard de l'accusé principal, sans distinguer s'il en avait été ou non instruit. En est-il de même sous le Code pénal ?

On admet généralement que les circonstances aggravantes qui résultent des conditions d'effraction, d'escalade, de nuit, de maison habitée, de préméditation, etc., rejaillissent sur les complices. Mais que doit-on décider relativement aux circonstances aggravantes qui dérivent de la qualité de l'auteur principal?

La question se réduit à savoir si ces circonstances rentrent simplement dans l'appréciation de l'élément moral ; ou si, au contraire, elles influent sur la qualification.

Les circonstances qui rentrent dans l'appréciation de l'élément moral n'ont aucune influence sur les complices, soit comme aggravation, soit comme atténuation. Ainsi le complice ne peut profiter de l'excuse de l'âge, de la démence. Il ne peut éprouver de préjudice de ce que l'auteur principal est en état de récidive.

Au contraire, les circonstances qui modifient la qualification légale, influent sur la complicité. Or, la qualité d'enfant transforme le meurtre en parricide ; celle de domestique transforme le vol simple en vol qualifié. Il en résulte que les complices d'un domestique qui vole son maître, d'un fonctionnaire public qui abuse de son autorité, d'un fils qui assassine son père, sont punis de la même peine que s'ils avaient été eux-mêmes domestique, fonctionnaire ou fils.

La Cour de cassation ne fait aucune distinction à l'égard de ceux qui n'ont pas connu l'existence de ces circonstances. C'est sans doute une théorie rigoureuse, injuste même, que celle qui étend aux complices les circonstances aggravantes qu'ils ont ignorées, mais le texte est précis, et l'on doit se borner à en souhaiter l'abrogation.

Il y a des exceptions à la règle de l'art. 59. Le Code énumère un certain nombre de cas où il n'y a pas égalité de peines entre les auteurs et les complices. Ainsi, la peine de mort n'est jamais appliquée au recéleur (art. 63). La peine encourue par les complices d'une sédition n'est pas la même que celle encourue par les chefs (art. 98).

Les autres cas sont énumérés dans les art. 100, 107, 108, 114, 116, 138, 148, 190, 213, 267, 268, 284, 285, 288, 293, 337 et 441, auxquels nous nous bornons à renvoyer.

Enfin, il résulte des termes mêmes de l'art. 59, qui ne parle que des *crimes* et des *délits*, que la loi ne punit pas la complicité, en matière de *contraventions*. Il existe cependant une exception dans l'art. 479, n° 8, qui punit d'une amende de 11 à 15 francs, les auteurs ou *complices* de bruits ou tapages nocturnes ou injurieux. Il y a là une complicité particulière. La Cour de cassation fait consister l'*aide* ou l'*assistance* dans la seule présence volontaire au milieu du rassemblement, à cause de l'encouragement qu'y trouvent les auteurs du bruit.

4° *Distinction entre les complices et les co-auteurs.* — Il importe de distinguer les co-auteurs des complices. D'abord, dans un grand nombre de cas, malgré les termes généraux de l'art. 59, les complices sont punis moins sévèrement que l'auteur principal. D'un autre côté, dans certains cas, la criminalité du fait se modifie suivant qu'il a été commis par une ou par plusieurs personnes. Ainsi le vol commis par plusieurs personnes, lorsque cette circonstance se trouve réunie à d'autres, telles que la nuit, le port d'armes, la maison habitée, cesse d'être un simple délit, et devient un crime. Dans ce cas, la réunion de personnes, réputée circonstance aggravante, ne résulte que du concours des co-auteurs et non des complices. Lorsqu'un vol a été commis par un auteur principal et des complices, on ne peut pas dire qu'il a été commis par deux ou plusieurs personnes.

Il est souvent difficile de distinguer le co-auteur du complice. La difficulté vient de ce que l'art. 60 range au nombre des complices ceux qui ont *aidé* ou *assisté* l'auteur de l'action dans les actes qui l'ont consommée. Quels sont alors les co-auteurs? Quels sont ceux qui aident et ceux qui coopèrent?

Selon M. Rauter, l'auteur ou co-auteur est celui qui participe directement et matériellement au crime, selon la description du délit faite par la loi. Le complice est celui dont la participation n'est qu'indirecte. Ainsi celui qui provoque à commettre un crime par dons, promesses, menaces, ou qui donne des instructions pour le commettre, celui qui procure des armes, celui qui recèle sciemment les objets volés est un complice. Au contraire, celui qui aide et assiste l'auteur est un coopérateur. La Cour de cassation a décidé dans ce sens que celui qui fait le guet à la porte d'une maison, tandis qu'un autre individu commet un vol dans l'intérieur, est co-auteur et non complice.

Il résulte de cette jurisprudence que la personne du complice, considéré comme co-auteur, peut modifier la qualification. Ainsi l'aide et assistance du fils dans le meurtre de son père transforme le meurtre en parricide. Il en serait autrement de la complicité par provocation, fourniture d'armes, etc.

§ 2. — *De la complicité par recel.*

On distingue le recel des malfaiteurs, et le recel des objets volés.

1° *Du recel des malfaiteurs.* — Il ne s'agit pas ici du recel des condamnés. Ceux qui donnent retraite aux coupables pour les soustraire à la justice sont punis d'une peine particulière (art. 248, 359). Ce n'est que dans des temps, où la loi était méconnue, et en vertu de dispositions contraires à tous les principes du droit pénal, qu'ils ont pu être poursuivis et punis comme complices. Telle fut la loi du 9 ventôse an XII (29 février 1804), relative aux recéleurs de Georges Cadoudal, dont l'art. 1 était ainsi conçu :
« Le recèlement du nommé Georges et des soixante
« brigands actuellement cachés dans Paris ou les
« environs, soudoyés par l'Angleterre pour atten-
« ter à la vie du premier consul et à la sûreté de la
« République, sera jugé et puni comme le crime
« principal. »

Le recel dont nous avons à parler est celui des malfaiteurs, « exerçant des brigandages ou des vio-
« lences contre la sûreté de l'État, la paix publique,
« les personnes ou les propriétés. »

L'art. 61 punit comme complices « ceux qui, con-
« naissant la conduite criminelle de ces malfaiteurs,
« leur fournissent *habituellement* logement, lieu de
« retraite ou de réunion. »

Comme on le voit, l'habitude est nécessaire pour constituer la complicité. Dans ce cas, le recéleur est complice de tous les crimes commis par ceux qu'il reçoit, quand même il n'en aurait pas connaissance.

La peine applicable au recel des malfaiteurs est celle de l'art. 59, c'est-à-dire celle qui est applicable au malfaiteur lui-même.

Si les malfaiteurs auxquels le recéleur avait ha-
bituellement donné asile n'avaient pas commis de crimes, sa complicité se bornerait au délit résultant du fait seul de leur association.

2° *Du recel des objets volés.* — L'art. 62 porte que « ceux qui, *sciemment*, auront recélé, en tout ou en
« partie, des choses enlevées, détournées ou obte-
« nues à l'aide d'un crime ou d'un délit, seront
« punis comme complices de ce crime ou délit. »

Cet article ne fait pas de distinction : il en résulte qu'il s'applique même aux parents des voleurs.

On sait que le vol commis au préjudice d'un père, d'un époux ou d'un descendant n'est pas punissable. Cependant l'individu qui recèle les objets ainsi volés tombe sous le coup de l'art. 62. Dans ce cas, si le vol a été commis avec des circonstances aggravantes, ces circonstances doivent-elles rejaillir sur le recéleur? L'art. 380, en disposant que le recéleur sera puni comme coupable du vol, a évidemment entendu parler du vol, *tel qu'il a été commis*, c'est-à-dire avec toutes les circonstances qui ont pu l'aggraver. La jurisprudence est fixée dans ce sens.

Le complice par recel est puni des peines dont est passible l'auteur principal : telle est la règle. Ainsi le recéleur d'effets volés par un domestique est puni comme ce domestique. Cette règle conduisait à des conséquences trop sévères, puisqu'elle pouvait emporter la peine de mort contre le recéleur. Elle reçut un double tempérament, lors de la révision de 1832. D'abord, en aucun cas, le recéleur ne peut être condamné à la peine de mort. « Néanmoins, dit « le § 1 du nouvel art. 63, la peine de mort, lors- « qu'elle sera applicable aux auteurs des crimes, « sera remplacée, à l'égard des recéleurs, par celle « des travaux forcés à perpétuité. » En second lieu, d'après le § 2, les peines des travaux forcés à perpétuité ou de la déportation ne peuvent être pro- noncées contre les recéleurs, « qu'autant qu'ils sont « convaincus d'avoir eu, au temps du recel, con- « naissance des circonstances auxquelles la loi atta- « che la peine des travaux forcés à perpétuité et de la « déportation, sinon ils ne subissent que la peine des « travaux forcés à temps. »

Il serait à désirer qu'une disposition semblable fût établie pour tous les cas de complicité.

SECTION II. — Des faits constitutifs et des circonstances aggravantes.

Les circonstances constitutives d'un crime sont tous les éléments indispensables à l'existence même de ce crime. Ainsi la volonté est une circonstance constitutive du meurtre. Otez la volonté, il n'y a plus de meurtre. Il n'y a plus qu'un fait matériel qui n'est pas punissable, comme dans le cas de *démence* ou de *contrainte*, ou bien un homicide par imprudence. De même, la soustraction frauduleuse est l'élément constitutif du vol, sans lequel le vol n'existe pas.

Les circonstances aggravantes sont tous les faits qui, s'adaptant à des faits déjà punissables, en augmentent la criminalité.

Les unes, qui influent sur la culpabilité absolue, sont déterminées à l'avance d'une manière générale. Les autres, qui n'ont d'influence que sur la culpabilité individuelle, sont abandonnées à l'appréciation des magistrats et font mouvoir la peine entre le *minimum* et le *maximum*.

A proprement parler, les premières seules sont de véritables circonstances aggravantes. Parmi elles, les unes, telles que la récidive (art. 55), et la qualité de fonctionnaire ou officier public (art. 198) sont générales, c'est-à-dire de nature à se produire dans la plupart des délits.

Les autres sont spéciales à tel ou tel délit. Elles peuvent provenir de diverses causes, telles que la préméditation ou le guet-apens (art. 232) ; la qualité ou l'âge du délinquant (art. 334, 336, 356); la qualité ou l'âge de la victime (art. 342, 317, 332); le nombre des délinquants (art. 240, 211); le temps de nuit (art. 381 à 388); le lieu du délit (art. 223, 275, 276), etc.

Il peut se faire que les circonstances aggravantes fassent changer l'infraction de catégorie, en faisant passer, par exemple, un délit de police correctionnelle dans la classe des crimes. Ainsi le vol ne constitue qu'un simple délit. Mais lorsqu'il est accompagné d'une ou plusieurs circonstances aggravantes, il devient un crime. C'est ce qu'on appelle le *vol qualifié*. Tel est le vol commis sur les chemins publics (art. 183).

Quelquefois, pour opérer ce résultat, la réunion de plusieurs circonstances aggravantes est nécessaire. Ainsi l'art. 386 punit de la réclusion le vol commis, la *nuit*, dans une *maison habitée*; l'art. 385 punit des travaux forcés à temps le vol commis la *nuit* lorsqu'il est commis par *plusieurs personnes*, et accompagné de *violences* et de *port d'armes*; enfin l'art. 381 prononce la peine des travaux forcés à perpétuité, lorsqu'en outre de ces circonstances, le vol est commis avec *effraction* ou *escalade* dans une *maison habitée*.

Il importe de distinguer les circonstances constitutives des circonstances aggravantes. L'utilité de cette distinction se réfère aux effets de la pénalité qui sont différents, et à la position des questions. Les faits constitutifs du crime sont compris dans la question relative au fait principal. Les circonstances

7.

aggravantes, au contraire, doivent faire l'objet d'une question distincte.

Mais il n'est pas toujours facile de distinguer ce qui est *constitutif* de ce qui n'est qu'*aggravant*. C'est dans le Code, et pour chaque crime qu'il faut aller chercher un principe de distinction. M. Ortolan formule sur ce point la règle suivante : « Analysez « la définition de la loi, et faites-en sortir tout ce qui « est une condition *sine qua non* de l'existence du « délit, vous aurez ses *éléments constitutifs*. »

Prenons pour exemple le meurtre et ses diverses modalités.

On admet généralement que l'assassinat n'est pas un crime *sui generis*, mais un meurtre, aggravé par la circonstance de préméditation ou de guet-apens.

Mais on n'est d'accord ni sur l'infanticide ni sur le parricide. Les uns considèrent la circonstance d'enfant nouveau-né et la qualité de la victime comme un fait constitutif; les autres, comme une circonstance aggravante.

La Cour de cassation décide que ce sont des éléments constitutifs. Par conséquent, ils doivent être confondus avec le fait principal dans une seule et même question.

Cette jurisprudence nous paraît erronée, et même dangereuse. En effet, dans le parricide, quel est le fait principal? C'est évidemment le meurtre. Sans le meurtre, point de parricide. De là deux questions à examiner : le meurtre et la qualité de la victime. Or, il peut y avoir doute sur cette qualité. Forcer les jurés à répondre par une seule question, c'est les obliger à laisser le meurtre impuni, si la qualité de la victime ne leur paraît pas établie. Ne peut-il pas arriver d'ailleurs, en matière de filiation naturelle, que la qualité de la victime ne se révèle qu'au cours des débats? Or il est évident que, dans ce cas, la question de paternité sera posée comme une circonstante aggravante résultant des débats. Pourquoi donc agir autrement, lorsqu'elle résulte de l'acte d'accusation?

Nous en dirons autant de l'infanticide. Il y a deux questions à juger : le meurtre d'un enfant, et la qualité de cet enfant d'être *nouveau-né*. Or qu'entend-on par enfant *nouveau-né?* La loi, en se servant de ce terme, ne l'a pas défini, et son silence a donné lieu à des interprétations diverses. La Cour de cassation a jugé que le meurtre d'un enfant *nouveau-né* était « l'homicide volontaire, commis sur un enfant, « au moment où il vient de naître, ou dans un mo- « ment très-rapproché de celui de sa naissance; « ce qui ne pouvait s'appliquer à un enfant âgé de « trente et un jours » (Cass., 24 décembre 1835), ni même de huit jours (Cass., 14 avril 1837).

M. Faustin Hélie enseigne que c'est un homicide commis sur un enfant dans les *trois jours* de sa naissance. Or il peut arriver que le jury pense que le meurtre est établi, mais que l'enfant n'était plus d'âge à être considéré comme un *nouveau-né*. Il ne faut donc pas, en ne posant qu'une question, compromettre le sort de l'accusation principale.

Le système qui considère ces circonstances comme aggravantes et non constitutives nous paraît donc plus rationnel. Pourquoi d'ailleurs faire une exception pour l'assassinat? Ne pourrait-on pas dire dans le système que nous combattons, et avec tout autant de raison que pour le parricide et l'infanticide, que la préméditation ou le guet-apens est le fait constitutif de l'assassinat, et non une circonstance aggravante du meurtre?

Quelquefois la même circonstance forme tantôt un élément constitutif, et tantôt une circonstance aggravante. Ainsi en matière d'attentat à la pudeur, la loi distingue s'il a été commis sans violence ou avec violence (art. 331-332). Quand il s'agit d'attentat sans violence, pour que le crime existe, il faut que la victime ait moins de treize ans : l'âge est donc ici une circonstance constitutive. Quand l'attentat est commis avec violence, l'âge de moins de quinze ans, chez la victime, est une circonstance aggravante (art. 332).

De même, en matière d'incendie, la circonstance d'*habitation* est constitutive, lorsqu'on met le feu à sa propre chose ; elle est aggravante, lorsque la propriété appartenait à autrui.

La distinction entre les faits constitutifs et les circonstances aggravantes est, on le voit, très-importante et très-délicate.

CHAPITRE II

DES PERSONNES NON PUNISSABLES.

Les personnes non punissables sont celles qui, au moment du fait incriminé, ne jouissaient pas de leur intelligence ou de leur liberté.

Les faits qui produisent cet état sont : 1° la *démence* ; 2° la *contrainte* ; 3° la *légitime défense*.

On les appelle *faits justificatifs*.

§ 1. — *De la démence.*

D'après l'art. 64, « il n'y a ni crime ni délit, « lorsque le prévenu était en démence au temps de « l'action. »

Mais qu'entend-on par *démence ?* Ce mot doit être pris dans son acception la plus large, et comprendre toute espèce de lésion des facultés intellectuelles : la folie, la fureur, l'imbécillité, l'idiotisme, le crétinisme, la manie, la monomanie, etc. — Mais il faut prendre garde de confondre la démence avec l'exaltation causée par la jalousie, la colère ou toute autre passion.

Il est difficile également de faire rentrer, sous le nom de démence, certains états physiologiques et pathologiques tels que l'ivresse, le somnambulisme, l'hystérie, la surdi-mutité, etc.

Du reste, même dans ces cas, le jury qui examine

dans sa complexité la question de culpabilité et qui la résout par oui ou par non, pourra rendre un verdict négatif, s'il lui apparaît que la raison a été complétement anéantie. Il pourra également prendre ces divers états en considération pour émettre une déclaration de circonstances atténuantes. Les juges correctionnels auront cette même faculté.

Dans tous les cas, c'est à a défense à établir que l'accusé n'avait pas sa raison ou qu'elle était altérée.

L'art. 64 ne parle pas de la démence survenue après l'infraction. Elle met obstacle, tant qu'elle dure, à la poursuite et au jugement. Comment, en effet, juger un homme qui ne peut se défendre? Si elle est survenue après la condamnation, il faut faire une distinction. Elle met obstacle à l'exécution des peines *corporelles*, mais elle n'empêche pas celle des peines *pécuniaires*.

§ 2. — *De la contrainte.*

L'art. 64, après avoir dit qu'il n'y a ni crime ni délit lorsque le prévenu était en démence au temps de l'action, ajoute : « ou lorsqu'il a été contraint par « une force à laquelle il n'a pu résister. »

On distingue deux sortes de contraintes : la contrainte *physique* et la contrainte *morale*. La première est celle qui s'exerce par l'emploi de la force matérielle ; la seconde est celle qui résulte, soit de la menace d'un mal plus ou moins grave, soit du commandement d'une personne qui a autorité sur l'agent.

A la rigueur la contrainte physique est la seule qui rentre dans la définition de l'art. 64, car c'est la seule à laquelle on ne puisse résister. Cependant on admet généralement que la loi considère comme contraints par une force supérieure ceux dont la volonté a été dominée par la terreur. — Mais il faut que la contrainte soit telle qu'on n'ait pu y résister. Il faut, en outre, que l'auteur du fait ait eu lieu de craindre un *mal présent*.

Du reste, en cette matière comme en matière civile, il faut avoir égard à l'*âge*, au *sexe* et à la *condition des personnes*. Dans chaque espèce, il y a lieu d'examiner, selon les circonstances, si l'auteur du fait a cédé à une contrainte morale irrésistible. Si l'on juge que la contrainte, bien que n'étant pas irrésistible, a cependant influé sur la volonté, au lieu d'avoir un caractère justificatif, elle sera simplement une circonstance atténuante.

La contrainte dont nous venons de parler est celle exercée par un *tiers* sur l'auteur du fait. Mais celui-ci ne pourrait prétendre, pour sa justification, qu'il a cédé à l'entraînement irrésistible d'une passion violente. On peut en dire autant de la misère. En principe, celui qui, poussé par la *faim*, vole du pain ou d'autres aliments, ne peut pas prétendre qu'il a cédé à la contrainte. Mais il peut invoquer le besoin qui le pressait comme circonstance atténuante. Si même il était démontré qu'il se trouvait dans l'alternative de mourir de faim ou de voler, il n'est pas douteux que le jury ne rapportât un verdict de non-culpabilité.

La contrainte peut résulter aussi de l'ordre de la loi ou du commandement d'un supérieur hiérarchique.

Le fonctionnaire qui obéit à la loi est à l'abri de toute peine, lors même que la loi serait inique, pourvu qu'il se conforme aux règles tracées et aux formes prescrites par la loi.

A cet égard, l'art. 327 dispose comme il suit : « Il « n'y a ni crime ni délit, lorsque l'homicide, les bles- « sures et les coups étaient ordonnés par la loi « et commandés par l'autorité légitime. »

Maintenant, quels sont les cas où l'homicide est *légal?* Voici les exemples prévus : — 1° les homicides commis en cas de guerre ; — 2° les homicides qui ont lieu dans les mouvements insurrectionnels après les sommations prescrites ; — 3° l'homicide commis par l'exécuteur des hautes œuvres à la suite d'une condamnation capitale devenue définitive ; — 4° l'homicide ordonné par un général sur la personne des traîtres, des espions et des fuyards.

En dehors de ces cas, l'obéissance n'est due aux supérieurs, militaires ou civils, que dans la limite des pouvoirs que la loi leur a conférés. L'inférieur qui commet un crime n'est pas justifié par l'ordre auquel il a obéi, sauf dans les cas que la loi elle-même a déterminés, comme dans les art. 114, § 2, et 190 du Code pénal (1).

(1) D'après la formule du serment militaire, le soldat doit obéis-

Les mêmes principes doivent être appliqués dans les rapports des enfants à leurs parents, et des domestiques à leurs maîtres.

L'art. 64 ne parle que de la *contrainte* qui nous fait commettre un crime ou un délit; mais il est clair qu'on doit assimiler à cette contrainte l'*impossibilité* où une personne peut se trouver d'accomplir une obligation sanctionnée par la loi pénale. Dans un cas comme dans l'autre, il y a force majeure, et partant irresponsabilité.

§ 3. — *De la légitime défense.*

« Il n'y a ni crime ni délit, dit l'art. 328, lorsque « l'homicide, les blessures et les coups étaient com- « mandés par la nécessité actuelle de la légitime dé- « fense de soi-même ou d'autrui. »

Après avoir ainsi posé le principe général de la légitime défense, le Code a cru devoir, dans l'art. 329, en indiquer deux cas particuliers sur lesquels il aurait pu exister quelques doutes, et que nous examinerons tout à l'heure.

Occupons-nous d'abord des conditions exigées pour constituer l'état de légitime défense. Ces conditions sont les suivantes :

1° *Défense de soi-même ou d'autrui.* — L'art. 328

sance à ses chefs *reconnus*, pour tout ce qui est commandé pour les *besoins du service*, et l'exécution des *lois et règlements militaires.* Au delà de cette limite le soldat devient responsable de ses actes, sans pouvoir se retrancher derrière l'ordre de son chef.

n'est applicable que lorsqu'on est menacé dans sa *personne*, et non quand on l'est seulement dans ses *biens*. — Si l'art. 329 semble faire une exception à cette règle, cette disposition, loin d'affaiblir le principe, ne fait que le confirmer.

Les outrages à l'honneur, les injures, les voies de fait ne placent pas la personne outragée en état de légitime défense. Il faut en dire autant des *attentats à la pudeur*. Ils ne constituent qu'une simple provocation et peuvent seulement excuser l'homicide. Mais il en serait autrement, selon M. Faustin Hélie, en cas de *viol* ou de *tentative de viol*.

2° *Nécessité actuelle de cette défense.* — Des menaces même de mort n'autorisent pas l'homicide. Le droit de défense ne commence que lorsque l'agresseur s'avance avec le dessein manifeste de frapper ; il cesse quand l'attaque a été repoussée et que le péril est passé. La possibilité de fuir n'exclut pas le droit de légitime défense. Mais nous pensons avec M. Trébutien qu'il faut faire une exception pour le cas où l'attaque vient d'un être privé de raison : un fou par exemple, ou un somnambule. La fuite est alors un devoir.

3° *Agression injuste.* — Toute attaque ne pourrait justifier l'homicide contre l'agresseur. Il faut qu'elle soit illicite. Mais il n'est pas toujours facile de reconnaître le caractère juste ou injuste de l'agression. Aussi l'appréciation des circonstances est-elle laissée en grande partie à la prudence des tribunaux.

On peut se demander, à ce sujet, si la nécessité de

la légitime défense est admissible en faveur du fils qui s'est rendu *parricide* en se défendant contre son père ou sa mère. On sait en effet que le parricide n'est *jamais excusable*. L'affirmative est généralement admise. Ce n'est pas ici une simple excuse, c'est une cause de justification.

Arrivons maintenant aux deux cas particuliers prévus par la loi dans l'art. 329, et qui sont relatifs aux attaques nocturnes, et aux vols et pillages avec violence.

1° *Attaques nocturnes.* — La loi prévoit le cas où un homicide a été commis, où des blessures ont été faites, etc., en repoussant *pendant la nuit*, l'*escalade* ou l'*effraction* des clôtures, murs ou entrées d'une maison ou d'un appartement *habité*. Ce n'est point en raison de la propriété menacée que la loi déclare l'homicide ou les blessures légitimes; c'est uniquement en raison du danger qu'une agression pendant la nuit fait courir aux personnes de la maison qui en est l'objet.

Lorsque c'est pour repousser les attaques faites pendant le *jour* que l'homicide a été commis ou les blessures faites, l'agent devient seulement *excusable*. Le cas est prévu par l'art. 322.

2° *Vols et pillages avec violence.* — Lorsque les vols et pillages sont commis avec violence, il est certain que la sûreté des personnes est en danger, et que celles-ci se trouvent en état de légitime défense.

CHAPITRE III

DES PERSONNES EXCUSABLES.

La loi reconnaît deux sortes d'excuses : 1° les excuses *légales* ; 2° les excuses *judiciaires* ou circonstances atténuantes.

SECTION I. — DES EXCUSES LÉGALES.

Les excuses légales sont celles auxquelles la loi a expressément attribué ce caractère : « Nul crime ou « délit, dit l'art. 65, ne peut être excusé, ni la peine « mitigée que dans les cas et dans les circonstances « où la loi déclare le fait excusable, ou permet de lui « appliquer une peine moins rigoureuse. »

On distingue les excuses *absolutoires* et les excuses *atténuantes*.

Les excuses absolutoires sont celles qui empêchent l'application de la peine ; les excuses atténuantes, celles qui l'atténuent.

I. — *Excuses absolutoires.*

Les principales excuses absolutoires sont :

1° *La qualité de parents, d'alliés ou d'époux dans le cas des art.* 248 *et* 380. — La loi ne punit pas le recel des criminels de la part des ascendants ou descendants, époux ou épouse, frères ou sœurs, ou alliés aux mêmes degrés des criminels recélés (art. 248).

Elle ne punit pas les soustractions commises par des maris au préjudice de leurs femmes, par des femmes au préjudice de leurs maris, par des descendants au préjudice de leurs ascendants, et réciproquement, ou par des alliés aux mêmes degrés. — Ces soustractions ne peuvent donner lieu qu'à des réparations civiles (art. 380).

2° *L'obéissance au premier avertissement de l'autorité en cas de sédition* (art. 100 et 213). — La loi exempte de peine les rebelles sans fonctions ni emplois dans les bandes dont ils faisaient partie, qui se sont retirés au premier avertissement de l'autorité publique, ou même depuis, s'ils n'ont été saisis que *hors du lieu de la rébellion,* sans nouvelle résistance et *sans armes.* Cependant, dans ce cas, les rebelles peuvent être mis, pour la vie ou à temps, sous la surveillance de la haute police, par mesure de précaution.

3° *Les révélations ou arrestations procurées.* — Ne sont passibles d'aucune peine, les coupables qui, avant toutes poursuites, révèlent à l'autorité le crime et ses auteurs, ou qui, même après les poursuites commencées, procurent l'arrestation des auteurs ou complices, dans les cas de complot contre la sûreté de l'État (art. 108), de contrefaçon ou altération de la monnaie (art. 138), de contrefaçon du sceau de l'État ou usage du sceau contrefait (art. 144).

Ils peuvent néanmoins être mis, comme dans le

cas précédent, sous la surveillance de la haute police.

4° *L'arrestation, dans les quatre mois de l'évasion, des détenus évadés* (suivant certains auteurs). — L'art. 247 porte : « Les peines d'emprisonnement « établies contre les conducteurs ou les gardiens, en « cas de négligence seulement, *cesseront* lorsque les « évadés seront repris ou représentés, pourvu que « ce soit dans les *quatre mois* de l'évasion et qu'ils ne « soient pas arrêtés pour d'autres crimes ou délits « commis postérieurement. »

Mais les conducteurs ou gardiens peuvent être poursuivis et condamnés avant l'expiration du délai de quatre mois. La circonstance de l'arrestation des détenus évadés n'est donc pas, à proprement parler, une excuse absolutoire. Elle n'empêche pas l'application de la peine ; elle la fait *cesser*.

Certains auteurs rangent aussi parmi les excuses absolutoires le mariage du ravisseur avec la fille enlevée. Mais ce cas nous paraît plutôt une fin de non-recevoir contre les poursuites qu'une excuse absolutoire.

Remarque importante. — Il ne faut pas confondre les excuses absolutoires avec les causes de non-culpabilité, ou faits justificatifs.

Les faits de non-culpabilité (démence, contrainte, légitime défense) ne font pas l'objet d'une question spéciale posée au jury. Ils se trouvent implicitement compris dans la question principale touchant la culpabilité. — Au contraire, aux termes de l'art. 339

(C. inst. crim.), les faits d'excuse doivent, à peine de nullité, être proposés aux jurés par la cour d'assises.

Dans le premier cas, il y a lieu à *acquittement;* dans le second, à *absolution.*

II. — *Excuses atténuantes.*

Les excuses atténuantes sont ou *générales,* ou *spéciales* à tel ou tel délit.

§ 1. — *Excuses générales.*

Les excuses atténuantes *générales* sont : la minorité de seize ans, et la provocation.

1° *Minorité de seize ans.* — Lorsque l'accusé a moins de seize ans, la loi veut, à peine de nullité, que le président pose au jury la question de discernement (art. 340, C. inst. crim.).

Deux hypothèses sont alors possibles : le jury peut déclarer que le mineur a agi *sans discernement,* ou, au contraire, qu'il a agi *avec discernement.*

Première hypothèse. — Le jury déclare que l'accusé a agi *sans discernement.*

L'art. 66 décide que, dans ce cas, il sera *acquitté;* mais qu'il sera, selon les circonstances, remis à ses parents ou conduit dans une maison de correction, pour y être élevé et détenu pendant tel nombre d'années que le jugement déterminera, et qui toutefois ne pourra excéder l'époque où il aura accompli sa vingtième année.

La détention dont il s'agit ici n'est pas une peine. Aussi, elle ne peut jamais être considérée comme le point de départ de la récidive.

On dit généralement que, dans ce cas, l'acquittement est prononcé, non par le président, mais par la Cour, à cause de ce renvoi possible dans une maison de correction. Nous croyons qu'il y a là une légère erreur. L'acquittement est réellement prononcé par le président en vertu des pouvoirs qui lui sont propres. Seulement, avant de le prononcer, il fait délibérer la Cour sur la question de détention. Autrement elle se trouverait dessaisie par l'ordonnance d'acquittement.

Le défaut de discernement empêche bien qu'une peine proprement dite ne puisse être appliquée au mineur de seize ans qui a commis un crime ou un délit, mais il ne met pas obstacle à l'application du principe de la responsabilité civile, consacré par l'art. 1382 du Code civil. Qu'il soit majeur ou mineur, celui qui cause à autrui un préjudice est tenu de le réparer.

Le mineur acquitté, comme ayant agi sans discernement, doit, selon une jurisprudence constante, être néanmoins condamné aux frais du procès.

Deuxième hypothèse. — Le jury déclare que l'accusé a agi *avec discernement.*

Dans ce cas il est coupable, et il doit être condamné ; mais son âge est une excuse dont l'effet est d'atténuer la peine dans la proportion indiquée par le tableau suivant :

PEINE ENCOURUE.	PEINE SUBSTITUÉE.	
En cas de crime (art. 67). — Peine de mort. Travaux forcés à perpétuité. Déportation.	Dix à vingt ans d'emprisonnement dans une maison de correction.	Il pourra être mis sous la surveillance de la haute police pendant cinq ans au moins et dix ans au plus.
Travaux forcés à temps. Détention. Réclusion.	Emprisonnement pour un temps égal au *tiers* au moins et à la *moitié* au plus de la peine à laquelle il aurait pu être condamné.	
Dégradation civique. Bannissement.	Un an à cinq ans d'emprisonnement dans une maison de correction.	
En cas de délit (art. 69). — Emprisonnement de six jours à cinq ans.	La peine ne pourra s'élever *au-dessus de la moitié* de celle à laquelle il aurait pu être condamné s'il avait eu seize ans.	

Aux réductions de peines que prononcent les art. 67 et 69, il faut ajouter encore celle qui peut résulter, suivant les cas, de l'admission des circonstances atténuantes. Ainsi, un mineur de seize ans, déclaré coupable d'avoir commis avec discernement un crime emportant la peine de mort peut n'être condamné qu'à dix ans, ou même qu'à six ans et huit mois de détention dans une maison de correction.

En effet, à raison des circonstances atténuantes, la Cour peut faire descendre la peine de deux degrés, jusqu'au maximum de la peine des travaux forcés à temps qui est de vingt ans. Appliquant alors l'art. 67, elle peut réduire la peine à un emprisonnement d'une durée égale au tiers au moins et à la moitié au plus de ce maximum, c'est-à-dire à six ans et huit mois dans le premier cas, et à dix ans dans le second (Cass., 26 février 1841).

On peut se demander si notre art. 67 s'applique au parricide, lequel, selon l'art. 323, n'est jamais excusable. Nous n'hésitons pas à répondre affirmativement. D'une part, l'art. 323 se réfère uniquement aux art. 321 et 322, lesquels sont tout à fait étrangers à notre matière. D'autre part, l'excuse tirée de la minorité est une loi générale qui s'applique à toutes les incriminations.

L'art. 68 modifie à l'égard des accusés âgés de moins de seize ans les règles ordinaires de la compétence. Ils sont jugés par les tribunaux correctionnels. Mais le concours de deux conditions est nécessaire. Il faut :

1° Que l'accusé n'ait pas de complices présents au-dessus de cet âge (à cause de l'indivisibilité de la procédure) ;

2° Qu'il soit prévenu de crimes autres que ceux que la loi punit de la peine de mort, de celle des travaux forcés à perpétuité, de la déportation ou de la détention.

2° *Provocation.* — L'excuse résultant de la provocation est ainsi formulée par l'art. 321 :

« Le meurtre, ainsi que les blessures et les coups, « sont excusables s'ils ont été *provoqués* par des coups « ou violences *graves* envers les *personnes*. »

Trois conditions sont nécessaires pour qu'il y ait provocation. Il faut :

1° Que les violences soient *graves*. Mais cette gravité ne doit pas être appréciée d'une manière absolue, d'après leur résultat matériel. On doit examiner quelles impressions elles ont produites ;

2° Qu'elles soient exercées contre les *personnes*. — Mais il n'est pas nécessaire qu'elles aient été commises contre l'accusé lui-même. L'excuse peut s'appliquer au cas où le prévenu aurait commis le meurtre en défendant un tiers contre des violences graves ;

3° Qu'elles soient *actuelles*. — Toutefois cette règle ne doit pas être prise dans un sens trop absolu. Un léger intervalle entre la provocation et le meurtre ne ferait pas disparaître l'excuse.

La loi fait deux exceptions à la règle établie par l'art. 321. Ces deux exceptions concernent le *parricide* et le meurtre commis par l'un des *époux* sur l'autre.

1° *Parricide*. — « Le parricide, dit l'art. 323, n'est « jamais excusable. » Il ne peut pas l'être sous prétexte de provocation ou de violences, si graves qu'elles soient, *pourvu qu'elles ne mettent pas en péril la vie de l'enfant*.

Peut-on étendre ce principe aux coups et blessures commis par l'enfant sur son père ? Nous ne le pensons pas. Le crime dont il s'agit n'est pas littéralement compris dans les termes de l'art. 323, et il n'appartient pas aux tribunaux de remplir cette lacune par des motifs d'analogie.

2° *Meurtre commis par l'un des époux sur l'autre.* — A cet égard, l'art. 324 dispose en ces termes : « Le « meurtre commis par l'époux sur l'épouse, ou par « celle-ci sur son époux, n'est pas excusable, *si la vie* « de l'époux ou de l'épouse qui a commis le meurtre « *n'a pas été mise en péril* dans le moment même où « le meurtre a eu lieu. »

La loi ne parle que du *meurtre* commis par l'un des époux sur l'autre, elle se tait sur les *coups et blessures;* d'où il résulte que l'excuse de la provocation s'applique à ce dernier délit.

L'art. 324 admet l'excuse de la provocation pour le cas où la vie de l'époux qui a commis le meurtre était mise en péril. Ce cas ne doit pas être confondu avec celui de légitime défense prévu par l'art. 328. Dans l'un, le meurtre n'est pas le seul moyen de salut; dans l'autre, la personne attaquée n'a qu'un moyen de sauver sa vie, c'est de tuer son agresseur. Aussi, dans le premier cas, le meurtre est seulement excusable, tandis que, dans le second, il est légitime.

Supposons maintenant l'excuse admise par le jury : quelle sera la peine applicable à l'auteur du fait ?

Elle sera de *un an à cinq ans* de prison pour crime emportant la peine de mort, les travaux forcés à perpétuité et la déportation; et de *six mois à deux ans* pour tout autre crime. — Dans ces deux cas, la surveillance pourra être prononcée pendant cinq ans au moins et dix ans au plus.

S'il s'agit d'un délit, la peine sera réduite à un emprisonnement de *six jours à six mois* (art. 326).

Remarque. — Lorsque la peine se trouve ainsi réduite par l'effet de l'excuse, les juges peuvent encore la modérer à raison des circonstances atténuantes. L'art. 463 n'a admis, en effet, aucune limitation au droit de modération qu'il accorde au juge (question controversée).

§ 2. — *Des excuses spéciales.*

Il existe un certain nombre d'excuses spéciales disséminées dans le Code pénal selon la matière à laquelle elles se rattachent. Nous nous contenterons d'en indiquer ici les trois principales, qui résultent soit d'un outrage violent à la pudeur, soit d'une attaque pendant le jour, soit du flagrant délit d'adultère, renvoyant pour les autres aux art. 135, 284, 285, 288, 343, 441.

1° *Excuse résultant d'un violent outrage à la pudeur.* — *Castration.* — D'après l'art. 325, « le « crime de castration, s'il a été immédiatement pro- « voqué par un outrage violent à la pudeur, sera « considéré comme meurtre ou blessures excusa- « bles. »

Au premier abord, cette disposition peut paraître superflue, en présence de l'art. 321, qui dispose pour tous les cas. Mais comme la castration suppose une sorte de préméditation, il pouvait s'élever des doutes sur l'application de l'art. 321, et il était nécessaire de déclarer expressément cette application.

L'outrage à la pudeur doit être *violent*, c'est-à-dire accompagné de *violences*, et présentant les caractères d'un véritable attentat.

2° *Excuse résultant d'une attaque faite pour pénétrer dans une maison pendant le jour.* — Nous avons vu que l'art. 329 assimile au cas de légitime défense celui d'un homicide commis, de blessures faites ou de coups portés en repoussant *pendant la nuit* les tentatives faites pour pénétrer par escalade ou effraction dans une maison habitée ou dans ses dépendances. — L'art. 322 s'occupe du cas où les mêmes tentatives ont été faites *pendant le jour*, et il déclare seulement excusables les crimes ou délits commis en les repoussant.

Que faut-il entendre par *maison habitée*? Est-il nécessaire que la maison soit actuellement habitée, ou bien suffit-il, conformément à l'art. 390, qu'elle soit destinée à l'habitation? M. Faustin Hélie pense qu'il faut que la maison soit actuellement habitée. L'art. 390 est placée sous la rubrique des crimes et délits contre les propriétés; or, pour que le meurtre soit excusable, il faut que les personnes aient été menacées, au moins indirectement.

3° *Excuse résultant du flagrant délit d'adultère.* — L'art. 324, après avoir dit que le meurtre de l'un des époux par l'autre n'est pas excusable, ajoute :

« Néanmoins, dans le cas d'adultère, prévu par
« l'art. 336, le meurtre commis par l'époux sur
« son épouse, ainsi que sur le complice, à l'instant
« où il les surprend en flagrant délit dans la maison
« conjugale, est excusable. »

Pour que l'excuse soit admise, il faut que le mari
ait surpris les coupables dans la *maison conjugale*.

L'excuse n'est pas admissible quand les époux sont
séparés de corps, quoique le délit d'adultère existe
toujours. Il n'y a plus, en effet, de maison conjugale.

L'épouse qui se rendrait coupable de meurtre sur
son époux ou la complice de celui-ci, lorsqu'elle les
surprend en flagrant délit d'adultère, n'est pas excusable, d'après les termes de la loi. Il y a là une
lacune regrettable.

L'excuse ne pourrait être invoquée par le mari
qui serait convaincu d'avoir entretenu une concubine
dans le domicile conjugal. En effet, l'art. 324 n'établit d'excuse que pour le cas d'adultère prévu par
l'art. 336; or cet article refuse au mari le droit de dénoncer l'adultère de la femme, s'il a été convaincu
d'avoir entretenu une concubine dans la maison
conjugale.

SECTION II. — DES EXCUSES JUDICIAIRES OU CIRCONSTANCES
ATTÉNUANTES (art. 463).

Il est impossible de donner une définition précise
des *circonstances atténuantes*. Ce sont toutes les cir-

constances propres à diminuer la culpabilité : la faim, la honte, les aveux, le repentir, la réparation, le défaut d'éducation, les bons antécédents, etc.

Le principe des circonstances atténuantes n'existait pas dans le Code pénal de 1810 avec la généralité qui lui a été donnée lors de la réforme de 1832.

En premier lieu, les circonstances atténuantes n'étaient admises qu'en matière correctionnelle, et seulement lorsque le préjudice causé n'excédait pas 25 francs ; en second lieu, les juges n'avaient que la faculté d'abaisser la peine au-dessous du *minimum* légal. Il ne leur était pas permis de substituer une peine à une autre, sous le prétexte que cette substitution était une véritable commutation de peine.

La loi du 25 juin 1824 vint apporter à ce système un commencement d'amélioration en étendant le bénéfice des circonstances atténuantes à certains crimes, tels que l'infanticide, les coups et blessures volontaires, ayant produit une incapacité de travail de plus de vingt jours, et divers vols qualifiés. Aucune réduction de peine ne pouvait être accordée aux vagabonds, aux mendiants et aux récidivistes. Enfin, c'était aux magistrats de la cour d'assises à déclarer l'existence des circonstances atténuantes.

Un système plus satisfaisant a été établi par la loi de 1832. Le principe des circonstances atténuantes a été étendu à toutes les infractions à la loi pénale, et le droit de les déclarer, en matière de crimes, au jury.

Nous allons nous occuper successivement des circonstances atténuantes en matière criminelle, en matière correctionnelle et en matière de simple police.

§ 1. — *Des circonstances atténuantes en matière criminelle.*

La faculté de déclarer les circonstances atténuantes s'étend à tous les crimes prévus par le Code pénal. Leur effet est réglé par l'art. 463, de la manière suivante :

PEINE PRONONCÉE PAR LA LOI.	PEINE SUBSTITUÉE PAR L'ART. 463.
1° La mort.	Les travaux forcés à perpétuité ou les travaux forcés à temps.
2° Les travaux forcés à perpétuité.	Les travaux forcés à temps ou la réclusion.
3° La déportation dans une enceinte fortifiée.	La déportation simple ou la détention; mais dans les cas prévus par les art. 96, 97, 98 (bandes séditieuses), la déportation simple sera seule appliquée.
4° La déportation simple.	La détention ou le bannissement.
5° Les travaux forcés à temps.	La réclusion ou l'emprisonnement de cinq à deux ans (art. 401).
6° La réclusion, la détention, le bannissement, la dégradation civique.	L'emprisonnement de cinq à un an.
7° Le *maximum* d'une peine afflictive.	Le *minimum* de la peine ou même la peine inférieure.

Il résulte des termes de l'art. 463 que la cour d'assises, dans l'application de la peine, est obligée de descendre au moins d'un degré dans l'échelle pénale, et qu'elle a la faculté de descendre de deux degrés. Mais c'est là la limite de son pouvoir.

Il peut arriver que le verdict du jury réduise le fait incriminé à n'être plus qu'un simple délit. Quel est, dans ce cas, l'effet de la déclaration des circonstances atténuantes ?

L'art. 463 n'a point prévu ce cas ; mais comme n'accorde au jury le pouvoir de déclarer les circonstances atténuantes qu'en matière criminelle, on peut en conclure que lorsque, d'après sa déclaration, le fait ne constitue plus qu'un délit correctionnel, il n'a plus qualité pour déclarer les circonstances atténuantes et doit laisser à la cour d'assises le soin d'examiner s'il en existe (Cass., 19 avril 1844). Sa déclaration, à cet égard, ne lie point la Cour, mais elle peut lui servir d'indication.

L'art. 463 s'applique non-seulement aux dispositions du Code pénal, mais encore à toutes les lois portant des peines. Cependant en ce qui concerne les crimes et délits militaires, l'application des circonstances atténuantes n'a lieu que dans les cas prévus par les Codes de justice militaire.

§ 2. — *Des circonstances atténuantes en matière correctionnelle.*

L'art. 463 donnait aux juges, en matière correctionnelle, et même en cas de récidive, le pouvoir de réduire l'emprisonnement même au-dessous de si jours, et l'amende même au-dessous de 16 francs. Ils pouvaient aussi prononcer séparément l'une ou l'autre de ces peines, et même substituer l'amende à l'emprisonnement, sans qu'en aucun cas elle pût être au-dessous des peines de simple police.

C'était une heureuse innovation que cette faculté laissée aux juges de substituer l'amende à l'emprisonnement dans les cas où il est prononcé seul. La loi du 13 mai 1863 avait modifié sur ce point l'art. 463. Cette loi divisait les peines en deux classes :

1° *Celles dont le minimum est au moins d'un an de prison et de 500 francs d'amende.* — Dans ce cas les tribunaux pouvaient réduire l'emprisonnement jusqu'à six jours, et l'amende jusqu'à 16 francs; mais ils ne pouvaient pas substituer l'amende à l'emprisonnement.

2° *Celles dont le minimum est inférieur à un an d'emprisonnement ou à 500 francs d'amende.* — Les tribunaux pouvaient alors, comme autrefois, réduire l'emprisonnement, même au-dessous de six jours, ou l'amende même au-dessous de 16 francs, et substituer l'amende à l'emprisonnement.

Le décret du 27 novembre 1870 a effacé cette distinction et a fait revivre l'ancien texte de l'art. 463.

Nous avons vu qu'en matière criminelle les circonstances atténuantes sont applicables aux crimes prévus par des lois spéciales. Il n'en est pas de même en matière correctionnelle. Tandis que pour les crimes l'art. 463 dit en termes généraux : « les peines « prononcées par *la loi*, etc., » il s'exprime, à l'égard

des délits, d'une manière beaucoup plus restrictive :
« dans tous les cas où la peine de l'emprisonnement
« et celle de l'amende sont prononcées par le *Code*
« *pénal.* » On a craint, comme il a été dit lors de la
discussion, de porter le désordre dans ces lois spéciales, dont la plupart n'étaient pas même connues des
chambres.

§ 3. — *Des circonstances atténuantes en matière de simple*
police.

L'art. 483, dans sa disposition finale, a étendu
à toutes les contraventions l'application de l'art. 463.

De la combinaison des art. 463 et 483 il résulte
que les tribunaux de police ne peuvent jamais abaisser au-dessous du minimum des peines de police,
c'est-à-dire 1 franc (art. 471), les amendes qu'ils
prononcent ; mais ils peuvent appliquer cette peine
dans tous les cas, même en cas de récidive.

Terminons cette matière en signalant les différences qui existent entre les excuses et les circonstances atténuantes. Elles diffèrent sous trois rapports :

1° Les excuses sont des faits précis, spécialement
déterminés par la loi. — Les circonstances atténuantes sont des faits indéterminés, pour l'appréciation desquels les jurés ou les juges correctionnels
ont un pouvoir souverain.

2° Les excuses doivent, à peine de nullité, faire
l'objet de questions spéciales posées au jury. — Les
circonstances atténuantes, au contraire, ne font pas

l'objet d'une question. Le président doit seulement avertir le jury, à peine de nullité, que, s'il pense à la majorité qu'il existe des circonstances atténuantes, il doit le déclarer.

3° L'excuse est admise, par le simple partage des voix (six contre six). — Les circonstances atténuantes, au contraire, ne peuvent être déclarées qu'à la majorité.

CHAPITRE IV

DES PERSONNES RESPONSABLES.

En principe, les fautes sont personnelles. Cependant cette règle reçoit exception en ce qui concerne le fait des personnes qui sont sous notre surveillance.

A vrai dire, ce n'est pas même une exception, car la responsabilité, dans ce cas, prend sa source dans une faute qui nous est personnelle, c'est-à-dire le défaut de surveillance suffisante.

La responsabilité du fait d'autrui ne peut exister qu'en vertu d'un texte précis de la loi, car elle résulte d'une présomption d'imprudence ou de négligence contre laquelle la preuve contraire n'est pas admise.

Les personnes civilement responsables sont : 1° les aubergistes et hôteliers ; 2° les maîtres et commettants ; 3° les père et mère ; 4° les instituteurs et artisans. Passons-les rapidement en revue.

1° *Aubergistes et hôteliers.* — Ils sont responsables des objets apportés chez eux par les voyageurs, soit que le vol ait été fait ou le dommage causé par les domestiques et préposés de l'hôtellerie, soit qu'il provienne des étrangers allant et venant dans l'hôtellerie. Le dépôt fait par le voyageur est un dépôt *nécessaire.*

La Cour de cassation a jugé que cette reponsabilité existe pour *toutes les valeurs* apportées par le voyageur, lors même que celui-ci ne les aurait pas déclarées et confiées à l'hôtelier, malgré l'avis d'une affiche placardée dans les chambres (11 mai 1846).

Les hôteliers ne sont pas responsables des vols faits avec force armée ou autre force majeure.

L'art. 73 prévoit un autre cas de responsabilité : « Les aubergistes et hôteliers, convaincus d'avoir « logé, *pendant plus de vingt-quatre heures*, quelqu'un qui, *pendant son séjour*, aurait commis un « crime ou un délit, seront civilement responsables « des restitutions, des indemmités, et des frais adjugés à ceux à qui ce crime ou ce délit aurait causé « quelque dommage, faute par eux d'avoir inscrit, sur « leurs registres, le nom, la profession et le domicile « du coupable. »

2° *Maîtres et commettants.* — Ils sont responsables du dommage causé par leurs domestiques et préposés *dans l'exercice des fonctions* auxquelles ils les emploient.

Cette responsabilité existe, alors même qu'ils prouveraient qu'ils n'ont pu empêcher le fait qui l'a produite. Ils sont présumés être la cause indi recte du dommage commis. Ainsi l'administration des postes est responsable des détournements de lettres commis par ses employés, dans l'exercice de leurs fonctions (Cass. 12 janvier 1849).

3° *Le père ou la mère (après le décès du père)*. — Ils sont responsables du dommage causé par leurs enfants mineurs, *habitant avec eux*.

Cette responsabilité cesse, si le père ou la mère prouvent qu'ils n'ont pu empêcher le fait qui y donne lieu.

4° *Les instituteurs et les artisans*. — Ils sont responsables du dommage causé par leurs élèves ou apprentis pendant le temps qu'ils sont sous leur surveillance, mais leur responsabilité cesse, comme la responsabilité paternelle, dès qu'ils prouvent qu'ils n'ont pu empêcher le délit.

Plusieurs lois spéciales renferment des dispositions sur la responsabilité.

Nous mentionnerons seulement la loi du 16 vendémiaire an IV, qui prescrit que tous les habitants d'une commune sont civilement responsables des attentats commis à force ouverte, sur le territoire de cette commune, par des attroupements ou rassemblements armés ou non armés.

Il nous reste à déterminer l'étendue de la responsabilité du fait d'autrui.

Cette responsabilité est purement civile, et ne peut s'étendre qu'aux dommages-intérêts, aux restitutions et aux frais.

L'action en responsabilité peut être portée séparément devant les juges civils, ou poursuivie en même temps que l'action publique, et devant les mêmes juges.

Elle peut être intentée contre les héritiers, et elle s'éteint par la prescription que la loi applique au crime ou au délit dont elle dérive.

CODE

D'INSTRUCTION CRIMINELLE

Le Code d'instruction criminelle qui régit la procédure suivie devant les tribunaux de répression a été mis en vigueur à partir du 1er janvier 1811.

Il est divisé en deux livres, précédés de dispositions préliminaires relatives à l'exercice des actions publique et civile. Comme le Code pénal, il a été révisé en 1832, et il a subi depuis, surtout dans la partie qui comprend l'instruction devant la Cour d'assises, de nombreuses modifications que nous indiquerons au cours de notre travail.

Dispositions préliminaires.

Les dispositions préliminaires règlent deux matières importantes: 1° l'action publique et l'action privée ; 2° les délits commis hors du territoire.

Nous allons traiter ces deux matières dans deux chapitres distincts.

CHAPITRE PREMIER

DE L'ACTION PUBLIQUE ET DE L'ACTION CIVILE
(ART. 1, 2, 3, 4).

Tout fait délictueux donne naissance à deux actions : l'*action publique*, en faveur de la société ; l'*action civile*, en faveur de la personne qui a été lésée. La première a pour objet l'application de la peine prononcée par la loi ; la seconde, la réparation du préjudice causé.

Nous examinerons successivement les règles générales relatives à l'exercice de l'action publique et de l'action civile, et les causes de suspension et d'extinction de ces deux actions.

SECTION I. — RÈGLES GÉNÉRALES RELATIVES A L'EXERCICE DE L'ACTION PUBLIQUE ET DE L'ACTION CIVILE.

1° *Action publique.* — On distinguait, dans notre ancienne jurisprudence, les délits *publics* et les délits *privés.* Les délits publics comprenaient tous ceux qui étaient punis de peines afflictives et infamantes. La poursuite en était exercée, au nom du roi, par des magistrats désignés sous le nom de ministère public. Quant aux délits privés, ils ne pouvaient être poursuivis que par les parties lésées.

Cette distinction a été abolie. Aujourd'hui, l'action publique s'exerce indistinctement contre les uns et contre les autres. Elle est confiée exclusivement aux officiers du ministère public. Elle n'est, en général, subordonnée à aucune plainte ni à aucune dénonciation, et elle ne peut faire l'objet, de la part du ministère public, ni d'une transaction ni d'un désistement.

Par exception au principe suivant lequel l'action publique n'appartient qu'au ministère public, cette action a été partiellement déléguée à certaines administrations publiques, dans l'intérêt du fisc.

Ces administrations sont celles des *Contributions indirectes*, des *Douanes* et des *Eaux et forêts*. Elles sont autorisées à transiger sur les délits spéciaux qui blessent leurs intérêts.

2° *Action civile*. — L'action civile n'appartient qu'à ceux qui ont été lésés par un fait punissable, d'après le principe général : *point d'intérêt, point d'action*. Cette règle est consacrée par les art. 1 et 63.

Le fait qui lui sert de base doit avoir causé un dommage personnel à celui qui en demande la réparation. En un mot, l'intérêt doit être *direct, né et actuel*. Il peut être *moral* ou *matériel*.

Lorsque l'individu lésé a porté plainte avant de mourir, ses héritiers sont fondés à suivre sur cette plainte, car ils recueillent, avec sa succession, le droit à une réparation auquel la plainte avait donné naissance.

Nous pensons qu'il doit en être de même lorsque la partie lésée est décédée sans avoir porté plainte. Ce droit fait partie de sa succession, et passe à ses héritiers pourvu qu'elle n'ait fait aucun acte duquel on puisse induire qu'elle y a renoncé.

L'action civile peut être portée, au choix de la partie lésée, soit devant les tribunaux criminels, accessoirement et conjointement à l'action publique, soit devant les tribunaux civils. Mais, dans ce cas, si l'action publique vient à être intentée avant ou pendant la poursuite de l'action civile, l'exercice de celle-ci doit être suspendu tant qu'il n'a pas été prononcé définitivement sur l'action publique (art. 3). C'est ce qu'on exprime par cet adage : *Le criminel tient le civil en état.*

La partie lésée qui a pris la voie civile peut-elle l'abandonner pour saisir ensuite la voie criminelle? Et réciproquement, celle qui a pris d'abord la voie criminelle peut-elle revenir à la voie civile?

Lorsqu'elle a pris d'abord la voie civile, elle n'est plus recevable à revenir sur son option. C'est la règle : *Una electa viatollitur altera.* Lorsqu'au contraire, elle s'est adressée d'abord à la justice criminelle, elle peut se désister de sa plainte, et porter son action devant la justice civile : le défendeur, dans ce cas, est non recevable à se plaindre de ce passage de l'action la plus rigoureuse à la plus favorable.

Celui à qui appartient l'action civile peut renoncer à l'exercer. Il peut s'en *désister.* Il peut en faire l'objet d'une *transaction,* ou d'une *cession* à un tiers. Mais le désistement, la transaction, ou autre contrat concernant l'action civile demeurent sans effet sur l'action publique dont ils ne peuvent ni arrêter ni suspendre l'exercice.

La partie lésée ne participe point à l'exercice de l'action publique; cependant, elle n'y est pas toujours étrangère. Ainsi, en matière de simple police et en matière correctionnelle, elle peut citer directement le prévenu devant le tribunal de répression, et par cette citation, elle saisit ce tribunal, tant de l'action publique que de l'action civile. Qu'on ne dise pas que, dans ce cas, l'action publique est mise en mouvement par les conclusions du ministère public, puisque le tribunal instruit l'affaire avant d'entendre ces conclusions, et puisqu'il peut prononcer une peine, alors même que le ministère public a conclu à l'acquittement.

SECTION II. — DES CAUSES DE SUSPENSION DE L'ACTION PUBLIQUE.

Ces causes sont au nombre de trois :

1° Le défaut de plainte, quand le délit est de la nature de ceux qui ne peuvent être poursuivis que sur cette plainte ;

2° La nécessité de faire résoudre une question préjudicielle ;

3° Le défaut d'autorisation préalable.

Sous l'empire de la loi du 23 germinal an III, il existait une autre cause de suspension. Une femme, accusée d'un crime emportant la peine de mort, ne pouvait être mise en jugement quand elle était enceinte.

§ 1. — *Défaut de plainte.*

Les délits dont la poursuite est subordonnée à

la plainte de la partie lésée ont été nettement spécifiés par la loi. Ce sont :

1° *Le délit d'adultère* (art. 336 à 339, Code pénal). —
Aux termes de l'art. 336, l'adultère de la femme
ne peut être dénoncé que par le mari. Mais une fois
les faits dénoncés par le mari au ministère public,
celui-ci peut poursuivre seul, sans qu'il soit nécessaire que le mari figure dans le procès, et se porte
partie civile.

Le mari ne peut dénoncer le complice, sans dénoncer sa femme, car son action est indivisible ; mais,
dès qu'il a dénoncé sa femme, le ministère public est
recevable à rechercher et à poursuivre le complice.

Le mari peut arrêter l'effet de la condamnation
prononcée, en consentant à reprendre sa femme
(art. 337). Mais peut-il arrêter la poursuite, en se
désistant de sa plainte ? On l'a contesté en se fondant
sur ces mots de l'art. 337, *l'effet de la condamnation.*
Cependant il paraît difficile de ne pas permettre
au mari de prévenir une condamnation, dont il
pourra arrêter les effets. Aussi cette opinion est généralement repoussée.

Le désistement peut résulter, soit d'un acte formel,
soit de la réconciliation des époux. Le désistement
du mari profite au complice, tant qu'il n'y a pas
chose jugée à l'égard de la femme. Mais, lorsqu'il
n'intervient qu'après que la culpabilité de la femme
a été souverainement reconnue par un jugement
définitif, il n'y a pas de motif pour étendre au complice le pardon accordé à la femme.

Il peut arriver que la femme ait acquiescé au jugement de condamnation, et que le complice seul ait interjeté appel. Dans ce cas, le pardon accordé par le mari à la femme pendant l'instance d'appel profitera-t-il au complice ? Oui, selon nous. La certitude judiciaire de l'adultère n'est pas complète, puisque la voie de l'appel est ouverte. L'acquiescement de la femme au jugement de condamnation a pu être fondé sur l'espoir d'une réconciliation. Il faut éviter que l'existence du délit soit de nouveau, après la réconciliation des époux, l'objet d'un débat public.

Cette opinion a été consacrée par la Cour de cassation, qui a abandonné, sur ce point, sa jurisprudence antérieure (Cass., 9 février 1839).

L'adultère du mari ne peut également être poursuivi que sur la plainte de la femme (art. 339). Mais il faut, pour que la plainte de la femme soit accueillie, que le mari ait entretenu sa concubine dans le *domicile conjugal*.

On entend par domicile conjugal celui où le mari réside, quand même la femme aurait cessé de l'habiter. Elle a toujours, en effet, le droit de s'y faire recevoir.

Il est admis généralement que la femme ne peut, après avoir porté sa plainte, en arrêter l'effet par son désistement.

On peut opposer à l'action en adultère diverses fins de non-recevoir. Ces fins de non-recevoir sont : 1° l'adultère du mari, lorsqu'il a entretenu sa concubine dans la maison conjugale, et qu'il en a été convaincu sur la plainte de sa femme ; 2° la réconciliation des époux ; 3° la nullité du mariage ; 4° la prescription du délit ; 5° l'interdiction du mari ; 6° sa connivence à l'inconduite de sa femme (suivant quelques auteurs).

2° *L'enlèvement d'une fille mineure lorsqu'elle a été épousée par le ravisseur* (art. 357, C. pén.). — Le ravisseur qui a épousé la fille enlevée ne peut être *poursuivi* que sur la plainte des parents qui ont le droit de demander la nullité du mariage, ni *condamné* que lorsque cette nullité a été prononcée.

La fin de non-recevoir tirée du mariage ne couvre pas, selon nous, les complices de l'enlèvement.

3° *Les délits des fournisseurs des armées prévus par les art. 430 et suivants du Code pénal.* — La poursuite ne peut être faite que sur la dénonciation du gouvernement (art. 433). On a craint que des poursuites intempestives ne vinssent entraver le service des armées, et la marche des opérations militaires.

4° *Les délits commis hors du territoire par un Français contre un Français ou un étranger* (Loi du 27 juin 1866). — Quatre conditions sont exigées pour que la poursuite soit possible. L'une de ces conditions est que l'offensé ait porté plainte.

5° *Les délits d'offense* envers les chambres et les souverains étrangers ; *les diffamations et injures* contre les cours et tribunaux ou autres corps constitués, contre les dépositaires ou agents de l'autorité, contre les agents diplomatiques accrédités en France, et contre les simples particuliers (loi du 26 mai 1819, art. 2 à 5).

Toutes ces offenses ne peuvent être poursuivies que sur l'autorisation ou la plainte des personnes offensées.

En matière d'outrage, la plainte préalable n'est pas exigée.

L'outrage diffère de l'injure en ce que celle-ci s'applique indifféremment aux particuliers et aux agents de l'autorité, tandis que l'outrage ne concerne que les fonctionnaires proprement dits, et ne s'applique aux simples particuliers que lorsqu'ils ont agi avec un caractère public, comme les jurés ; ou lorsqu'ils sont attaqués à raison d'un acte que la loi leur prescrivait de faire, par exemple, à raison de dépositions faites en justice.

La Cour de cassation distingue le cas où le délit d'outrage est commis, soit envers un fonctionnaire public, soit envers un juré ou un témoin, *dans l'exercice de leurs fonctions*, et celui où il a lieu seulement à *raison de leurs fonctions*.

Dans le premier cas, le ministère public doit poursuivre d'office ; dans le second cas, il a besoin d'une plainte préalable de la part de la personne outragée (Cass., 25 juin 1846).

Cette distinction nous paraît en opposition avec le principe posé par l'art. 1er de la loi du 26 mai 1819, principe suivant lequel la poursuite de ces sortes de délits a lieu d'*office*, et auquel on ne doit admettre d'autres dérogations que celles reconnues par cette loi elle-même.

Nous pensons donc que dans l'un et dans l'autre cas une plainte préalable n'est pas nécessaire.

5° *Les délits de chasse sur le terrain d'autrui et les délits de pêche dans les eaux des particuliers* (Lois du 3 mai 1844, art. 26 et du 15 avril 1829, art. 67). — La répression de ces infractions est subordonnée à la provocation des propriétaires lésés. — Mais, lorsque le délit a été commis dans un terrain clos, attenant à une habitation, ou sur des terres non dépouillées de leurs fruits, ou en temps prohibé, ou la nuit, ou sans permis de chasse, on rentre dans le droit commun, et l'exercice de l'action publique cesse d'être subordonné à la condition d'une plainte préalable.

En ce qui concerne le délit de pêche, la nécessité d'une plainte préalable est contestée par certains auteurs, et repoussée par la jurisprudence.

7° *Les délits de contrefaçon industrielle* (Loi du 5 juillet 1844, art. 45). — C'est avec raison que l'initiative de cette action est refusée au ministère public. Le breveté peut avoir consenti aux faits qui paraissent constituer une contrefaçon. Il serait à désirer qu'une pareille disposition fût insérée dans la loi sur la propriété littéraire.

Ces délits sont les seuls dont la répression soit soumise à la condition d'une plainte préalable. Le refus que ferait le ministère public de suivre sur la plainte ne laisserait pas la partie lésée désarmée. Elle aurait la ressource de mettre l'action publique en mouvement, soit en citant directement le prévenu devant le tribunal correctionnel, soit en se constituant partie civile devant le juge d'instruction (art. 182 et 63); mais, une fois l'action publique mise en mouvement, elle ne peut plus être arrêtée par le fait de la partie plaignante (si ce n'est en matière d'adultère).

§ 2. — *Questions préjudicielles*.

On entend par *questions préjudicielles* celles qui doivent être jugées par un autre tribunal que celui qui est saisi de l'action principale, et préalablement à celle-ci. Ainsi la question d'état de l'enfant dans une poursuite criminelle en suppression d'état; la question de validité d'un premier mariage dans une accusation de bigamie; la question de l'existence du dépôt dans une poursuite en violation de dépôt, sont des questions préjudicielles.

Elles constituent une dérogation au principe que le juge de l'action est le juge de l'exception.

On distingue, en matière criminelle, deux sortes de questions préjudicielles : les unes sont préjudicielles à l'action elle-même, les autres ne le sont qu'au jugement.

Les premières tiennent en suspens l'action publique, en sorte que celle-ci ne peut être intentée avant que ces questions aient été résolues; telle est la question civile de l'*état* de l'enfant qui doit être jugée avant toute poursuite en suppression de cet état, et en général toutes les questions d'état.

Les secondes n'entraînent qu'un simple sursis : telle est la question de nullité d'un premier mariage soulevée par l'accusé de bigamie.

Il ne faut pas confondre les questions *préalables* avec les questions préjudicielles. Les questions préalables ont pour but de faire renvoyer immédiatement le prévenu de toute poursuite : telles sont les exceptions de prescription, d'amnistie, de chose jugée.

§ 3. — *Défaut d'autorisation.*

Aux termes de l'art. 75 de la constitution de l'an VIII, les agents du gouvernement, autres que les ministres, ne pouvaient êtres poursuivis, *pour des faits relatifs à leurs fonctions*, qu'en vertu d'une décision du conseil d'État.

Cet article, qui avait survécu aux divers régimes qui se sont succédé depuis cette époque, a été abrogé par un décret du gouvernement de la Défense nationale du 19 septembre 1870.

Depuis cette abrogation différentes poursuites ont été intentées contre des agents impériaux, à raison des mesures prises par eux à la suite du 2 décembre. On pouvait se demander si l'autorisation prescrite par l'art. 75 était nécessaire. Le conseil d'État a décidé que le décret du gouvernement de la Défense nationale, qui a aboli l'art. 75 de la constitution de l'an VIII, a un effet rétroactif comme toutes les lois relatives à la procédure et à la compétence. En conséquence, il a déclaré que l'autorisation n'était pas *nécessaire.*

Quant aux questions de prescription ou autres qui peuvent être soulevées à l'occasion de faits remontant au 2 décembre 1851, elles ne peuvent être appréciées que par les tribunaux.

La garantie de l'art. 75, que l'on appelait la *garantie constitutionnelle* ne s'appliquait pas aux ministres. Sous le gouvernement issu du 2 décembre, ils ne pouvaient, à raison de leurs fonctions, être mis en accusation que par le Sénat, ni jugés que par la Haute-Cour de justice. Le même décret du 19 septembre 1870 a aboli la Haute-Cour.

Les membres de l'Assemblée nationale ne peuvent être arrêtés, sauf le cas de flagrant délit, ni être poursuivis qu'après que l'Assemblée a permis la poursuite (constitution de 1848, article 37).

SECTION III. — DES CAUSES DE SUSPENSION DE L'ACTION CIVILE.

Nous avons vu que la partie lésée a le droit de porter l'action civile, soit devant les juges criminels, en même temps que le ministère public les saisit de l'action répressive, soit devant la juridiction civile. Mais, dans ce cas, si l'action publique vient à être intentée avant ou pendant la poursuite de l'action civile, l'exercice de celle-ci doit être suspendu jusqu'à ce qu'il ait été définitivement statué sur celle-là. On dit alors que le *criminel tient le civil en état*.

Par exception, en matière de *suppression d'état*, l'action civile ne peut être portée que devant le tribunal civil, et le tribunal criminel ne peut pas statuer sur l'action publique pendant le procès engagé devant le tribunal civil (art. 326 et 327, C. civ.). Ici, c'est le *civil qui tient le criminel en état.*

Il est même un cas où les juges civils sont tenus de surseoir au jugement de l'affaire dont ils sont saisis, bien que l'action publique n'ait point encore été intentée. Lorsqu'ils reconnaissent, dans les pièces d'un procès, des indices d'un faux dont les auteurs présumés sont vivants, ils sont tenus de surseoir jusqu'à ce qu'il ait été statué sur le faux (art. 239, 240. 250, C. pr.; et 460, C. inst. crim.). Ce sursis doit être prononcé d'office.

— Avant l'abrogation de l'art. 75 de la constitution de l'an VIII, l'action civile était suspendue, jusqu'à l'obtention de l'autorisation du conseil d'État, lorsqu'elle dérivait d'un fait se rattachant aux fonctions d'un agent du gouvernement.

SECTION IV. — Des causes d'extinction de l'action publique.

Les causes d'extinction de l'action publique sont : 1° la mort du prévenu ; 2° la prescription ; 3° la chose jugée ; 4° l'amnistie ; 5° la transaction des parties civiles ; 6° l'épuisement de la pénalité (suivant quelques auteurs).

I. — *Mort du prévenu.*

L'action publique pour l'application de la peine s'éteint par la mort du prévenu (art. 2). Mais elle subsiste contre les co-auteurs ou les complices. Par exception, en matière d'adultère, la mort de la femme éteint l'action contre le complice.

La confiscation peut être prononcée après le décès du prévenu, lorsque le délit réside dans les objets mêmes, tels que les armes prohibées, les boissons falsifiées, les ouvrages contrefaits, etc. La confiscation doit les atteindre tant qu'ils existent et partout où ils se trouvent.

II. — Prescription.

Tous les crimes, tous les délits, toutes les contraventions, sont soumis à la prescription. Il n'existe plus, comme en droit romain, et dans notre ancienne jurisprudence, de crimes imprescriptibles (1).

— L'action publique se prescrit par dix ans, s'il s'agit d'un crime (art. 637), par trois ans, s'il s'agit d'un délit (art. 638), et par un an, s'il s'agit d'une contravention (art. 640).

La criminalité d'un fait, en ce qui touche la prescription, est déterminée par le jugement qui intervient sur ce fait, et non par la qualification donnée à ce fait dans l'acte d'accusation. Ainsi, s'il arrive que le fait soit dépouillé, par les débats, des caractères

---

(1) Autrefois le crime de lèse-majesté et le crime d'usure étaient imprescriptibles — Le crime de duel l'était également lorsqu'il y avait eu condamnation ou plainte. Signalons à ce sujet une disposition exorbitante de l'édit du mois d'août 1679. Ceux qui se trouvaient coupables de duel pouvaient être poursuivis, malgré la prescription acquise, pour les autres crimes commis auparavant ou depuis, pourvu que le procès leur fût fait en même temps pour cause de duel, par les mêmes juges, et qu'ils en fussent convaincus.

qui constituent le crime, et que l'accusé ne soit condamné que pour délit, la qualification se trouvant démontrée inexacte, la prescription de trois ans doit lui être appliquée. Citons un exemple pour mieux faire saisir ce résultat. Un individu est renvoyé devant la Cour d'assises sous l'inculpation de vol, commis avec violence, la nuit, dans une maison habitée. Le vol, ainsi qualifié, constitue un crime, et, par conséquent, n'est prescriptible que par dix ans. Mais le jury, tout en reconnaissant l'accusé coupable, écarte les circonstances aggravantes de violence, de nuit, et de maison habitée, constitutives du crime. Dès lors le fait incriminé n'est plus qu'un vol ordinaire, c'est-à-dire un simple délit, passible de la peine de l'emprisonnement. Si donc il s'était écoulé plus de trois ans depuis l'époque où ce délit a été commis, jusqu'au moment où des poursuites ont été dirigées par le ministère public, la prescription serait acquise, et l'accusé devrait être déclaré absous. Une condamnation, dans ces circonstances, serait la violation formelle de l'art. 638 (Cass., 10 sept. 1846).

Mais il n'en est pas de même lorsque l'accusé est déclaré coupable d'un crime, et que, par la déclaration des circonstances atténuantes, il n'est condamné qu'à un simple emprisonnement. Le caractère de crime reste toujours et, dès lors, l'accusé ne peut invoquer que la prescription de dix ans.

Un fait qualifié crime par la loi, bien que déclaré excusable, et passible, par conséquent, de simples peines correctionnelles, ne perd pas non plus pour cela son caractère de crime. Il reste soumis à la prescription de dix ans.

§ 1. — *Point de départ de la prescription.*

Selon M. Ortolan le jour du délit ne doit pas compter dans le calcul de la prescription. Cependant les art. 637 et 640 portent expressément que l'action publique se prescrit à compter du *jour* du crime ou du délit.

Dans le système de M. Ortolan le *jour* du délit signifie le *lendemain* du délit : ce qui nous paraît une traduction un peu libre. Selon lui, le Code a voulu par ces mots : *le jour du délit*, simplement déroger au système de la loi de brumaire an IV, d'après laquelle la prescription ne courait qu'à dater du jour où le délit avait été *connu et légalement constaté.* Mais, outre que rien n'indique cette intention du législateur, les termes de la loi sont trop formels pour qu'il soit possible de les éluder.

N'est-il pas d'ailleurs tout simple que la prescription s'ouvre en même temps que l'action publique s'ouvre elle-même?

Enfin nous pouvons tirer un nouvel argument du deuxième alinéa de l'art. 637. Il y est dit que, s'il a été fait des actes d'instruction ou de poursuite, non suivis de jugement, l'action publique ne se prescrira qu'après dix années révolues, *à compter du dernier acte.* Or il est possible qu'un acte d'instruction ou de poursuite ait été fait immédiatement après le crime et que cet acte soit resté isolé. La prescription courra dans ce cas, *à compter de cet acte,* c'est-à-dire *du jour du délit.* Ainsi, selon nous, la prescription doit être réglée de jour à jour, en comprenant dans le délai le *dies a quo.*

On sait que le contraire a lieu en matière civile, et aussi, comme nous allons le voir, en matière forestière.

En ce qui concerne les crimes ou délits *successifs,* la prescription court du jour où le dernier acte a pris fin. Ainsi les crimes commis par un rassemblement armé ne se prescrivent que du jour où le rassemblement a été dissipé. Il en est de même des *associations de malfaiteurs.* Pour le délit d'évasion de détenus la prescription n'a lieu que du jour où les individus évadés ont été repris, et pour le crime de détention arbitraire, que du jour où cesse la détention.

Prescriptions spéciales. — Il existe certaines prescriptions particulières qui, par leur durée ou leur point de départ, diffèrent de la prescription ordinaire. Elles ont été établies par des lois spéciales auxquelles les art. 635 et suivants n'ont pas dérogé (art. 643). Nous citerons seulement :

En matière de contributions indirectes, la prescription d'un mois ;

En matière de pêche, la prescription d'un mois, lorsque les prévenus sont désignés dans les procès-verbaux, et de trois mois, dans le cas contraire (Loi du 15 avril 1829, art. 62) ;

En matière de chasse, la prescription de trois mois (Loi du 4 mai 1844, art. 29);

En matière forestière, la prescription de trois mois, lorsque les prévenus sont désignés dans les procès-verbaux, et de six mois, dans le cas contraire (art. 185 du Code forestier);

En matière de pêche et en matière forestière, la prescription ne court que du jour où les délits ont été constatés.

§ 2. — *Interruption et suspension de la prescription.*

Sous l'ancien droit, la prescription en matière criminelle ne pouvait être interrompue ni suspendue. Il en est autrement aujourd'hui. La prescription criminelle peut être interrompue ou suspendue.

Rappelons d'abord la différence qui existe entre l'*interruption* et la *suspension*.

L'interruption est un obstacle temporaire qui anéantit le temps qui l'a précédé, mais n'empêche pas de prescrire à nouveau.

La *suspension* est un obstacle temporaire, qui, sans effacer le temps qui l'a précédé, ne fait qu'arrêter le cours de la prescription.

1° *Interruption.* — Il faut distinguer les crimes et délits d'une part, et d'autre part les contraventions.

Pour les crimes et les délits, les actes qui interrompent la prescription sont, aux termes de l'art. 637, des actes d'*instruction* et de *poursuite*. Mais qu'entend-on par ces actes? La Cour de cassation nous en

donne la définition dans un arrêt du 14 juin 1846.
Ce sont « tous actes ayant pour objet soit de recher-
« cher les preuves de l'existence du crime et de la
« culpabilité du prévenu, soit de s'assurer de sa per-
« sonne. »

Ainsi les mandats d'amener, d'arrêt et de comparution, la citation en police correctionnelle, les
procès-verbaux de perquisition, le réquisitoire du
ministère public adressé au juge d'instruction, afin
d'informer, interrompent la prescription. Mais une
plainte ou une dénonciation n'étant ni un acte
d'instruction ni un acte de poursuite, n'ont aucun
caractère interruptif.

L'interruption de la prescription s'étend même
aux personnes qui n'auraient pas été *désignées* dans
les actes de poursuite et d'instruction. Il suffit que
ces actes aient pour objet de constater un crime ou
un délit, et d'en découvrir les auteurs (art. 637).
Enfin un acte d'instruction ou de poursuite, fait à
l'occasion d'un crime ou d'un délit, interrompt la
prescription à l'égard d'autres crimes ou délits découverts dans le cours de la procédure (Cass., 26 juin
1840).

En ce qui concerne les contraventions, la prescription n'est interrompue par aucun acte d'instruction
ou de poursuite.

Aux termes de l'art. 640 le tribunal doit statuer
dans l'année de la contravention, et s'il y a eu un
jugement de première instance, frappé d'appel,
dans l'année de la notification de l'appel. Mais nous

verrons tout à l'heure que si la prescription ne peut être interrompue en matière de contravention, elle peut être suspendue.

2° *Suspension.* — Certains auteurs prétendent qu'il ne peut être question de suspension de la prescription en matière criminelle. Nous pensons, au contraire, qu'au criminel comme au civil on ne peut opposer la prescription à celui qui a été dans l'impossibilité d'agir. *Contra non valentem agere non currit præscriptio.* Nous en trouvons plusieurs exemples.

1° Le premier est tiré de l'art. 3 de notre Code. Cet article, après avoir décidé que l'action civile pouvait être poursuivie séparément de l'action publique, ajoute : « Dans ce cas, l'exercice en est *sus- « pendu* tant qu'il n'a pas été prononcé définitivement « sur l'action publique, etc. »

Il en résulte que la prescription contre l'action civile est suspendue, jusqu'à ce qu'il ait été statué sur l'action publique.

2° Un autre cas de suspension est celui où un tribunal de répression surseoit pour qu'on puisse faire juger au civil une question préjudicielle.

La prescription ne serait pas acquise, si avant la solution de cette question préjudicielle trois ans s'é- taient écoulés. Le défaut de condamnation est en effet le fait du défendeur qui, par son exception, a mis le ministère public dans l'impossibilité de faire statuer dans un délai plus court.

3° La prescription est encore suspendue dans le cas de l'art. 357 du Code pénal. Un individu épouse la jeune fille qu'il a enlevée. Il ne peut être poursuivi que sur la plainte des personnes qui ont le droit de demander la nullité du mariage, et qu'après que cette nullité aura été prononcée.

Il en résulte que la prescription est suspendue, tant que cette double condition n'aura pas été réalisée.

4° Enfin, lorsqu'un individu est poursuivi à la fois pour un crime et pour un délit et que la mise en accusation ne porte que sur le crime, la prescription du délit est suspendue jusqu'à ce qu'il ait été statué sur cette accusation. En effet, l'art. 365, prohibant la cumulation des peines il y a nécessité d'instruire et de prononcer sur le crime, avant d'instruire et de prononcer sur le délit, puisque la condamnation pour crime aura pour effet de soustraire l'accusé aux peines encourues à raison du délit.

Éclaircissons ceci par un exemple. Un individu a commis un vol qualifié et un vol simple. Il est renvoyé devant la Cour d'assises pour le vol qualifié. Le ministère public ne peut pas, avant le jugement sur le crime, le traduire en police correctionnelle pour le délit. En effet, aux termes de l'art. 365, en cas de conviction de plusieurs crimes ou délits, la peine la plus forte doit seule être prononcée.

Il faut donc attendre le verdict du jury, et puisque, avant ce verdict, le ministère public ne peut pas agir à l'égard du vol simple, la prescription doit être suspendue relativement à ce vol.

Nous avons vu plus haut que la prescription de

l'action publique ne pouvait être interrompue en matière de contravention, et nous avons dit qu'elle pouvait être suspendue. Il en est ainsi lorsqu'il y a eu acquittement du prévenu, et pourvoi en cassation du ministère public. Le pourvoi, en pareil cas, est suspensif de la prescription (Cass., 16 juin 1836).

Quant à la *prescription de la peine*, nous renvoyons à ce que nous avons dit, dans notre explication du Code pénal.

III. — *Chose jugée.*

Celui qui a été condamné ou acquitté par un jugement passé en force de chose jugée, ne peut plus être poursuivi pour le même fait. C'est ce qu'exprime, d'une manière générale, la maxime : *Res judicata pro veritate habetur*, et plus spécialement en matière criminelle, la règle : *Non bis in idem.* L'art. 360 formule ce principe de la manière suivante : « Toute personne acquittée légalement ne « pourra plus être reprise ni accusée à raison du « même fait. »

L'exception de chose jugée est d'ordre public en matière criminelle. Le prévenu peut l'invoquer en tout état de cause, et le juge doit, au besoin, l'appliquer d'office.

Nous allons examiner quels sont les éléments constitutifs de la chose jugée, et quels sont les actes qui peuvent la produire.

§ 1. — *Éléments constitutifs de la chose jugée.*

En droit civil l'autorité de la chose jugée résulte du concours simultané de trois éléments : identité d'objet, de cause et de parties; *eadem res, eadem causa petendi, eadem conditio personarum.* — En droit criminel, les mêmes éléments se retrouvent, mais les deux premiers se confondent. On exige l'identité des délits et l'identité des parties.

1° *Identité des délits.* — D'après l'art. 360, une personne acquittée ne peut être de nouveau poursuivie à raison du *même fait.* — Que faut-il entendre par ces mots, le *même fait?*

Selon la plupart des auteurs, le mot *fait* signifie l'*accusation* elle-même, l'acte revêtu de sa *qualification pénale*, et non le fait matériel, le fait nu.

Le mot *fait* est toujours employé dans les textes du Code d'instruction criminelle comme synonyme de crime ou délit (voir notamment les art. 32, 40, 94, 114, 133, 193, 341, 344, 361). Rien ne peut faire supposer qu'il n'ait pas le même sens dans l'art. 360, d'autant plus qu'il s'y trouve en corrélation directe et nécessaire avec les mots *acquittée* et *accusée*. Or, d'après l'économie de nos lois criminelles, personne ne peut être accusé ni acquitté de faits bruts et matériels, mais seulement de faits constituant des crimes ou des délits.

Ce point éclairci, nous allons nous occuper successivement : 1° du cas où les deux instances ont pour objet des délits distincts et séparés; 2° de celui où le même fait constitue deux délits différents ; 3° de celui où les délits sont connexes ou concomitants.

1° *Cas où les deux instances ont pour objet des délits distincts et séparés.* — Lorsque le fait qui donne lieu à une nouvelle accusation constitue un *délit distinct et séparé* de celui qui avait motivé la première, le jugement rendu sur celle-ci est sans influence sur celle-là.

On doit considérer comme distincts et séparés, non-seulement les faits que la loi définit diversement, mais encore ceux qui, bien qu'étant de même nature, ont été commis successivement envers différentes personnes, ou à des époques et dans des lieux divers. Ainsi un individu acquitté d'une accusation de vol dans une maison peut subir autant de jugements qu'il a commis de vols au préjudice de personnes différentes qui habitent cette maison, mais il ne peut pas être poursuivi à raison de chaque objet qu'il a pu voler au préjudice d'une de ces personnes. Le vol est un délit indivisible dans sa poursuite.

Mais lorsqu'un délit ne peut résulter que de la réunion de plusieurs faits particuliers, tels que le délit d'*habitude d'usure*, le jugement rendu sur ce délit doit être considéré comme ayant statué sur les faits antérieurs, non alors connus. En effet, les faits nouvellement découverts ne sont que des éléments du délit déjà jugé. La prévention nouvelle ne serait pas fondée sur une *cause* nouvelle, mais seulement étayée sur des *moyens* nouveaux. Or cette circonstance ne suffit pas pour écarter l'exception de chose jugée.

2° *Cas où le même fait constitue deux délits diffé-rents.* — Un même fait peut engendrer plusieurs incriminations alternatives. Ainsi, l'homicide par imprudence procède du même fait que l'homicide volontaire, puisque l'un et l'autre ont pour fondement l'homicide d'un individu. Dans ce cas, l'acquittement sur l'un d'eux fait-il obstacle à la poursuite de l'autre ?

Pour résoudre la question, il convient de rapprocher les dispositions du Code d'instruction criminelle de celles du Code de Brumaire.

D'après les art. 374, 377 et 380 du Code de Brumaire, le jury devait être interrogé d'abord sur l'existence matérielle du fait, et sur la participation de l'accusé à ce fait, ensuite sur la moralité de ce même fait et sur le plus ou moins de gravité du délit, résultant de l'acte d'accusation, de la défense de l'accusé et des débats.

Aussi lorsque l'accusé était acquitté, il ne pouvait plus être poursuivi pour un fait qui avait été examiné, sous toutes ses faces, d'une manière générale et abstraction faite de toute qualification.

Le Code d'instruction criminelle a changé la position des questions. Le président doit demander aux jurés si l'accusé est *coupable* d'avoir commis tel meurtre, tel vol, avec toutes les circonstances comprises dans le résumé de l'acte d'accusation (art. 337).

Le jury est donc réduit à n'examiner le fait que dans ses rapports avec l'acte d'accusation et les qualifications qu'il lui donne ; d'où la conséquence que l'acquittement ne peut purger que l'accusation sur laquelle les jurés ont prononcé.

La doctrine contraire aboutit nécessairement à défendre de soumettre jamais au jury une question subsidiaire, puisque, par sa déclaration négative sur l'incrimination principale, il y aurait chose jugée sur le fait et qu'il ne pourrait plus le juger encore relativement à une qualification secondaire. Il n'est pas plus rationnel, en effet, de soumettre le même fait à deux décisions simultanées de la même juridiction, qu'à deux décisions successives de deux juridictions différentes.

Il résulte de ce qui précède que l'acquittement du crime de viol n'empêche pas que le même fait ne soit poursuivi pour attentat à la pudeur ; et que l'acquittement sur une accusation de meurtre ou d'infanticide ne fait pas obstacle à des poursuites correctionnelles pour homicide par imprudence.

3° *Cas où les délits sont connexes.* — Le jugement rendu au sujet d'un délit a-t-il force de chose jugée relativement à un autre délit qui serait uni au premier par des liens de connexité ?

L'affirmative nous paraît certaine pour le cas où il y a indivisibilité entre les deux délits. Ainsi, l'individu prévenu d'escroquerie à l'aide d'un faux, qui a été acquitté du délit d'escroquerie, ne saurait être ultérieurement poursuivi pour crime de faux.

Mais le fait connexe peut donner lieu à de nouvelles poursuites, quand il n'est pas lié d'une manière indivisible au fait déjà jugé. Ainsi un individu est accusé de meurtre, suivi de vol. Le jury, après avoir déclaré l'accusé non coupable du meurtre, omet de délibérer sur le vol. L'accusé pourra, dans ce cas, être poursuivi correctionnellement pour le vol, car les deux faits ne sont pas indivisibles.

Il n'est pas nécessaire pour que le ministère public soit recevable à exercer les nouvelles poursuites que, lors du premier jugement, il ait fait ou que les juges lui aient accordé des réserves à cet égard.

2° *Identité des inculpés.* — Le ministère public a seul le droit de poursuivre l'action publique. Le crime, le délit ou la contravention, une fois jugés contradictoirement avec lui, le sont à l'égard de tous. La société étant toujours représentée dans les procès criminels par le ministère public qui est *un* pour tout le territoire de la République, il ne peut s'élever de difficultés sur l'identité des parties, que relativement aux individus poursuivis.

A l'égard de ceux-ci la règle générale est que l'effet des jugements est restreint à ceux qui y ont été parties. Mais un jugement passé en force de chose jugée qui acquitte un prévenu rend-il le ministère public non recevable à poursuivre, soit un autre auteur principal, soit un complice ?

Nous croyons avec M. Mangin qu'il faut faire une distinction : l'action du ministère public est recevable si le délit peut avoir eu indifféremment pour auteur tel ou tel individu, comme un vol, un meurtre, un incendie. Par exemple, Pierre, accusé d'avoir empoisonné Jean, est acquitté. Son acquittement ne fait pas obstacle à ce que Paul soit ensuite accusé du même crime.

Elle ne l'est pas si le délit est d'une nature telle, que la personne qui en a été d'abord accusée, pouvait seule s'en rendre coupable, comme s'il s'agit de crime de banqueroute, de bigamie, de faux commis par un officier public, dans l'exercice de ses fonctions.

Dans ce cas, la question d'existence du délit a un véritable caractère préjudiciel, et, une fois résolue négativement avec la personne poursuivie, elle ne saurait être remise en litige avec de prétendus complices. En effet, dès qu'il a été jugé que tel individu n'était pas bigame, il l'a été également qu'il n'avait ni co-auteurs ni complices.

§ 2. — *Actes qui peuvent produire la chose jugée.*

L'autorité de la chose jugée résulte :

1° *Des ordonnances d'acquittement rendues par les présidents des cours d'assises.* — Quoique l'art. 360 se serve du mot *acquittée*, et que la loi établisse une différence entre l'*acquittement* et l'*absolution*, il est néanmoins hors de doute que les arrêts d'absolution sont constitutifs de la chose jugée.

2° *Des arrêts et jugements en dernier ressort rendus en matière correctionnelle et de simple police.* — Les arrêts ou jugements n'ont point l'autorité de la chose jugée, tant qu'ils ne sont pas devenus irrévocables, c'est-à-dire tant qu'il existe une voie ouverte pour les faire réformer ou annuler.

3° *Des arrêts de non-lieu des chambres d'accusation, tant qu'il ne survient pas de nouvelles charges.* — Bien que l'art. 246 ne statue textuellement qu'en matière criminelle, il est universellement reconnu que sa disposition s'étend également aux arrêts de non-lieu intervenus en matière correctionnelle ou de simple police.

4° *Des ordonnances de non-lieu du juge d'instruction lorsqu'elles n'ont point été frappées d'opposition par le ministère public, ni par la partie civile dans le délai prescrit par l'art. 135.* — Dans ces deux cas, l'autorité de la chose jugée n'est pas irrévocable, puisqu'elle peut être neutralisée par une instruction ultérieure; mais elle l'est tant que les charges restent dans le même état.

IV. — *Amnistie.*

L'amnistie est l'abandon de l'action publique ordonné par le chef du pouvoir exécutif ou par le pouvoir législatif. Elle défend de faire ou de continuer aucunes poursuites, ou bien d'exécuter les condamnations prononcées.

M. de Peyronnet, dans un écrit remarquable intitulé : *Pensées d'un prisonnier*, a marqué avec beaucoup de vivacité les principales différences qui existent entre l'amnistie et la grâce : — « Amnistie, « c'est abolition et oubli ; grâce, ce n'est que pitié « et pardon. Quand Thrasybule eut chassé les trente « tyrans, il porta une loi que les Athéniens nommè- « rent d'oubli (*amnestia*) et qui défendait de troubler

« qui que ce fût pour les actions passées. C'est de
« là que nous est venu l'acte, et même le nom. —
« L'amnistie ne remet point, elle efface. La grâce
« n'efface rien ; elle abandonne et remet. — L'am-
« nistie retourne vers le passé, et y détruit jusqu'à
« la première trace du mal. La grâce ne va que dans
« l'avenir, et conserve dans le passé tout ce qu'il a
« souffert ou produit. La grâce suppose le crime,
« une certaine régularité dans la condamnation et
« une certaine justice. L'amnistie ne suppose rien,
« si ce n'est pourtant l'accusation... La grâce s'ac-
« corde à celui qui est certainement coupable, l'am-
« nistie à ceux qui ont pu l'être... »

Ajoutons que la grâce est individuelle et ne s'accorde qu'après jugement à des personnes qu'elle désigne, tandis que l'amnistie est collective et s'applique
au délit plutôt qu'aux personnes.

L'amnistie diffère également de la *réhabilitation*,
qui n'efface pas le crime, et relève seulement le
condamné, pour l'avenir, des incapacités qui résultaient de la condamnation.

V. — *Transaction des parties civiles (dans certains cas
exceptionnels).*

L'ordonnance du mois d'août 1670 prescrivait aux
officiers du ministère public de cesser toutes poursuites, lorsqu'il ne s'agirait pas d'un délit emportant
peine afflictive et que la partie civile aurait transigé
sur ses droits.

Cette disposition, qui dérivait de la différence établie par les lois romaines entre les délits publics et les délits privés, est aujourd'hui abolie. « La renonciation à l'action civile ne peut arrêter ni « suspendre l'exercice de l'action publique », dit l'art. 4. *Privatorum conventio juri publico non derogat.*

Par exception à ce principe, les administrations des douanes et des contributions indirectes ont le droit de transiger, même avant jugement, sur les délits et contraventions relatifs aux intérêts qui leur sont confiés. On avait d'abord pensé que ces administrations ne pouvaient transiger que sur les contraventions qui ne sont passibles que d'amendes et de confiscations, et non sur les délits qui sont passibles d'emprisonnement. Cette opinion était certainement plus conforme aux principes du droit criminel et particulièrement du droit de grâce. Mais l'opinion contraire a prévalu dans la doctrine et dans la jurisprudence. On a considéré que ces administrations représentaient l'État lui-même, et que dès lors la transaction devait s'appliquer aussi bien aux peines corporelles qu'aux peines pécuniaires. Mais la transaction n'a d'effet qu'entre l'administration et ceux qui ont transigé. Le ministère public conserve son action contre les autres individus, auteurs ou complices du même délit.

VI. — *Épuisement de la pénalité par des condamnations antérieures.*

Certains auteurs, et particulièrement **M. Mangin,** mettent au nombre des causes d'extinction de l'action publique l'épuisement de la pénalité. Selon eux, lorsqu'un accusé coupable de plusieurs crimes ou délits a été condamné, à raison de l'un d'eux, à la peine la plus forte, l'action publique se trouve paralysée.

Nous ne saurions admettre cette opinion. D'une part, la loi n'a pas érigé en cause d'extinction de l'action publique la condamnation précédente de l'accusé à la plus forte des peines auxquelles il s'est exposé. D'autre part, l'action publique a pour but, non-seulement l'application matérielle de la peine, mais encore la constatation des crimes et délits et la déclaration de culpabilité de leurs auteurs. Il importe que tous les crimes soient poursuivis et tous les criminels condamnés, alors même qu'il devrait se rencontrer quelque obstacle à l'exécution de la condamnation.

D'ailleurs il ne serait pas juste que les parties lésées par un délit fussent privées du droit de poursuivre devant la juridiction criminelle les réparations qui leur sont dues.

SECTION V.—Des causes d'extinction de l'action civile.

Il nous reste, pour terminer cette matière, à rechercher quelle est l'influence sur l'action civile des causes d'extinction de l'action publique. Reprenons-les une à une.

1° *Décès du prévenu.* — L'action civile ne s'éteint pas par le décès du prévenu ; elle peut être exercée contre ses représentants devant les tribunaux civils (art. 2). Ce principe a pris naissance dans le droit canonique. (V. Pothier, *Oblig.*, n° 639.)

2° *Prescription.* — L'action civile se prescrit par les mêmes délais que l'action publique (art. 637, 638 et 640). Ainsi l'action civile résultant d'un crime se prescrit par dix ans, celle résultant d'un délit, par trois ans, et celle résultant d'une contravention, par un an. Peu importe qu'elle ait été portée devant les tribunaux criminels accessoirement à l'action publique ou devant les tribunaux civils. L'art. 637 ne fait aucune distinction.

3° *Chose jugée.* — Il faut distinguer le cas où la personne lésée par le délit s'était portée partie civile devant la juridiction criminelle, et celui où elle n'avait point figuré au procès.

Dans le premier cas, il est de toute évidence qu'il y a lieu à l'application de la chose jugée. Il y a, en effet, identité de *cause*, puisque le même fait sert de base aux deux actions ; de *parties*, puisque la personne lésée est intervenue au procès criminel ; et de *chose demandée*, puisqu'à l'action publique tendant à l'application de la peine, elle avait joint son action privée.

Mais en est-il de même dans le second cas, c'est-à-dire quand la partie lésée ne s'est point constituée partie civile dans le procès criminel? Ici encore, il faut faire une distinction : il s'agit d'un arrêt de condamnation, ou bien d'un arrêt d'absolution ou d'une ordonnance d'acquittement.

1° Lorsqu'il s'agit d'un arrêt de condamnation, il exerce, sur l'action civile, l'autorité de la chose jugée. L'accusé n'est pas recevable à remettre en question, sur les poursuites civiles ultérieurement exercées contre lui, l'existence et l'imputabilité du fait. Il y a, en effet, dans les deux actions criminelle et civile, identité de *cause*, l'existence du délit; identité d'*objet*, par cela seul qu'elles ont une même cause ; identité de *parties*, parce que, dans les actions publiques, le ministère public agit aux risques, périls et avantages de tous les intéressés.

Mais l'autorité de la chose jugée doit se limiter à ce qui a été formellement décidé, savoir : l'existence du fait et la culpabilité du condamné.

2° Lorsqu'il s'agit d'un arrêt d'absolution, ou d'une ordonnance d'acquittement, comme il n'est pas permis de rechercher le motif qui a déterminé le juge ou le jury, les tribunaux civils peuvent, sans violer la chose jugée, agiter de nouveau la question de l'existence du fait et de la participation que le prévenu a pu y prendre.

Les décisions des chambres d'accusation portant qu'il n'y a lieu à suivre, n'exercent aucune influence sur l'action civile. Elles ne prononcent pas sur l'existence ou la non-existence du fait ; elles se bornent à reconnaître l'insuffisance des charges. Dès lors elles ne remplissent point la condition essentielle à un jugement criminel pour influer sur le sort de l'action civile, et elles laissent entièrement subsister celle-ci.

A la différence des cours d'assises, les tribunaux de simple police et de police correctionnelle ne peuvent statuer sur les demandes en réparations civiles qu'accessoirement à la condamnation du prévenu. Ils sont incompétents, quand ils l'acquittent, pour faire droit à ces demandes. Leurs jugements, étant motivés, laissent rarement de l'incertitude sur l'existence du fait et sur la participation du prévenu. Mais dans les cas où cette incertitude a lieu, la partie lésée a le droit de porter devant les tribunaux civils son action en dommages-intérêts.

3° *Amnistie.* — L'action civile n'est point éteinte, par l'amnistie. Elle est la propriété de la partie lésée, et nul n'a le droit d'en disposer.

4° *Transaction.* — L'action civile est éteinte lorsque la partie lésée se désiste de cette action, renonce à la demande, ou transige sur ses droits.

CHAPITRE II

DES DÉLITS COMMIS HORS DU TERRITOIRE (art. 5 à 7).

La loi pénale est territoriale ; en d'autres termes, la juridiction de chaque nation est bornée par son territoire et ne peut s'étendre à des faits *commis* à l'étranger. Tel est le principe. Le Code de 1808, partant de cette idée trop exclusive et s'écartant des traditions de notre ancienne jurisprudence, n'y avait apporté que deux exceptions : l'une, relative aux crimes contre l'État, l'autre aux crimes contre les particuliers. Il en résultait des conséquences indignes de notre législation, comme nous le verrons tout à l'heure.

La loi du 27 juin 1866, en apportant de nouvelles exceptions au principe de la territorialité du droit pénal, a fait disparaître ces conséquences qui assuraient, dans certains cas, aux coupables une impunité scandaleuse. Mais pour bien comprendre les modifications qu'elle a apportées sur ce point, il est nécessaire d'indiquer quel était le système du Code d'instruction criminelle.

1° *Système du Code.* — Il fallait distinguer si le crime avait été commis contre l'État ou contre un particulier. Le premier cas était prévu par les art. 5 et 6 ; le second, par l'art. 7. Reprenons-les successivement.

1° *Crimes contre l'État.* — L'art. 5 était ainsi conçu : « Tout Français qui se sera rendu coupable, « hors de France, d'un crime attentatoire à la sûreté « de l'État, de contrefaçon du sceau de l'État, de « monnaies nationales ayant cours, de papiers nationaux, de billets de banque autorisés par la loi, « *pourra* être poursuivi, jugé et puni en France d'après les dispositions des lois françaises. »

Il n'était pas nécessaire, pour l'application de cet article, que le Français eût été arrêté. Il pouvait être jugé et condamné par contumace.

L'art. 6 étendait aux étrangers la disposition de l'art. 5 : « Cette disposition *pourra* être étendue aux « étrangers qui, co-auteurs ou complices des mêmes « crimes, seraient arrêtés en France ou dont le gou- « vernement obtiendrait l'extradition. »

Il fallait que l'étranger eût été arrêté en France, ou que son extradition eût été obtenue, pour qu'il pût être jugé en France, conformément à l'art. 6. On n'aurait donc pas pu le juger par contumace, à la différence de ce qui avait lieu pour le Français. Il fallait en outre que son arrestation eût été faite *légalement*, et non par ruse ou par violence (1).

2° *Crimes contre les particuliers.* — D'après l'art. 7, « tout Français qui s'était rendu coupable, hors du « territoire du royaume, d'un *crime* contre un Fran- « çais, *pouvait, à son retour* en France, y être pour- « suivi et jugé, *s'il n'avait été poursuivi* et *jugé en* « *pays étranger*, et si le Français offensé *rendait* « *plainte* contre lui. »

Ainsi, la poursuite était subordonnée à cinq conditions. Il fallait :

1° Qu'il s'agît d'un *crime*, et non pas seulement d'un *délit;*

2° Que le crime eût été commis par *un Français* contre *un autre Français;*

3° Que le Français inculpé fût de *retour en France;*

(1) On ne saurait trop rappeler, à ce sujet, l'arrêté des consuls, du 18 frimaire an VIII, en faveur des émigrés naufragés à Calais : «Consi- « dérant qu'il est hors du droit des nations policées de profiter de « l'accident d'un naufrage pour livrer, même au juste courroux des « lois, des malheureux échappés aux flots. »

4° Qu'il n'eût pas été *poursuivi et jugé* en pays étranger ;

5° Que le *Français offensé eût porté plainte.* — Si le Français offensé avait été assassiné, la plainte pouvait être formée par ses parents, lors même qu'ils n'étaient pas ses héritiers.

Il n'est pas nécessaire de beaucoup insister pour faire remarquer les étranges conséquences de ce système. Ainsi l'étranger qui avait assassiné un Français, ou le Français qui avait assassiné un étranger, pouvaient se réfugier en France, et y jouir de l'impunité. Dans l'un comme dans l'autre cas, les tribunaux français ne pouvaient pas poursuivre, puisque la loi ne punissait que les crimes commis par un Français contre un Français.

D'un autre côté, le Français qui avait volé à l'étranger un de ses compatriotes ne pouvait pas être poursuivi, puisqu'il ne s'agissait que d'un délit.

Enfin, dans les cas même spécialement prévus par la loi, le coupable pouvait quelquefois s'assurer l'impunité. Ainsi le Français qui avait assassiné un Français à l'étranger, pouvait, de retour en France, en achetant le silence des héritiers de sa victime, arrêter l'action publique. Cette dernière, en effet, était subordonnée à la plainte du *Français offensé,* ou de ses héritiers.

Ces conséquences faisaient depuis longtemps désirer une réforme. Elle fut accomplie par la loi du 27 juin 1866.

2° *Système de la loi de 1866.* — La nouvelle loi

efface d'abord la distinction établie par le Code entre le crime commis contre un Français et le crime commis contre un étranger.

Dans tous les cas, le Français qui a commis un crime à l'étranger peut être poursuivi en France. Aucune plainte préalable n'est exigée. Si le crime a été commis contre l'État, le Français peut, comme autrefois, être jugé par contumace, il ne peut l'être qu'après son retour en France, s'il s'agit d'un crime contre un particulier.

Elle permet ensuite la poursuite des délits commis à l'étranger par un Français contre un Français ou un étranger.

Quatre conditions sont exigées. Il faut :

1° Que le Français soit de retour en France;

2° Que le fait soit puni par les lois du pays où il a été commis;

3° Que la poursuite soit exercée à la requête du ministère public;

4° Qu'elle ait été précédée d'une plainte de la partie offensée, ou d'une dénonciation officielle à l'autorité française.

Enfin la nouvelle loi permet de poursuivre en France les délits et contraventions commis à l'étranger en matière forestière, en matière de pêche, de douanes ou de contributions indirectes. Seulement la poursuite est subordonnée à une condition de réciprocité. La réciprocité se constate par des conventions internationales, ou par un décret publié au Bulletin des lois.

Quant aux crimes commis par un étranger, la loi nouvelle n'a rien changé aux dispositions du Code d'instruction criminelle. L'étranger n'est punissable en France que pour les crimes contre l'État lorsqu'il a été arrêté en France ou que le gouvernement a obtenu son extradition.

Dans tous les cas, l'action civile résultant d'un crime ou d'un délit peut être intentée en France. L'étranger peut être traduit devant les tribunaux français pour la réparation du dommage provenant d'un délit par lui commis au préjudice d'un Français, et sans qu'il soit nécessaire que cet étranger soit trouvé en France (art. 4 et 1370 C. civ.). Réciproquement un Français peut être traduit devant les tribunaux français pour la réparation civile des délits qu'il a commis en pays étranger, au préjudice d'un étranger (art. 15 C. civ.).

Nous venons de parcourir les exceptions à la règle de la territorialité de la loi pénale. Nous avons maintenant à déterminer ce qu'il faut entendre par le territoire d'un État.

La loi, par une fiction de droit, considère le territoire étranger occupé par les armées françaises comme une prolongation du territoire français. Les militaires faisant partie des armées françaises hors du territoire restent donc soumis aux lois françaises.

Par suite d'une même fiction, les hôtels des ambassadeurs sont censés faire partie du territoire de la nation que ces ambassadeurs représentent. Ils sont inaccessibles aux officiers de la police locale. Mais

11.

cette franchise n'est instituée qu'en faveur de l'ambassadeur et de ses gens.

Enfin les lieux où siégent en pays étranger les consulats français sont pareillement considérés, à certains égards, comme une prolongation de notre territoire.

Dans les *Echelles du Levant et de Barbarie*, le tribunal consulaire, composé du consul et de deux Français choisis parmi les notables du ressort, juge les *délits* et *contraventions* commis par des Français habitant ces pays. L'appel de leurs décisions est porté devant la Cour d'Aix (loi du 28 mai 1836, art. 55). Quant aux crimes, ils sont jugés par cette même Cour (première chambre et chambre des appels réunies) sans assistance des jurés. Mais en aucun cas le nombre des juges ne peut être moindre de douze (art. 64).

Sur mer, le territoire de chaque État s'étend au delà des rivages, jusqu'à la plus forte portée de canon. Cette partie de la mer est considérée comme une continuation du territoire. On l'appelle pour ce motif mer *territoriale*. Les crimes et délits qui s'y commettent doivent en conséquence être poursuivis et punis comme s'ils avaient eu lieu sur le territoire même.

Enfin, par une autre fiction, les navires en mer ou dans les ports étrangers sont considérés comme une parcelle du territoire de la nation à laquelle ils appartiennent. Ils sont donc soumis exclusivement aux lois et à la juridiction de cette nation. Cependant, lorsqu'ils sont dans les eaux d'un État étranger, il faut faire une distinction entre les navires de guerre et les navires de commerce.

Les crimes et délits commis à bord d'un bâtiment de guerre, mouillé dans un port de France, échappent à la juridiction française.

Quant aux navires marchands, les crimes et délits commis à leur bord, entre gens de l'équipage, tombent sous la juridiction exclusive du pays auquel ils appartiennent. Dans les autres cas, la justice française est compétente. Elle a également le droit d'intervenir lorsque les crimes et délits commis par les gens de l'équipage entre eux *compromettent la tranquillité du port*.

Nous avons dit que la compétence des tribunaux français pour juger les étrangers prévenus des crimes spécifiés dans l'art. 5 était subordonnée à l'obtention de *l'extradition*, dans le cas où ils n'auraient pas été arrêtés en France. Il nous reste donc à parler de *l'extradition*.

De l'extradition. — Fœlix définit l'extradition : « L'acte par lequel un gouvernement livre un individu prévenu d'un crime ou d'un délit à un autre « gouvernement qui le réclame afin de le juger. » (*Traité du droit international*, l. II, tit. ix).

Un gouvernement n'est tenu à l'extradition qu'en vertu d'un traité ; mais il peut l'accorder sans traité s'il le juge convenable, puisque l'extradition est un acte de souveraineté. Ainsi, elle est pratiquée tous les jours entre la France et des pays avec lesquels nous n'avons pas de traité.

En général les puissances ne consentent pas à livrer leurs nationaux. Dans presque tous les traités on exempte réciproquement les nationaux des deux pays. Ainsi la France ne peut réclamer que l'extradition d'un Français ou d'un étranger, réfugié dans un pays autre que le sien. Cependant cette exception ne se trouve pas dans les traités avec l'Angleterre et avec les États-Unis.

Dans la plupart des traités, il y a une clause relative aux étrangers des deux États, d'après laquelle le prévenu ou le condamné ne peut être livré qu'après que son gouvernement a été consulté et mis en demeure de faire connaître les motifs qu'il pourrait avoir de s'opposer à l'extradition. Dans tous les cas, le gouvernement saisi de la demande d'extradition reste libre de livrer le prévenu, soit à son pays natal, soit au pays où le crime a été commis.

L'extradition n'est admise que pour un crime et non pour un délit. Elle ne peut jamais avoir lieu pour un crime politique.

Les traités contiennent la liste des crimes pour lesquels l'extradition est accordée. Cette liste varie selon les nations avec lesquelles le traité est conclu. Ainsi la convention avec l'Angleterre n'autorise l'extradition que pour le meurtre (assassinat, parricide, infanticide, empoisonnement), le faux et la banqueroute frauduleuse. Le viol, l'incendie, les vols qualifiés restent en dehors de la convention.

Le gouvernement a seul qualité pour demander l'extradition. Les magistrats n'ont pas le droit de la requérir directement.

Les pièces qui doivent être jointes à la demande

sont différentes selon l'état de la procédure et selon les traités. Quand l'extradition est demandée au commencement de la procédure, le mandat d'arrêt est suffisant. Le mandat d'amener ne l'est pas ; car il ne contient pas la qualification du fait. Quand la chambre des mises en accusation a rendu son arrêt, cet arrêt doit être joint au dossier. Enfin, quand il y a eu condamnation, par contumace ou contradictoire, l'arrêt de condamnation est également nécessaire.

Le mandat d'arrêt est la seule pièce exigée par les conventions avec la Suisse, l'Angleterre, les États-Unis, la Bavière, la Prusse. La Belgique et l'Espagne font arrêter l'individu dont l'extradition est demandée, sur la vue d'un mandat d'arrêt, mais elles exigent pour le livrer l'arrêt de mise en accusation. — En Belgique, l'extradition n'est accordée qu'après débats contradictoires du prévenu et du ministère public devant la chambre des mises en accusation, et qu'après un arrêt de cette chambre. En Angleterre, l'extradition n'est effectuée que sur le rapport d'un juge commis à l'effet d'entendre le fugitif sur les faits mis à sa charge. Aux États-Unis, un débat public et contradictoire est également exigé. En France, l'acte émané du chef du gouvernement suffit.

L'extradition ne peut avoir lieu, si, depuis les faits imputés, la poursuite ou la condamnation, la prescription de l'action publique ou de la peine est acquise, d'après les lois du pays où le prévenu s'est réfugié.

LIVRE I

On peut distinguer trois phases distinctes dans la procédure criminelle, savoir : la police judiciaire, l'instruction et le jugement.

La première recherche les traces des crimes, des délits et des contraventions, et leurs auteurs.

La deuxième rassemble les preuves, apprécie le caractère légal du fait, et fixe la juridiction compétente.

La troisième amène les prévenus à l'audience.

Nous allons les passer successivement en revue, en suivant toutefois l'ordre du Code.

CHAPITRE PREMIER

DE LA POLICE JUDICIAIRE.

On distingue deux sortes de police : la police *administrative*, et la police *judiciaire*.

La police administrative a pour objet le maintien habituel de l'ordre public. Elle tend à prévenir les délits.

La police judiciaire recherche les délits que la police administrative n'a pu prévenir, en rassemble les preuves, et en livre les auteurs aux tribunaux (art. 8).

Elle a deux attributions distinctes : la *poursuite* et l'*instruction*, qui sont confiées à des officiers différents.

La *poursuite* est attribuée au procureur de la République (art. 22). Il fait toutes les recherches, soit par lui-même, soit par ses auxiliaires, qui sont : les juges de paix, les officiers de gendarmerie, les maires et leurs adjoints et les commissaires de police.

L'*instruction* est attribuée au juge d'instruction.

Cette division, qui a pour but de garantir la liberté individuelle et d'assurer, dans la recherche des preuves, la plus stricte impartialité, cesse d'être observée en cas de flagrant délit.

L'officier de police judiciaire qui se trouve présent réunit alors les pouvoirs de poursuite et d'instruction, jusqu'à l'arrivée de ceux auxquels ils sont ordinairement confiés.

Nous examinerons d'abord quels sont les fonctionnaires qui participent à la police judiciaire et quelles sont leurs attributions.

Nous étudierons ensuite les pouvoirs extraordinaires qu'ils exercent en cas de flagrant délit.

SECTION I. — DROITS ET ATTRIBUTIONS DES FONCTIONNAIRES CHARGÉS DE LA POLICE JUDICIAIRE.

L'art. 9 énumère les officiers qui sont chargés d'exercer la police judiciaire, sous l'autorité des cours d'appel.

Ces officiers sont :

Les gardes champêtres et les gardes forestiers;

Les commissaires de police;

Les maires et les adjoints aux maires;

Les procureurs de la République et leurs substituts;

Les juges de paix;

Les commissaires généraux de police;

Les juges d'instruction.

On peut diviser en trois classes ces différents agents :

1° Ceux qui dirigent la police judiciaire : c'est-à-dire le juge d'instruction et le procureur de la République;

2° Ceux que la loi appelle *auxiliaires du procureur de la République*, et qui sont associés accidentellement aux pouvoirs de ce magistrat, tels que : les juges de paix, les officiers de gendarmerie, les maires et adjoints, et les commissaires de police;

3° Ceux dont les attributions sont resserrées dans des limites plus étroites, tels que les gardes champêtres et les gardes forestiers.

C'est dans cet ordre que nous les examinerons en commençant par ceux dont la compétence est la plus étendue.

Nous traiterons ensuite des pouvoirs attribués aux préfets par l'art. 10.

§ 1. — *Du juge d'instruction.*

Ce magistrat a un double caractère : il est juge

d'instruction et officier de police judiciaire. Nous ne le considérerons ici que comme officier de police judiciaire.

Sous ce rapport, il a la plénitude des pouvoirs. Les autres officiers ne les exercent que dans certains cas, et en vertu d'une délégation particulière de la loi. Lui, au contraire, il les exerce en vertu de l'autorité qui lui est propre.

Le juge d'instruction est chargé de faire tous les actes qui précèdent la mise en prévention de l'inculpé : il reçoit les plaintes des parties, ainsi que toutes les pièces constatant les crimes et délits; il se transporte sur les lieux où ils ont été commis; il en dresse les procès-verbaux; il entend les témoins; il fait arrêter les inculpés; il nomme des experts pour vérifier l'état des lieux ou le corps du délit; il procède aux visites domiciliaires et requiert, au besoin, l'assistance de la force publique. Telles sont sommairement ses principales attributions, sur lesquelles nous reviendrons avec détail.

Le juge d'instruction a la prééminence comme officier de police judiciaire. Il peut s'approprier les procès-verbaux qui lui sont adressés; il peut les recommencer. En outre, dès qu'il est présent sur les lieux, il frappe d'incompétence tous les autres officiers de police judiciaire.

§ 2. — *Du procureur de la République.*

Les attributions du ministère public en matière de police judiciaire sont distinctes, suivant qu'il s'agit d'un délit flagrant ou d'un délit non flagrant.

Si le délit est flagrant, le ministère public, comme nous le verrons plus loin, réunit temporairement aux pouvoirs de la poursuite, le pouvoir de l'instruction.

Si le délit n'est pas flagrant, ses attributions sont très-restreintes. Elles comprennent la *recherche* et la *poursuite*.

La recherche consiste à faire tous les actes de vigilance qui ont pour but de s'enquérir des infractions qui ont pu être commises, à recevoir les avis, les dénonciations, les plaintes et les procès-verbaux.

La poursuite consiste à requérir le juge d'instruction d'informer, en lui indiquant, dans le réquisitoire, les faits et les témoins de qui l'on peut attendre des éclaircissements (art. 71).

§ 3. — *Des auxiliaires du procureur de la République.*

Les officiers de police auxiliaires du procureur de la République sont les juges de paix, les officiers de gendarmerie, les commissaires généraux de police, les maires et adjoints, et les commissaires de police (art. 48,50).

Nous examinerons plus loin leurs attributions dans les cas de flagrant délit. Dans les cas ordinaires, ils doivent se borner à recevoir les dénonciations ou avis qui peuvent leur être adressés et à les transmettre sans délai au procureur de la République. Ils sont, comme on l'a dit souvent, *ses sentinelles avancées.*

Nous devons cependant faire remarquer que cette règle n'est pas suivie rigoureusement dans la pratique. Il arrive tous les jours que les commissaires de police, les maires, les juges de paix, constatent par des procès-verbaux des crimes qui ont cessé d'être flagrants, parce qu'ils ont été cachés pendant quelque temps.

Disons maintenant quelques mots de ces différents agents.

1° *Juges de paix.* — Les juges de paix sont à la fois officiers de police judiciaire, auxiliaires du ministère public et, dans certains cas, délégués du juge d'instruction.

Comme officiers de police judiciaire, ils sont chargés d'instruire le procureur de la République des crimes et délits dont ils ont connaissance.

Comme auxiliaires du ministère public, ils reçoivent les dénonciations, et font, en cas de flagrant délit, les actes préliminaires de l'information.

Comme délégués du juge d'instruction, ils peuvent faire certains actes d'instruction, lorsque ce magistrat, par un empêchement quelconque, n'y procède pas lui-même (art. 16, 52, 83, 84, 616).

Enfin, ils sont juges de simple police. Par conséquent, ils n'ont pas le droit de constater les contraventions, puisqu'ils sont appelés à les juger.

2° *Commissaires de police.* — Les commissaires de police sont à la fois officiers de police administrative et de police judiciaire, auxiliaires du procureur de la République, et chargés du ministère public près les tribunaux de police.

Comme officiers de police judiciaire, leurs attributions sont *ordinaires* ou *spéciales*.

Leurs attributions ordinaires consistent à rechercher les contraventions de police, même celles qui sont sous la surveillance spéciale des gardes champêtres et forestiers, à l'égard desquels ils ont concurrence et même prévention ; à recevoir les rapports, dénonciations et plaintes relatifs aux contraventions de police, et à consigner dans leurs procès-verbaux, la nature et les circonstances des contraventions, le temps et le lieu où elles ont été commises, les preuves ou indices à la charge de ceux qui en sont présumés coupables (art. 11).

Leurs attributions spéciales consistent à rechercher et à constater les contraventions à certaines lois spéciales, telles que : les contraventions aux lois sur les *poids et mesures* (arrêté du 29 prairial an IX, art. 16) ; — sur la *grande voirie* (loi du 29 floréal an X, art. 2) ; — et sur les *voitures publiques* (loi du 30 mai 1851, art. 15) ; — les contraventions à la police de la *pharmacie* (loi du 21 germinal an XI, art. 30) ; — de l'*imprimerie* et de la *librairie* (loi du 25 prairial an III, art. 1), etc.

Comme auxiliaires du ministère public, leurs attributions consistent : lorsque le délit n'est pas flagrant, à recevoir les dénonciations et les plaintes et à les transmettre au procureur de la République ; lorsque le délit est flagrant, à procéder provisoirement aux actes de poursuite et d'instruction.

Les commissaires généraux de police dont parle

l'art. 9, ont été supprimés par le décret du 28 mars 1815. Toutefois, il existe dans quelques grandes villes un commissaire central qui dirige les opérations des autres commissaires, mais dont les attributions ne diffèrent pas d'ailleurs de celles de ces derniers.

3° *Maires et adjoints au maire.* — Dans les communes où il n'y a point de commissaire de police, les maires et adjoints exercent les fonctions de la police judiciaire (art. 11). Ils sont, en outre, auxiliaires du procureur de la République (art. 50), officiers du ministère public près le tribunal de simple police (en cas d'empêchement du commissaire de police, ou, s'il n'y en a point, art. 144).

Avant la loi de janvier 1873, ils étaient en outre juges de police dans les communes non chefs-lieux de canton (art. 166).

4° *Officiers de gendarmerie.* — Les officiers de gendarmerie sont à la fois officiers de police judiciaire et auxiliaires du procureur de la République. Ils sont autorisés à constater les délits de pêche et de chasse.

Les sous-officiers et gendarmes ne sont pas officiers de police judiciaire. Cependant ils ne sont pas étrangers à cette police. Ils ont pour fonctions de recueillir tous les renseignements possibles sur les crimes et délits de toute nature, et de saisir les coupables en cas de flagrant délit. Ils sont en outre autorisés par des lois spéciales à constater certaines contraventions, telles que les contraventions en matière de douanes, celles relatives à la grande voirie, aux voitures publiques, etc.

§ 4. — *Des gardes champêtres et des gardes forestiers.*

Les gardes champêtres et les gardes forestiers sont chargés de rechercher, chacun dans le territoire pour lequel ils sont assermentés, les délits et les contraventions de police qui portent atteinte aux propriétés *rurales* et *forestières* (art. 16).

Ils constatent le colportage et la circulation illicite des tabacs, ainsi que les délits de pêche et de chasse.

Ils dressent des procès-verbaux à l'effet de constater la nature, les circonstances, le temps, le lieu des délits et des contraventions, ainsi que les preuves et les indices qu'ils ont pu en recueillir. — Ils doivent suivre les choses enlevées dans les lieux où elles ont été transportées, et les mettre en séquestre; mais ils ne peuvent s'introduire dans les maisons, ateliers, bâtiments, cours adjacentes et enclos, si ce n'est en présence, soit du juge de paix ou de son suppléant, soit du commissaire de police, soit du maire ou de son adjoint.

Tout garde ou agent qui s'introduirait dans le domicile d'un citoyen contre le gré de celui-ci, sans être *accompagné* par l'un des fonctionnaires que nous venons d'énumérer, encourrait les peines portées par l'art. 184 du Code pénal, qui punit ce fait d'un emprisonnement de six jours à un an, et d'une amende de 16 à 500 francs.

Mais cette disposition ne concerne pas les lieux

qui ne constituent pas le domicile ou une dépendance de celui-ci.

Les gardes doivent arrêter et conduire devant le *juge de paix* ou devant le *maire* tout individu qu'ils ont surpris en *flagrant délit*, ou qui est dénoncé par la *clameur publique*, lorsque ce délit emporte la peine de l'emprisonnement ou une peine plus grave. Ils sont autorisés, pour cet effet, à se faire donner main forte par le maire ou par son adjoint, qui ne peut s'y refuser. Ces attributions conférées par l'art. 16, en cas de flagrant délit, aux gardes champêtres et forestiers, appartiennent aux gardes *particuliers* comme à ceux des *communes*.

Les gardes champêtres et les gardes forestiers doivent instruire le ministère public de tous les crimes et délits dont ils acquièrent la connaissance dans l'exercice de leurs fonctions, bien qu'ils n'aient pas mission de les constater par des procès-verbaux.

Les procès-verbaux des gardes champêtres font foi jusqu'à *preuve contraire;* ceux des gardes forestiers font foi jusqu'à *inscription de faux*, lorsqu'ils sont dressés par deux agents, quelles que soient les condamnations auxquelles les délits ou contraventions peuvent donner lieu (Code forestier, art. 176). Les procès-verbaux dressés par les gardes des particuliers font foi, jusqu'à *preuve contraire* (Code forestier, art. 198).

Signalons en passant les différences qui existent entre ces deux espèces de procès-verbaux.

Le procès-verbal qui fait foi jusqu'à inscription

de faux enchaîne le juge ; il n'admet pas de preuve contraire. Si le prévenu ne s'est pas inscrit en faux dans les délais, sa condamnation est inévitable, lors même que l'erreur serait évidente. Mais lorsque cette inscription a été faite régulièrement, l'autorité de l'acte est suspendue, et le procès-verbal peut être soumis à l'épreuve des témoignages contradictoires.

Quant aux procès-verbaux qui ne font foi que jusqu'à *preuve contraire*, leur effet est réglé par l'art. 154 du Code d'instruction criminelle. Ils peuvent être attaqués par toutes espèces de preuves soit écrites, soit testimoniales, si le tribunal juge à propos de les admettre.

§ 5. — *Des pouvoirs accordés aux préfets par l'art. 10.*

Aux termes de l'art. 10, « les préfets des départe-
« ments et le préfet de police à Paris, peuvent faire
« personnellement ou requérir les officiers de
« police judiciaire, chacun en ce qui le concerne,
« de faire tous les actes nécessaires à l'effet de cons-
« tater les crimes, délits et contraventions, et d'en
« livrer les auteurs aux tribunaux chargés de les
« punir. »

Cette disposition, qui est une violation du principe de la division des pouvoirs, a été introduite dans le Code à la demande de Napoléon. On n'a pas voulu ranger les préfets dans la nomenclature des officiers de police judiciaire, pour ne pas les assujettir à la surveillance du procureur général ; mais on leur en a attribué les fonctions par cet article.

Voyons maintenant quelle est l'étendue des pouvoirs accordés aux préfets. M. Faustin Hélie enseigne qu'ils n'ont reçu de l'art. 10 d'autres pouvoirs que ceux qui appartiennent aux officiers du ministère public. Mais cette doctrine, en opposition avec les termes généraux de l'art. 10, est repoussée par la Cour de cassation, qui reconnaît aux préfets le droit de faire tous les actes nécessaires à la constatation des crimes et délits, en se conformant, pour les perquisitions, saisies, interrogatoires et mandats, aux règles établies par le Code d'instruction criminelle. (Cassation, 21 novembre 1853. — Chambres réunies.)

L'instruction préfectorale doit être transmise aux procureurs généraux qui peuvent la recommencer ou se l'approprier ; mais comme aucun délai n'a été fixé pour cette transmission, il y a dans ce pouvoir accordé aux préfets une source d'abus sérieux. On peut en faire sortir les lettres de cachet.

SECTION II. — Pouvoirs extraordinaires des officiers de police judiciaire en matière de flagrant délit.

Nous avons déjà dit que la loi n'a pas voulu confier au même magistrat le droit de rechercher et de poursuivre les crimes et délits, et celui d'en constater les preuves. Elle a attribué le premier au procureur de la République et réservé le second au juge d'instruction.

Nous avons dit également que ce principe reçoit une double dérogation en cas de flagrant délit. D'une part, le procureur de la République supplée le juge d'instruction et procède provisoirement à l'information; d'autre part, le juge d'instruction instruit d'office et fait acte de poursuite.

Nous allons examiner plus en détail cette double dérogation. Nous nous occuperons ensuite de la procédure particulière, organisée par la loi du 20 mai 1863, en matière de flagrant délit.

§ 1. — *Instruction du flagrant délit.*

Le Code d'instruction criminelle a pris soin de définir le *flagrant délit*. C'est, dit l'art. 41, « le « délit qui se commet actuellement, ou qui vient de « se commettre. Sont aussi réputés flagrants délits : « 1° le cas où le prévenu est poursuivi par la cla- « meur publique; 2° celui où il est trouvé saisi « d'effets, armes, instruments ou papiers faisant « présumer qu'il est auteur ou complice, pourvu « que ce soit dans un temps voisin du délit. »

Voyons maintenant quelles modifications le fla- grant délit apporte aux attributions des officiers de police judiciaire.

1° *Procureur de la République.* — Dans les cas de flagrant délit, le procureur de la République, après en avoir donné avis au juge d'instruction, mais sans être obligé de l'attendre, se transporte sur les lieux sans retard pour y dresser les procès-verbaux nécessaires, à l'effet de constater le corps du délit et l'état des lieux. Il reçoit les déclarations des personnes présentes (art. 32). Il appelle les parents, voisins, domestiques, tous ceux enfin qu'il présume en état de lui faire des déclarations utiles (art. 33).

Il peut défendre à qui que ce soit de sortir de la maison ou de s'éloigner du lieu jusqu'après la clôture du procès-verbal. Tout contrevenant à cette défense est déposé dans la maison d'arrêt, s'il peut être saisi. La peine encourue pour cette contravention est prononcée par le juge d'instruction après que le contrevenant a été *cité* et *entendu*, ou par défaut, s'il ne comparaît pas, sans autre formalité ni délai, et sans opposition ni appel. Elle ne peut excéder dix jours d'emprisonnement et 100 francs d'amende (art. 34).

Il saisit tout ce qui peut avoir servi à commettre le crime, ou tout ce qui paraît en être le produit, enfin tout ce qui peut fournir des renseignements utiles (art. 35).

Il peut se transporter dans le domicile du prévenu pour y faire la perquisition des papiers et autres objets qu'il juge nécessaires à la manifestation de la vérité (art. 36, 37 et 38). Les perquisitions et saisies doivent être faites en présence du prévenu, s'il a été arrêté ; et s'il ne veut ou ne peut y assister, en présence d'un fondé de pouvoir qu'il peut nommer (art. 39).

Lorsqu'il s'agit d'une mort violente ou d'une mort dont la cause soit inconnue ou suspecte, le procureur de la République doit se faire assister d'un ou de deux officiers de santé, qui, après avoir prêté serment entre ses mains, font leur rapport sur les causes de la mort et sur l'état du cadavre (art. 44).

Enfin, lorsque le fait est de nature à entraîner une peine afflictive et infamante, il fait saisir les prévenus présents contre lesquels il existe des indices graves; si les prévenus ne sont pas présents, il rend une ordonnance à l'effet de les faire comparaître. Cette ordonnance s'appelle *mandat d'amener* (art. 40).

Le procureur de la République doit transmettre sans délai au juge d'instruction le résultat de son information. Le prévenu reste sous la main de la justice en état de mandat d'amener (art. 45).

Tels sont les actes que le procureur de la République est autorisé à faire lui-même, en cas de flagrant délit; mais si, au cours des opérations, le juge d'instruction se présente, il prend en main l'information. Le procureur de la République rentre dans ses attributions normales, et n'a plus que le droit de réquisition.

La règle qui interdit au ministère public d'instruire lui-même reçoit une seconde exception, en cas de *réquisition d'un chef de maison*, même lorsque le délit n'est pas flagrant. La nécessité de protéger promptement le domicile des citoyens a autorisé cette nouvelle dérogation. On entend par chef de maison le chef de famille. Mais chaque chef de famille ne peut faire de réquisition qu'en ce qui le concerne personnellement (art. 46).

2° *Auxiliaires du procureur de la République.* — Dans les cas de flagrant délit, ou de réquisition d'un chef de maison, ils exercent les attributions exceptionnelles conférées au procureur de la République. Ils dressent les procès-verbaux, reçoivent les déclarations des témoins, font les visites et autres actes de constatation. En un mot, ils peuvent faire tout ce que peut faire, dans les mêmes cas, le magistrat dont ils sont les auxiliaires. Lorsque le juge d'instruction survient pendant leurs opérations, ils doivent aussitôt s'abstenir.

Lorsqu'il y a des signes ou indices de mort violente, ils ne doivent procéder à l'inhumation qu'après en avoir reçu l'autorisation du procureur de la République, à moins que l'état du cadavre ne permette aucun retard.

Ils doivent renvoyer, sans délai, les procès-verbaux et autres actes par eux faits, au procureur de la République qui doit les transmettre, avec les réquisitions qu'il juge convenables, au juge d'instruction (art. 53).

3° *Juge d'instruction.* — Le juge d'instruction doit s'abstenir d'agir de son propre mouvement. Il ne doit commencer une procédure qu'après en avoir été requis par le ministère public. Autrement il usurperait l'action publique, et cumulerait, contre le vœu de la loi, les fonctions de partie poursuivante et celles d'instructeur. Mais en cas de flagrant délit, il peut se transporter d'office sur les lieux et faire les actes d'instruction nécessaires sans qu'ils soient précédés d'aucune réquisition. Il peut requérir la présence du procureur de la République, mais sans être obligé de l'attendre. S'ils ont réunis, chacun d'eux doit se renfermer dans ses fonctions : le ministère public requiert, le juge instruit (art. 59).

§ 2. — *Jugement du flagrant délit.*

En matière criminelle, les flagrants délits sont instruits et jugés selon les formes ordinaires, sauf les dérogations que nous avons expliquées. Mais en matière correctionnelle, le législateur a cherché à simplifier la procédure et à abréger, autant que possible, la détention préventive. Tel a été l'objet de la loi du 20 mai 1863 dont voici l'analyse :

Lorsqu'un individu est arrêté en état de flagrant délit pour un fait puni de peines correctionnelles, il est conduit immédiatement devant le procureur de la République qui l'interroge sur-le-champ (art. 1).

Après cet interrogatoire, le procureur de la République peut mettre l'inculpé en liberté provisoire, ou le traduire à l'audience du jour en état de mandat de dépôt. S'il n'y a point d'audience, il est tenu de le faire citer pour l'audience du lendemain. Au besoin, le tribunal est spécialement convoqué (art. 2).

Les témoins peuvent être requis verbalement par tout officier de police judiciaire ou agent de la force publique. Ils sont tenus de comparaître sous les peines portées par l'art. 157 du Code d'instruction criminelle (art. 3).

Le jugement ne peut être différé que sur la demande du prévenu. Dans ce cas, le tribunal lui accorde un délai de *huit jours* au moins pour préparer sa défense (art. 4).

Cependant, si l'affaire n'est pas en état de recevoir jugement, le tribunal peut ordonner un supplément d'information, et renvoyer la cause à l'une des plus prochaines audiences. L'inculpé est alors, s'il y a lieu, mis provisoirement en liberté, avec ou sans caution (art. 5).

Si l'inculpé est acquitté, il est immédiatement mis en liberté, nonobstant appel (art. 6).

Enfin l'art. 7 porte que la loi n'est pas applicable aux délits de presse, aux délits politiques, ni aux matières dont la procédure est réglée par des lois spéciales.

CHAPITRE II

DE L'INSTRUCTION (art. 61 à 136).

Après l'information sommaire recueillie par les officiers de police judiciaire vient l'*instruction préalable*, c'est-à-dire cette partie de la procédure criminelle qui comprend tous les actes tendant à constater les crimes et délits et à en rassembler les preuves. Elle est essentiellement secrète, comme dans notre ancienne législation.

Sous la loi de 1791 et sous le code de brumaire an IV, l'instruction appartenait à un magistrat désigné sous le nom de *directeur du jury*, choisi pour six mois parmi les juges du tribunal du district. Le Code d'instruction criminelle l'a confiée au *juge d'instruction*.

Nous n'avons envisagé jusqu'ici le juge d'instruction que comme officier de police judiciaire, procédant lui-même dans certains cas, aux actes de l'information préliminaire. Nous avons maintenant à le considérer comme *juge instructeur* proprement dit, et comme *juridiction*.

D'après l'art. 55, il doit y avoir un juge d'instruction dans chaque arrondissement communal. Mais l'art. 56 décide qu'il en peut être établi un plus grand nombre dans les arrondissements où il est jugé nécessaire pour les besoins du service. Il y en a vingt-trois à Paris.

Le juge d'instruction est choisi par le gouvernement, pour trois ans, parmi les juges du tribunal civil, et il peut être continué plus longtemps. — Il est soumis, quant aux fonctions de police judiciaire, à la surveillance du procureur général (art. 57).

Sa compétence est déterminée par les art. 23, 63, 69, aux termes desquels sont également compétents pour procéder à l'instruction d'une affaire : 1° le juge du *lieu du crime* ou *délit* ; 2° celui du *lieu de la résidence* du prévenu ; 3° celui du lieu où le prévenu peut être *trouvé*.

Nous expliquerons ailleurs les motifs et les conséquences de cette triple compétence, ainsi que les exceptions qu'elle comporte (livre II, *De la justice, préliminaires*).

Le juge d'instruction a, dans les limites de sa compétence, toute l'autorité d'une juridiction. Il statue sur les demandes du ministère public, de la partie civile et du prévenu, ou prescrit d'office les mesures qu'il juge nécessaires. Ses décisions prennent le nom d'*ordonnances*.

La question de savoir si les ordonnances du juge d'instruction sont susceptibles d'être attaquées par la voie de l'appel est très-discutée, surtout en ce qui concerne le prévenu.

L'affirmative nous paraît fondée sur les principes. L'appel est de droit commun, et doit être admis en l'absence de toute disposition expressément prohibitive, surtout lorsqu'il s'agit de décisions qui, comme celles du juge d'instruction, sont de nature à influer sur les procédures criminelles. Il est inexact, en effet, de prétendre que ce sont des actes de pure instruction qui ne préjugent rien sur le fond de la cause. Les ordonnances qui prescrivent une poursuite, qui décernent un mandat, décident virtuellement que le fait dénoncé a le caractère d'un crime ou d'un délit, et qu'il y a des charges suffisantes pour autoriser l'arrestation du prévenu. En réalité, elles préjugent le fond. Il ne faut donc pas appliquer ici les principes de la procédure civile. Telle est la jurisprudence de la Cour de cassation (4 août 1820 ; 1er août 1822).

La loi n'a pas fixé le délai dans lequel doit être formé l'appel contre les ordonnances du juge instructeur (appel que, dans la pratique, on nomme *op-*

position). — On en conclut qu'il peut être exercé à toutes les époques de l'instruction. Le recours doit être porté devant la chambre des mises en accusation ; il n'a pas d'effet *suspensif*.

Hors le cas de flagrant délit, le juge d'instruction ne peut faire aucun acte d'instruction et de poursuite qu'il n'ait donné communication de la procédure au procureur de la République. Il doit la lui communiquer également, lorsqu'elle est terminée : celui-ci fait alors les réquisitions qu'il juge convenables, sans pouvoir retenir la procédure plus de trois jours. Par exception à ce principe, le juge d'instruction peut délivrer le mandat d'amener et même le mandat de dépôt, sans que ces mandats soient précédés des conclusions du ministère public, parce qu'il importe d'empêcher qu'un prévenu ne disparaisse pendant les lenteurs de la communication. Mais il n'en est pas de même, comme nous le verrons plus loin, du mandat d'arrêt (art. 61).

Du reste le juge d'instruction n'est pas lié par le réquisitoire. Il dirige l'instruction suivant ses lumières et sa conscience.

Après ces notions générales, abordons maintenant l'examen des différents actes de l'instruction.

Nous traiterons : 1° des dénonciations et des plaintes ; 2° des perquisitions ; 3° de l'audition des témoins ; 4° de l'interrogatoire ; 5° des divers mandats ; 6° de la liberté provisoire ; 7° de l'ordonnance définitive du juge d'instruction.

SECTION I. — Des dénonciations et des plaintes.

§ 1. — *Des dénonciations.*

Le Code de brumaire an IV distinguait la dénonciation *officielle*, c'est-à-dire celle qui émanait d'un fonctionnaire public, et la dénonciation *civique*, faite par un simple particulier. Cette distinction a été maintenue par le Code d'instruction criminelle, bien qu'il n'ait pas adopté ces dénominations. L'art. 29 a trait à la dénonciation officielle, et l'art. 30 à la dénonciation civique.

L'art. 29 impose à tout fonctionnaire public de dénoncer sur-le-champ au procureur de la République tous les crimes ou délits dont il acquiert connaissance dans l'exercice de ses fonctions. — Cette dénonciation n'est soumise à aucune forme particulière. Au surplus, l'art. 29 n'a attaché aucune sanction à sa disposition.

Le prévenu acquitté de l'accusation n'a pas d'action en dommages-intérêts contre le fonctionnaire public qui a dénoncé le prétendu crime ou délit, à moins que ce fonctionnaire n'ait agi par esprit de haine; auquel cas, il pourrait être poursuivi par la voie de la prise à partie (art. 358).

Aux termes de l'art. 30, toute personne qui a été témoin d'un attentat, soit contre la sûreté publique, soit contre la vie ou la propriété d'un individu, doit également en donner avis au procureur de la République. Cette disposition, pas plus que celle de l'art. 29 , n'est accompagnée d'aucune sanction.

L'accusé acquitté peut former contre son dénonciateur une demande en dommages-intérêts, lorsque la dénonciation a été faite témérairement et de mauvaise foi, ou seulement avec légèreté.

§ 2. — *Des plaintes.*

La plainte est une déclaration par laquelle une personne défère à la justice un crime, ou un délit, dont elle a été lésée.

La partie lésée peut ne pas se borner à porter plainte ; elle a le droit de se constituer *partie civile*, c'est-à-dire d'intervenir dans l'instance, à l'effet d'obtenir la réparation du préjudice qui lui a été causé. — Elle peut le faire, soit dans la plainte qu'elle a déposée, soit par requête d'avoué, soit même par simple *réquisition* à l'audience, faite avant la clôture des débats, et lors même qu'elle aurait été entendue comme témoin. Ce dernier point résulte des art. 67 et 359, qui permettent, en termes généraux, de se constituer partie civile avant le jugement. Il est, du reste, consacré par la jurisprudence.

La partie civile, par le fait de son intervention dans l'instance, devient débitrice des frais avancés par l'État. Elle peut échapper à cette responsabilité en se *désistant*, dans les *vingt-quatre* heures de sa constitution. Ce désistement doit être signifié, tant au prévenu qu'au ministère public, en la personne du greffier. La partie civile qui s'est désistée en temps utile, est affranchie des frais faits depuis la *signification* de son désistement : mais elle est tenue de ceux qui ont été faits antérieurement, sauf son recours contre le prévenu, s'il est condamné.

Le désistement de la partie civile ne lui fait pas perdre sa qualité de *plaignante;* par conséquent, elle reste responsable de la fausseté de sa plainte. Elle est passible d'emprisonnement, aux termes de l'art. 373 (C. pén.), quand sa dénonciation a été faite de mauvaise foi. Elle est passible de simples dommages-intérêts, quand elle a été faite avec légèreté, et n'a pas pour excuse une juste erreur.

La partie civile qui succombe doit être, dans tous les cas, condamnée aux frais envers l'État et envers le prévenu.

SECTION II. — DES PERQUISITIONS.

Le premier devoir du juge d'instruction est de constater l'existence même du délit, et il peut employer pour y parvenir tous les moyens qu'il juge convenables. Un des moyens les plus efficaces est sans contredit la visite domiciliaire.

L'art. 87 dispose à cet égard : « que le juge d'ins- « truction se transportera, s'il en est requis par le « ministère public, et qu'il pourra même se trans- « porter d'office, dans le domicile du prévenu, pour « y faire la perquisition des papiers, effets et géné- « ralement de tous les objets qui sont jugés utiles « à la manifestation de la vérité. » L'art. 88 l'auto-

13

rise également à se transporter dans les autres lieux, où il présumerait qu'on aurait caché lesdits objets.

Les perquisitions ne peuvent avoir lieu pendant la nuit. Le temps de nuit est ainsi réglé : du 1er octobre au 31 mars, depuis 6 heures du soir, jusqu'à 6 heures du matin. Du 1er avril au 30 septembre, depuis 9 heures du soir, jusqu'à 4 heures du matin.

Le juge d'instruction qui opère une perquisition doit mettre sous la main de la justice tous les objets propres à parvenir à la découverte de la vérité, aussi bien ceux qui peuvent déterminer la conviction du prévenu que ceux qui sont à sa décharge.

Il peut s'emparer des lettres adressées au prévenu, et il peut les faire saisir, même dans les bureaux de la poste, selon la jurisprudence de la Cour de cassation (21 novembre 1853, aff. Coetlogon).

Le droit de faire des perquisitions et des saisies emporte nécessairement celui de surmonter les obstacles qui peuvent être apportés à l'exercice de ce droit. Ainsi le juge d'instruction peut faire ouvrir de force le domicile dont on lui refuse l'accès, et les meubles qui s'y trouvent.

Les objets saisis doivent être clos et cachetés, si faire se peut. — Au reste toutes les dispositions des art. 35, 36, 37, 38 et 39, concernant la saisie des objets dont la perquisition peut être faite par le procureur de la République, dans les cas de flagrant délit, sont communes au juge d'instruction (art. 89).

L'art. 90 permet au juge d'instruction de déléguer ses pouvoirs lorsque les papiers ou effets qu'il s'agit de saisir sont hors de son arrondissement. La pratique a étendu ce droit de délégation, même au cas où la perquisition doit avoir lieu dans l'arrondissement, et la jurisprudence a sanctionné cette extension.

SECTION III. — DE L'AUDITION DES TÉMOINS.

L'information préparatoire faite devant le juge d'instruction est secrète et écrite. Elle n'est pas destinée à former la preuve légale, lors du jugement définitif; mais elle sert de base aux décisions des chambres d'accusation. Aussi le Code l'a-t-il entourée de formalités nombreuses.

1° *Formes de l'audition.* — Le juge d'instruction rend une ordonnance portant le nom de *cédule*, qu'il transmet au procureur de la République, et dans laquelle il indique les témoins à faire citer, et fixe les jours, lieu et heure de leur audition. Les témoins sont cités par huissier ou par un agent de la force publique.

Toute personne citée est tenue de comparaître, sous peine d'une amende qui ne peut excéder 100 francs. Elle peut en outre être contrainte par corps à donner son témoignage, mesure qui s'exécute au moyen d'un mandat d'*amener*. Le juge d'instruction prononce *sans appel*, sur les conclusions du ministère public, et il a toute latitude pour rapporter la condamnation qu'il a prononcée (art. 80).

Lorsque le témoin est empêché pour cause de maladie, il doit adresser au juge d'instruction le certificat d'un médecin ou officier de santé, qui constate son état (art. 83). Lorsque l'impossibilité de comparaître est ainsi constatée, le juge d'instruction se transporte en la demeure du témoin pour recevoir sa déposition, ou bien délègue à cet effet un autre juge, selon les cas.

Si le juge d'instruction reconnaît que l'impossibilité de comparaître, alléguée par le témoin, n'a jamais existé, il doit, aux termes de l'art. 86, décerner un mandat de *dépôt*, tant contre le témoin que contre l'officier de santé, qui a délivré un faux certificat. Il prononce ensuite, sans appel, sur la réquisition du procureur de la République, l'amende énoncée en l'art. 80.

Le témoin et l'officier de santé sont, en outre, passibles des peines portées par les art. 160 et 236 du Code pénal, contre les médecins, chirurgiens et officiers de santé qui auront certifié faussement des maladies et infirmités, en vue de dispenser quelqu'un d'un service public, et contre les témoins et jurés qui auront allégué une excuse reconnue fausse.

Les témoins doivent être entendus *séparément* les uns des autres, par le juge d'instruction assisté de son greffier, et *hors la présence du prévenu* (art. 73). Cette dernière disposition n'empêche pas le juge de confronter les témoins avec le prévenu, pour savoir s'ils le reconnaissent ou non.

Avant d'être entendus, les témoins doivent représenter la citation qui leur a été donnée pour déposer (art. 74). Ils prêtent ensuite le serment de dire *toute la vérité, rien que la vérité.*

On doit excepter de la règle du serment : 1° les enfants âgés de moins de quinze ans (art. 79); 2° les condamnés privés du droit de déposer en justice, autrement que pour y donner de simples renseignements.

Toutefois, les déclarations faites sous serment devant le juge d'instruction ne donneraient pas lieu aux peines du faux témoignage. Le législateur a voulu laisser toute latitude pour se rétracter, au cours des débats, aux témoins qui n'auraient pas dit la vérité pendant l'instruction.

Le juge d'instruction doit ensuite demander aux témoins leurs nom, prénoms, âge, profession, domicile; s'ils sont domestiques, parents ou alliés des parties, et à quel degré. Après ces interpellations, il reçoit la déposition de chaque témoin. Les dépositions sont écrites par le greffier, sous la dictée du juge. Elles sont signées du juge, du greffier et du témoin, après que lecture lui en a été faite, et qu'il a déclaré y persister. Si le témoin ne peut ou ne veut signer, il en est fait mention (art. 76).

Il est certaines personnes auxquelles la loi refuse le droit d'être entendues comme témoins, à raison de certaines circonstances personnelles; il en est d'autres qu'elle dispense de témoigner. Disons un mot des unes et des autres.

2° *Incapacité de témoigner.* — Aux termes des art. 156, 189 et 322, ne peuvent être reçues en témoignage, soit dans les matières correctionnelles ou de police, soit dans les affaires criminelles soumises au jury, les ascendants ou descendants des prévenus ou accusés, ses frères et sœurs ou alliés au même degré; son mari ou sa femme, même après la prononciation du divorce.

Ces prohibitions sont-elles applicables à l'instruction écrite? C'est une question fort controversée. Nous croyons qu'elles sont absolues, et que les mêmes motifs qui interdisent à l'audience l'audition de ces personnes, doivent s'opposer à ce que le juge d'instruction reçoive leur déclaration assermentée. Le témoin ne doit point être placé entre ses affections et sa conscience. Nous ne pensons même pas qu'elles puissent être entendues à titre de simples renseignements et sans prestation de serment. Aucune disposition de la loi n'autorise le juge d'instruction, hors le cas de flagrant délit, et sauf en ce qui touche les enfants au-dessous de quinze ans ou les condamnés qui ne peuvent être entendus sous la foi du serment, à recevoir des déclarations sous cette forme.

Toutefois, l'audition dans l'instruction écrite des parents ou alliés de l'inculpé ne serait pas une cause de nullité. Les art. 156 et 322 ne portent pas cette sanction; ils confèrent seulement à l'accusé et au ministère public le droit de s'opposer à leur audition.

Ces prohibitions souffrent exception en cas de flagrant délit, lorsque le fait est de nature à entraîner une peine afflictive ou infamante. En pareil cas, le procureur de la République et le juge d'instruction sont autorisés, par mesure d'urgence, à appeler les *parents*, voisins et domestiques présumés en état de donner des éclaircissements sur le fait. Cependant, même dans ce cas, les parents de l'inculpé pourraient refuser de répondre, puisque, à défaut de toute citation, aucune des personnes ainsi appelées à fournir leur déclaration ne pourrait être passible, en cas de refus, d'une pénalité quelconque.

La jurisprudence n'a pas adopté l'opinion que nous venons de résumer, et, dans la pratique, les parents et alliés du prévenu sont entendus dans l'instruction écrite, à titre de renseignement.

3° *Dispenses de témoigner.* — En principe, toute personne appelée en justice pour déposer d'un fait à sa connaissance doit son témoignage, mais ce devoir souffre exception en certains cas, et à l'égard de certaines personnes. Ainsi la jurisprudence dispense de déposer : 1° les médecins, chirurgiens, sages-femmes et pharmaciens ; 2° les avocats, avoués, notaires ; 3° les confesseurs. Mais cette dispense doit être renfermée dans de justes limites. La dispense de déposer ne peut être un privilége de profession. Il faut que le témoin affirme, d'une part, qu'il n'a eu connaissance du fait qu'à cause de sa profession qui l'en rendait le confident nécessaire ; et, d'autre part, que le secret lui a été recommandé, ou, tout au moins, que le fait est à ses yeux d'une nature confidentielle.

SECTION IV. — DE L'INTERROGATOIRE.

L'accusé doit être interrogé dans les vingt-quatre

heures lorsqu'il a été décerné contre lui un mandat d'*amener*. L'interrogatoire du prévenu par le juge d'instruction est une formalité substantielle dont l'omission entraînerait la nullité de toute la procédure.

Le Code d'instruction criminelle n'a pas tracé les formes de l'interrogatoire. On est donc dans la nécessité de suppléer à cette lacune par les dispositions de l'ordonnance de 1670, à l'exception de celles qui sont incompatibles avec la législation nouvelle. Ainsi cette ordonnance veut :

1° Que le juge soit tenu de vaquer en personne à l'interrogatoire;

2° Que l'inculpé ne soit assisté d'aucun conseil;

3° Que, s'il y a plusieurs prévenus, ils soient interrogés séparément;

4° Que l'interrogatoire ait lieu sans assistance d'autres personnes que du juge et du greffier;

5° Que l'interrogatoire soit lu à l'accusé à la fin de chaque séance et signé par le juge et l'accusé.

Tous les auteurs s'accordent à penser que ces dispositions doivent être encore suivies aujourd'hui. Toutefois, en cas d'inobservation de ces règles, il n'y aurait pas nullité, l'ordonnance de 1670 n'ayant plus qu'une autorité doctrinale.

Dans la pratique, il y a toujours deux interrogatoires, l'un au commencement de l'instruction, l'autre à la fin, pour donner connaissance à l'inculpé des charges qui s'élèvent contre lui, et lui fournir les moyens de les combattre devant la Chambre d'accusation.

SECTION V. — Des divers mandats.

A la suite de l'interrogatoire le juge d'instruction a le droit de priver provisoirement de leur liberté, les individus contre lesquels s'élèvent des indices de culpabilité. Il exerce ce droit au moyen de *mandats*.

On distingue deux classes de mandats : 1° les mandats de *comparution* et d'*amener* qui ont pour but d'*appeler* ou de *contraindre* à comparaître devant le juge instructeur, pour être interrogé par lui, l'individu inculpé d'un crime ou d'un délit.

2° Les mandats de *dépôt* et d'*arrêt* qui ont pour but de faire détenir provisoirement l'individu ainsi *appelé* ou *amené* qui n'a pas détruit, dans son interrogatoire, les charges qui pèsent sur lui.

Nous allons les passer en revue sommairement.

§ 1. — *Du mandat de comparution.*

Le mandat de comparution est une simple assignation à comparaître devant le juge d'instruction. Il s'exécute, sans emploi de la force, et laisse à l'inculpé la facilité de se soustraire par la fuite à la condamnation dont il est menacé.

Avant la loi du 14 juillet 1865, le juge d'instruction était *autorisé* à décerner ce mandat, lorsque l'inculpé était *domicilié*, et que le fait n'était passible que d'une peine *correctionnelle* : l'emploi de ce mandat était du reste purement facultatif pour le juge qui pouvait, même dans ce cas, avoir recours au mandat d'*amener*. Toutefois, en fait, et en vertu d'une circulaire du garde des sceaux du 10 février 1819, toutes les fois qu'il s'agissait de simples délits, et que l'inculpé était domicilié, le juge d'instruction se bornait généralement à décerner un mandat de comparution, sauf à le convertir après l'interrogatoire du prévenu en un mandat de dépôt ou d'arrêt.

Aujourd'hui, depuis la nouvelle rédaction de l'art. 91, le juge d'instruction *peut* ne décerner qu'un mandat de comparution, même lorsqu'il s'agit d'un crime, ou que l'inculpé n'est pas domicilié, sauf à le convertir après l'interrogatoire « en tel autre mandat qu'il appartiendra. »

L'individu qui comparaît en vertu d'un mandat de comparution doit être interrogé *de suite*.

§ 2. — *Du mandat d'amener.*

Le mandat d'*amener* est une ordonnance par laquelle le juge d'instruction prescrit à tous agents de la force publique d'amener devant lui, de gré ou de force, tel individu, pour être interrogé sur les faits qui existent à sa charge. Sous le Code d'instruction criminelle, il devait être décerné :

1° Lorsque l'inculpé n'avait pas obtempéré au mandat de comparution ;

2° Lorsqu'il n'était pas *domicilié ;*

3° Lorsque le fait était de nature à emporter une peine afflictive ou infamante.

Aujourd'hui, comme nous l'avons dit plus haut, le juge d'instruction a la faculté de ne délivrer qu'un mandat de comparution, soit en matière criminelle, soit en matière correctionnelle, sans distinguer si l'inculpé est ou non domicilié.

Le mandat d'amener n'est donc obligatoire que lorsque l'inculpé est en fuite ou qu'il n'a pas obéi au mandat de comparution.

Le mandat d'amener ne doit être décerné que sur des indices *graves*. La dénonciation seule n'établit pas une présomption suffisante pour lancer un mandat d'amener. L'art. 40 s'explique en termes formels. Il faut que la dénonciation soit appuyée de quelques indices, portant non-seulement sur un corps de délit, mais sur la culpabilité même de l'inculpé.

Le prévenu contre lequel il a été décerné un mandat d'amener doit être interrogé dans les *vingt-quatre heures* (art. 93). Pendant ces vingt-quatre heures, il peut être tenu à la disposition de la justice dans la maison commune ou dans le palais de justice, mais non dans une prison ou maison d'arrêt (art. 609).

Dans la pratique, du moins à Paris, on ne lui fait subir qu'un interrogatoire sommaire, dit *de forme*, portant sur son identité, et sur la nature du fait qui lui est reproché. Le juge interrompt alors l'interrogatoire pour le reprendre plus tard. La loi se trouve ainsi en apparence satisfaite.

Si, après l'interrogatoire, le juge estime qu'il y a charges suffisantes contre l'inculpé, il peut décerner contre lui un mandat d'arrêt ou de dépôt, c'est-à-dire un mandat ayant pour objet de le faire détenir jusqu'à ce qu'il ait été statué sur ces charges par l'autorité compétente. Ces deux mandats, bien qu'ayant un but à peu près semblable, diffèrent cependant sur quelques points, comme nous allons le voir.

§ 3. — *Du mandat d'arrêt.*

Trois conditions sont exigées pour la délivrance du mandat d'arrêt :

1° Un fait emportant peine afflictive ou infamante, ou emprisonnement correctionnel ;

2° L'interrogatoire du prévenu (à moins toutefois qu'il ne soit en fuite) ;

3° Les conclusions du ministère public.

Ces deux dernières conditions seules sont particulières au mandat d'arrêt ; la première est également applicable au mandat de dépôt.

Le mandat d'arrêt doit contenir l'énonciation du fait incriminé et la citation de la loi qui déclare ce fait punissable (art. 96). Le mandat d'arrêt constitue, en effet, une sorte de jugement. Il est délivré contradictoirement après les conclusions de la partie publique et l'interrogatoire du prévenu. A titre de jugement, il doit donc contenir le motif de l'arrestation et la citation de la loi appliquée.

Sous le Code d'instruction criminelle le mandat d'arrêt une fois décerné, le juge d'instruction ne pouvait en donner mainlevée, ni par sa seule volonté, ni même avec le concours du ministère public. C'était aux chambres des mises en accusation qu'était réservé le pouvoir de statuer sur les charges de l'instruction écrite, et de faire cesser, s'il y avait lieu, l'effet des mandats (art. 128, 129, 131, 229 et 230).

La loi de 1865 permet au juge d'instruction, sur les conclusions conformes du ministère public, de donner mainlevée du mandat d'arrêt, pendant le cours de l'instruction, à la charge par l'inculpé de se représenter à tous les actes de la procédure et pour l'exécution du jugement aussitôt qu'il en sera requis. L'ordonnance de mainlevée ne peut être attaquée par voie d'opposition.

§ 4. — *Du mandat de dépôt.*

Pour bien comprendre la différence qui sépare le mandat de dépôt du mandat d'arrêt, il faut remonter à son origine.

Le Code de Brumaire an IV ne reconnaissait que trois espèces de mandats : le mandat de comparution, le mandat d'amener, et le mandat d'arrêt.

La loi du 7 pluviose an IX créa le mandat de dépôt, en lui donnant un caractère essentiellement provisoire. Il était délivré par le magistrat de sûreté, officier du ministère public, en attendant que le directeur du jury eût, selon les circonstances, mis l'accusé en liberté ou décerné contre lui un mandat d'arrêt.

Le mandat de dépôt était, comme on le voit, une

mesure intermédiaire entre le mandat d'amener et le mandat d'arrêt.

Rien n'indique que le Code d'instruction criminelle ait modifié ce caractère essentiel de mesure provisoire qui appartenait au mandat de dépôt, et qu'il ait entendu le confondre avec le mandat d'arrêt. On peut d'autant moins le supposer que les articles du Code qui autorisent la délivrance d'un mandat de dépôt se réfèrent tous à des hypothèses dans lesquelles il ne serait pas possible de décerner un mandat d'arrêt. (Voir notamment les art. 61, 86 et 100.)

Le mandat de dépôt est donc une mesure provisoire par laquelle le juge instructeur ajourne le moment où il pourra, en connaissance de cause, prononcer sur la mise en liberté du prévenu ou sur son arrestation définitive.

Dans l'esprit de la loi, le mandat d'arrêt était la forme générale de la détention préventive. Cependant, dans un grand nombre de tribunaux, l'usage du mandat de dépôt a prévalu sur celui du mandat d'arrêt, à Paris notamment. L'économie des frais a été la raison déterminante de cette substitution. En effet, les paragraphes 5 et 6 de l'art. 74 du tarif établissent des salaires différents pour l'exécution des mandats d'arrêt et de dépôt. Sans doute le mandat de dépôt présente moins de garanties pour l'accusé puisqu'il n'est pas précédé des conclusions du ministère public ; mais, en fait, ces deux mandats produisent des effets analogues.

Avant la loi du 4 juillet 1865, le prévenu avait même intérêt à être placé sous le coup d'un mandat de dépôt plutôt que d'un mandat d'arrêt. En effet, le juge d'instruction était investi, depuis la loi du 4 avril 1855, du droit de donner mainlevée du mandat de dépôt, quelle que fût la nature de l'inculpation, tandis qu'il ne pouvait, en aucun cas, donner mainlevée d'un mandat d'arrêt.

Il nous reste à dire quelques mots des formes, et de l'exécution des mandats, et de la mise au secret.

Tout mandat doit contenir : 1° la signature et le sceau du magistrat qui le décerne, 2° la date ; 3° la désignation du prévenu.

A ces formes communes à tous les mandats, il faut ajouter, pour le mandat d'arrêt : 1° l'énonciation du fait pour lequel il est décerné ; 2° la citation de la loi ; 3° les conclusions du ministère public.

Les mandats sont exécutoires dans toute l'étendue du territoire français. Ils sont notifiés au prévenu par un huissier ou un agent de la force publique, et il doit lui en être délivré copie.

Les mandats d'amener, de dépôt et d'arrêt ayant pour objet de s'assurer de la personne du prévenu, le porteur de ces mandats est autorisé à requérir l'assistance de la force publique. Les perquisitions ne peuvent être faites qu'après exhibition des mandats aux personnes dans le domicile desquelles on entend s'y livrer. Elles ne peuvent avoir lieu la nuit que dans les cas exceptionnels où les fonctionnaires publics auraient le droit de pénétrer eux-mêmes dans ce domicile.

Lorsque le prévenu est trouvé à une assez grande distance du magistrat qui a décerné le mandat d'amener, il a paru rigoureux de le faire conduire de brigade en brigade devant ce magistrat. Le législateur a atténué cette rigueur au moyen de ce qu'on appelle, dans la pratique, le *bénéfice de l'art. 100.* D'après cet article, lorsque, après plus de *deux* jours depuis la date du mandat d'amener, le prévenu aura été trouvé *hors de l'arrondissement* de l'officier qui a délivré ce mandat, et à une distance de plus de *cinq myriamètres* du domicile de cet officier, il pourra n'être pas contraint de se rendre au mandat. Dans ce cas, le procureur de la République de l'arrondissement où il aura été trouvé et devant lequel il sera conduit, décernera un mandat de dépôt, en vertu duquel il sera retenu dans la maison d'arrêt. — Le mandat d'amener devra être pleinement exécuté si le prévenu a été trouvé muni d'effets, de papiers ou d'instruments qui font présumer qu'il est auteur ou complice du délit à raison duquel il est recherché.

Si le prévenu contre lequel il a été décerné un mandat d'amener ne peut être trouvé, ce mandat doit être exhibé au maire, ou à l'adjoint, ou au commissaire de police de la commune de la résidence du prévenu. Le maire, l'adjoint ou le commissaire de police, doit mettre son visa sur l'original de l'acte de notification.

L'exécution du mandat de dépôt et celle du mandat d'arrêt sont soumises aux mêmes formalités. Si le prévenu est trouvé hors de l'arrondissement où se fait l'instruction, il doit être conduit devant le juge de paix ou son suppléant ; et, à leur défaut, devant le maire ou l'adjoint, ou le commissaire de police du lieu, lequel vise le mandat sans pouvoir en empêcher l'exécution.

Le prévenu saisi en vertu d'un mandat de dépôt ou d'arrêt doit être conduit sans délai dans la maison d'arrêt indiquée par le mandat, maison d'arrêt qui, aux termes des art. 603 et 604, devrait être distincte des prisons établies pour peines, mais qui, en fait, ne l'est pas toujours.

Les art. 607 et suivants tracent les formalités à suivre pour la réception des individus placés sous le coup d'un mandat d'arrêt ou de dépôt.

Le juge d'instruction, après avoir décerné un mandat de dépôt ou d'arrêt peut ordonner la *mise au secret* du prévenu. La faculté de mettre le détenu *au secret* n'était, avant la loi de 1865, formellement inscrite dans aucune de nos lois. On la faisait résulter de l'art. 613, qui permet au juge d'instruction et au président des assises de donner *tous ordres* qui devront être exécutés dans les maisons d'arrêt et de justice, et qu'ils croiront nécessaires, soit pour l'*instruction*, soit pour le jugement ; et de l'art. 618 qui soumet à une poursuite le gardien qui aurait refusé de montrer la personne du détenu, ou *l'ordre qui le lui défend*. Le nouvel art. 613 donne, en termes exprès, au juge d'instruction le droit de mettre le prévenu au secret ; mais cette mesure est vivement et justement critiquée.

L'interdiction de communiquer doit être prononcée par une ordonnance qui est transcrite sur les registres de la prison. Elle ne peut s'étendre au delà de dix jours, mais elle peut être renouvelée (art. 613, modifié par la loi du 14 juillet 1865). C'est une innovation empruntée à la loi belge. Il doit en être rendu compte au procureur général.

SECTION VI. — DE LA LIBERTÉ PROVISOIRE.

On a défini la détention préventive une *injustice nécessaire*. Tout prévenu est, en effet, réputé innocent jusqu'à sa condamnation. On a donc dû chercher à adoucir cette mesure rigoureuse et à en rendre l'usage le moins fréquent possible. Tel est le but de la liberté provisoire.

Sous le Code de 1791 et sous celui du 3 brumaire an IV, la liberté provisoire ne pouvait être accordée lorsque le fait était de nature à mériter une peine *afflictive*. Elle était de droit lorsque le fait ne méritait qu'une peine *infamante* ou *correctionnelle*. Le Code d'instruction criminelle s'était montré plus sévère. Aux termes de l'art. 113, la liberté provisoire ne pouvait jamais être accordée lorsque le titre de l'accusation emportait une peine afflictive ou infamante. Lorsque le fait n'emportait qu'une peine correctionnelle, le juge d'instruction *pouvait* l'ordonner, moyennant caution (art. 114). Les vagabonds et les repris de justice ne pouvaient, en aucun cas, jouir de ce bénéfice (art. 115).

Ces dispositions étaient insuffisantes pour remédier aux inconvénients de la détention préventive. Une réforme était nécessaire.

Une première amélioration fut apportée par la loi du 4 avril 1855, qui permit au juge d'instruction, quelle que fût la nature de l'inculpation, de donner mainlevée de tout mandat de dépôt.

La loi du 20 mai 1863, sur l'instruction des flagrants délits de police correctionnelle, autorisa ensuite le tribunal, lorsque l'affaire n'est pas en état de recevoir jugement, à mettre l'inculpé provisoirement en liberté, avec ou sans caution.

Enfin la loi du 14 juillet 1865 vint étendre considérablement le bénéfice de la liberté provisoire.

En matière *criminelle*, le juge d'instruction peut, sur les conclusions du procureur de la République, accorder à l'inculpé sa mise en liberté provisoire, à charge, par celui-ci, de prendre l'engagement de se représenter à tous les actes de la procédure et pour l'exécution du jugement, aussitôt qu'il en sera requis (art. 113, § 1).

En matière correctionnelle, la liberté provisoire est tantôt *de droit* et tantôt *facultative*.

Elle est de droit, *cinq jours* après l'interrogatoire, lorsque le prévenu est *domicilié*, et que le maximum de la peine prononcée par la loi est inférieur à *deux ans* d'emprisonnement (art. 113, § 2).

Cette disposition, ajoute l'art. 113, ne s'appliquera ni aux prévenus déjà condamnés pour crime, ni à ceux déjà condamnés à un emprisonnement de plus d'une année (§ 3).

Dans tous les autres cas la liberté provisoire n'est que *facultative*. Elle est laissée à la libre appréciation du juge qui peut l'accorder *avec* ou *sans caution* (art. 114, § 1).

Le cautionnement garantit :

1° La représentation de l'inculpé à tous les actes de la procédure et pour l'exécution du jugement;

2° Le payement dans l'ordre suivant : 1° des frais faits par la partie publique; 2° de ceux avancés par la partie civile; 3° des amendes.

L'ordonnance de mise en liberté détermine la somme affectée à chacune des deux parties du cautionnement (art. 114, § 2).

Le cautionnement peut être fourni en espèces, soit par un tiers, soit par l'inculpé lui-même. Le montant en est déterminé, suivant la nature de l'affaire, par le juge d'instruction, le tribunal, ou la Cour. Il peut également consister dans l'engagement que prend une personne solvable de faire représenter l'inculpé à toute réquisition de la justice, ou, à défaut, de verser au trésor la somme déterminée (art. 120). Dans ce cas, la caution doit faire sa soumission au greffe.

Les art. 122 et 123 règlent ensuite l'affectation du cautionnement. Si le prévenu obéit aux appels de la justice, la caution est déchargée. S'il fait défaut à quelque acte de l'instruction ou pour l'exécution du jugement, la première partie du cautionnement est acquise à l'État ; néanmoins, en cas de renvoi des poursuites, d'absolution ou d'acquittement, le jugement ou l'arrêt peut en ordonner la restitution (art. 122).

La seconde partie du cautionnement est toujours restituée en cas d'acquittement, d'absolution ou de renvoi. En cas de condamnation elle est affectée aux frais et à l'amende dans l'ordre énoncé dans l'art. 114, et le surplus, s'il y en a, est restitué.

Les art. 116, 117, 118 et 119 déterminent les formes et les délais de la demande et des recours auxquels elle peut donner lieu.

La mise en liberté provisoire peut être demandée *en tout état de cause*. La juridiction compétente pour statuer sur la demande est celle qui, au moment où elle est formée, se trouve saisie de la prévention ; c'est-à-dire, selon les cas, le juge d'instruction, la chambre d'accusation, le tribunal de police correctionnelle, la cour d'appel (chambres des appels correctionnels).

Lorsque l'affaire est pendante devant la cour de cassation, le condamné qui veut éviter qu'on oppose à son pourvoi une fin de non-recevoir tirée de ce qu'il n'est pas *en état*, doit porter sa demande en élargissement devant le tribunal ou la Cour dont émane la condamnation (art. 116).

Plusieurs Cours avaient décidé qu'il ne leur appartenait pas d'accueillir une pareille demande qui tendait, selon elles, non point à la mise en liberté provisoire, mais à une dispense de la *mise en état*; mais cette jurisprudence a été repoussée par la cour de cassation.

La demande en liberté provisoire est formée par simple requête. Cette requête doit être notifiée à la partie civile, à son domicile ou à celui qu'elle a élu. La juridiction saisie de la requête statue, sur les conclusions du ministère public et les observations écrites de la partie civile et de l'inculpé.

Le demandeur n'est mis en liberté provisoire qu'après avoir, par un acte reçu au greffe, élu domicile : s'il est *inculpé*, dans le lieu où siége le juge d'instruction ; s'il est *prévenu* ou *accusé*, dans celui où siége la juridiction saisie du fond de l'affaire (art. 121) (1).

L'ordonnance ou le jugement rendu sur la demande en élargissement peut être attaqué par le prévenu, par la partie civile, et par le ministère public. L'opposition ou appel doit être formé dans un délai de vingt-quatre heures qui court, contre le ministère public, à compter du jour de l'ordonnance ou du jugement, et contre l'inculpé ou la partie civile, à compter du jour de la notification.

(1) Nous avons employé jusqu'ici, et le Code emploie lui-même indifféremment les mots *inculpé* et *prévenu*. Cependant chacune de ces expressions a sa valeur propre dans la langue juridique. Celui qui est soupçonné d'avoir commis un crime ou un délit prend différents noms selon les différentes phases de la procédure. Il s'appelle *inculpé* pendant l'instruction préparatoire ; *prévenu*, lorsqu'il est détenu ou traduit devant le tribunal de simple police ou de police correctionnelle ; *accusé*, lorsqu'il est renvoyé devant la cour d'assises.

Il y a déchéance de la liberté provisoire :

1° Lorsque des circonstances nouvelles et graves rendent ce retrait nécessaire.

Le juge d'instruction peut alors décerner un nouveau mandat d'amener, d'arrêt ou de dépôt. Toutefois, si la liberté provisoire avait été accordée par la chambre des mises en accusation, réformant l'ordonnance du juge d'instruction, ce magistrat ne pourrait décerner un nouveau mandat qu'autant que la Cour, sur les réquisitions du ministère public, aurait retiré à l'inculpé le benéfice de sa décision (art. 115).

2° Lorsque l'inculpé, cité ou ajourné ne comparaît pas. Le juge d'instruction, le tribunal ou la Cour peuvent alors, selon les cas, décerner contre lui un mandat d'arrêt ou de dépôt, ou une ordonnance de prise de corps (art. 125).

3° Lorsque la chambre des mises en accusation a prononcé un arrêt de renvoi devant la Cour d'assises. L'inculpé est alors mis en état d'arrestation en vertu de l'ordonnance de prise de corps contenue dans l'arrêt de renvoi (art. 126).

La loi du 14 juin 1865, dont nous venons de présenter l'analyse a également modifié l'art. 206. Autrefois le prévenu acquitté n'était mis en liberté que lorsque aucun appel de la part du ministère public n'avait été déclaré ou notifié dans les trois jours du jugement. Dans le cas contraire, il restait détenu jusqu'à l'arrêt définitif. La nouvelle rédaction de l'art. 206 a fait cesser cette rigueur. Aujourd'hui, le prévenu acquitté est mis en liberté immédiatement et nonobstant appel.

Enfin comme nous l'avons vu plus haut, la nouvelle loi soumet à certaines garanties l'exercice de la mise au secret.

SECTION VII. — DE L'ORDONNANCE DÉFINITIVE DU JUGE D'INSTRUCTION.

Sous le Code de Brumaire an IV, lorsque l'instruction était terminée, le directeur du jury ordonnait le renvoi du prévenu soit devant le tribunal de police, soit devant le tribunal correctionnel, soit devant le jury d'accusation.

Le Code d'instruction criminelle transféra cette attribution à la *chambre du conseil*, composée de trois juges au moins, y compris le juge d'instruction. Celui-ci était tenu de rendre compte à la chambre, au moins une fois par semaine, des affaires dont l'instruction lui était confiée. Lorsque l'affaire était instruite, la procédure était communiquée au procureur de la République qui donnait ses réquisitions. Le juge instructeur faisait ensuite son rapport à la chambre du conseil qui statuait sur la mise en prévention et indiquait la juridiction devant laquelle le prévenu devait être traduit.

La loi du 17 juillet 1856 a supprimé la chambre du conseil qui n'était, en réalité, qu'un rouage inutile, et dont l'institution était depuis longtemps l'objet de vives critiques. Elle est revenue au système du Code de Brumaire, et elle a constitué le juge d'instruction seul juge de sa procédure.

Aujourd'hui, lorsque l'affaire est instruite, la procédure est communiquée au procureur de la République et, sur ses réquisitions, le juge d'instruction rend une ordonnance de non-lieu ou de renvoi devant le tribunal correctionnel ou le tribunal de police.

Dans le cas où le fait incriminé lui paraît de nature à être puni d'une peine afflictive et infamante, s'il estime que la prévention est suffisamment établie, il ordonne que les pièces de l'instruction soient transmises sans délai par le procureur de la République au procureur général qui devra saisir la chambre des mises en accusation. L'ancien art. 134 voulait que, dans ce cas, il fût décerné par la chambre du conseil une ordonnance de prise de corps contre le prévenu. La nouvelle disposition décide seulement que le mandat d'arrêt ou de dépôt conserve sa force exécutoire jusqu'à ce qu'il ait été statué par la chambre d'accusation. Cette chambre décerne l'ordonnance de prise de corps, lorsqu'elle estime qu'il y a lieu de prononcer le renvoi du prévenu aux assises.

L'ordonnance définitive du juge d'instruction peut être attaquée devant la chambre des mises en accusation, dans les vingt-quatre heures. Elle peut l'être par le procureur de la République, dans tous les cas; par la partie civile, lorsque l'ordonnance fait grief à ses intérêts; et par l'accusé, pour cause d'incompé-

14

tence, ou pour cause de refus de liberté provisoire sous caution.

L'exécution de l'ordonnance de mise en liberté est suspendue jusqu'à l'expiration du délai de vingt-quatre heures.

LIVRE II.

DE LA JUSTICE.

Préliminaires.

On sait que c'est la classification même des faits punissables qui forme la base de l'attribution judiciaire des tribunaux criminels.

Trois divisions ont été établies à cet égard par le législateur.

Les infractions aux lois pénales sont, suivant leur gravité, des *contraventions*, des *délits* et des *crimes*.

A ces trois classes d'infractions, correspondent trois classes de tribunaux : les tribunaux de simple police, ceux de police correctionnelle, et les cours d'assises.

Aux tribunaux de simple police appartient la connaissance des contraventions, aux tribunaux correctionnels, la connaissance des délits, aux cours d'assises, celle des crimes.

Tel est le principe général d'après lequel se détermine la compétence. Mais ce principe reçoit plusieurs modifications, soit par le domicile et le lieu du délit ou de l'arrestation, soit par la connexité qui existe entre les crimes et délits qu'il s'agit de poursuivre, soit par la présence de complices, soit enfin par la qualité des parties en cause.

Nous allons les examiner succinctement, avant de traiter de la composition organique et matérielle et des attributions propres des divers tribunaux.

Compétence des juridictions. — Les règles que nous allons examiner relativement à la compétence des juridictions sont également applicables à la compétence du juge d'instruction que nous n'avons fait qu'indiquer dans notre chapitre : *De l'instruction.* On distingue trois sortes de compétence :

1° La compétence à raison de la nature du fait (*ratione materiæ*) ; 2° la compétence, à raison de la personne du prévenu (*ratione personæ*) ; 3° la compétence à raison du territoire (*ratione loci.*)

Nous dirons quelques mots de chacune d'elles, et nous traiterons ensuite séparément, à cause de son importance, de la compétence déterminée par la connexité et la complicité, bien que ces cas ne constituent qu'une exception à la compétence *ratione loci.*

§ 1. — *Compétence* ratione materiæ.

Les tribunaux ordinaires sont compétents pour juger tous les faits qualifiés *crimes*, *délits* ou *contraventions*, à l'exception des crimes et délits militaires, et des contraventions administratives.

§ 2. — *Compétence* ratione loci.

Sous l'expression générale de compétence *ratione loci*, on comprend la compétence qui se détermine, soit à raison du lieu où le délit a été commis, soit à raison du domicile du prévenu, soit à raison du lieu où il a été arrêté.

Pour les crimes et les délits, la loi attribue concurremment compétence aux tribunaux soit du *lieu* du délit, soit du *domicile* du prévenu, soit de l'*arrestation* (art. 23, 29, 30 et 63).

La détermination du lieu du délit peut présenter des difficultés lorsqu'il s'agit de délits successifs : par exemple, en cas de rapt, lorsque la personne a été transportée d'un arrondissement dans un autre. Dans ce cas, il faut décider, avec Pothier, que c'est le lieu où s'est fait l'enlèvement qui est le lieu du délit.

Si plusieurs tribunaux compétents *ratione loci* se trouvent simultanément saisis de la même affaire, il y a lieu à règlement de juges, conformément aux art. 526 et suivants.

Pour les *contraventions*, le seul tribunal compétent est celui de la commune ou du canton où ces contraventions ont été commises (art. 139, 140 et 166).

Le moyen d'incompétence est d'ordre public, et peut être proposé en tout état de cause. La loi autorise le pourvoi en cassation, pour cause d'incompétence, même contre les décisions qui ne sont pas définitives, ou qui sont à l'abri de ce recours, comme les jugements des conseils de guerre.

Il y a plusieurs exceptions aux règles sur la compétence *ratione loci*.

1° En matière de rupture de ban, ou d'évasion,

14.

lorsque le prévenu nie son identité, c'est devant le tribunal qui a prononcé la condamnation qu'il doit être renvoyé (art. 518, 559 et 520).

2° Lorsqu'après la cassation d'un jugement ou arrêt, il y a lieu au renvoi de l'affaire devant d'autres juges, les art. 427, 428 et 429 laissent à la cour de cassation le choix du tribunal auquel l'affaire doit être renvoyée.

3° La Cour de cassation peut, pour cause de sûreté publique ou de suspicion légitime, dessaisir le tribunal qui était compétent, et renvoyer l'affaire devant tel autre tribunal qu'elle juge à propos d'indiquer (art. 542, 543 et 544).

4° Tout tribunal est compétent pour connaître du délit de compte-rendu infidèle et de mauvaise foi de ses audiences (Loi du 25 mars 1822, art. 16). Telle est, en effet, la nature de ce délit que son existence ne peut être bien constatée que par les tribunaux dont les audiences ont été infidèlement rapportées.

5° D'autres exceptions au principe de la compétence *ratione loci* résultent encore, soit de l'art. 409 du Code pénal, soit des art. 482, 500, 214, 230 de notre Code, soit de l'art. 18 de la loi du 20 avril 1810, auxquels nous renvoyons, et qu'il suffira de lire.

§ 3. — *Compétence* ratione personæ.

D'après l'art. 100 de la Constitution de 1848, le président de la République ne peut être jugé que par la Haute-Cour de justice ; mais cette cour ayant été abolie par le décret du 19 septembre 1870, il en résulte que ce magistrat est aujourd'hui justiciable des tribunaux ordinaires.

Les grands officiers de la Légion d'honneur, les généraux de division, les archevêques et évêques, les présidents de consistoire, les membres de la Cour de cassation, de la cour des comptes, et des cours d'appel, les préfets, prévenus de délits de police correctionnelle, ne peuvent être jugés que par les cours d'appel, conformément à l'art. 479.

Les officiers de police judiciaire, les membres du ministère public, les juges, en général, sont justiciables, soit de la cour d'appel, si le crime a été commis par des membres isolés, soit de la cour de cassation lorsque le crime est imputé à un tribunal entier ou à plusieurs membres de cours d'appel (art. 479 à 503).

Enfin, les militaires, soit de terre, ou de mer, sont justiciables des conseils de guerre et de révision, et des tribunaux maritimes (sauf le cas de connexité, dont il sera parlé tout à l'heure).

§ 4 — *De la compétence déterminée par la connexité des crimes et délits.*

Rappelons d'abord la définition de la connexité, telle qu'elle est donnée par l'art. 227 :

« Les délits sont connexes, soit lorsqu'ils ont été « commis en même temps par plusieurs personnes « réunies; soit lorsqu'ils ont été commis par dif-

« férentes personnes, même en différents temps et
« en divers lieux, mais par suite d'un concert
« formé à l'avance entre elles ; soit lorsque les cou-
« pables ont commis les uns pour se procurer les
« moyens de commettre les autres, pour en faciliter,
« pour en consommer l'exécution ou pour en assu-
« rer l'impunité. »

La nature même des choses voulait que la connexité de plusieurs délits les fît tous soumettre à la
même instruction et au même jugement. L'art. 226
consacre formellement ce principe. Mais, parmi
plusieurs faits connexes, les uns peuvent être des
délits ; les autres des crimes ; les uns peuvent être
soumis à une juridiction spéciale, les autres aux tribunaux ordinaires. Il importe donc de connaître le
tribunal qui sera saisi de toute l'affaire. A cet égard,
nous pouvons distinguer deux hypothèses.

Première hypothèse. — Lorsqu'il s'agit de délits
connexes du droit commun, commis par plusieurs
personnes, celui des prévenus qui doit subir l'instruction la plus solennelle attire à soi ses copré-
venus. La juridiction générale des cours d'assises
détermine la compétence en leur faveur.

Et de même que c'est aux cours d'assises à statuer
sur un délit connexe à un crime, de même c'est aux
tribunaux correctionnels à connaître d'une contravention connexe à un délit.

Deuxième hypothèse. — Lorsqu'il s'agit de délits
commis par plusieurs personnes dont l'une ou plusieurs sont, à raison de leur qualité, justiciables

d'un tribunal d'exception, celles-ci sont entraînées par leurs complices, qui n'ont point la même qualité, devant la juridiction ordinaire, *lorsqu'elle offre plus de garanties aux accusés.*

Ainsi lorsqu'il s'agit de délits connexes commis par des militaires et des non-militaires, ceux-ci attirent leurs coaccusés devant la juridiction ordinaire (art. 76 du Code de justice militaire pour l'armée de terre, du 9 juin 1857).

§ 5. — *Compétence déterminée par la complicité.*

La complicité diffère de la connexité en ce qu'elle implique nécessairement la coopération de plusieurs individus, dans la perpétration du crime ou du délit. Elle produit les mêmes résultats quant à la compétence : les complices d'un crime suivent, quant à la juridiction, le sort de l'accusé principal.

TITRE I

DES TRIBUNAUX DE POLICE (ART. 137 à 216).

On distingue deux sortes de tribunaux de police : les tribunaux de simple police, et les tribunaux de police correctionnelle.

CHAPITRE PREMIER

DES TRIBUNAUX DE SIMPLE POLICE.

Composition. — Le tribunal de simple police est composé d'un seul juge : *le juge de paix*, et d'un greffier. Avant la loi du 27 janvier 1873, le maire était juge de police dans les communes non chefs-lieux de canton.

Le ministère public est rempli par le commissaire de police ; en cas d'empêchement, par le maire, ou à son défaut, par l'adjoint, et, s'ils sont tous empêchés, par le maire ou l'adjoint d'une commune voisine, désignés par le Procureur général.

Compétence. — La compétence propre de ce tribunal est le jugement des *contraventions*, c'est-à-dire des faits qui ne peuvent donner lieu, soit à une amende de plus de quinze francs, soit à un emprisonnement de plus de cinq jours.

La connaissance de ces contraventions était partagée, suivant les règles et distinctions établies par les
art. 139, 140 et 166, entre les juges de paix et les
maires. Une loi récente (27 janvier 1873) vient d'enlever aux maires leur pouvoir de juridiction. En fait,
les maires n'exerçaient que, dans un très-petit nombre de communes, les fonctions de juge de police.
On peut cependant regretter que cette juridiction,
essentiellement gratuite, ait été supprimée.

Les juges de paix sont donc aujourd'hui exclusivement compétents, pour juger des contraventions
commises dans le canton. Nous citerons parmi ces
contraventions :

1° Les contraventions forestières, *lorsqu'elles sont
poursuivies à la requête des particuliers ;* quand elles
le sont à la *requête de l'administration*, la connaissance en est attribuée aux tribunaux correctionnels ;

2° Les injures verbales. — L'injure est définie par
l'art. 13 de la loi du 17 mai 1819 : « Toute expres-
« sion outrageante, terme de mépris ou invective,
« qui ne renferme l'imputation d'aucun fait, est une
« injure. » Mais ce n'est que lorsqu'elle n'est pas
publique, que l'injure verbale est de la compétence
des tribunaux de simple police.

3° Les affiches, annonces, ventes, etc., d'écrits ou
gravures contraires aux mœurs.

Il s'agit, bien entendu, des *affiches, annonces, ventes*, etc., constituant des contraventions et non des
délits. Or, en se reportant aux art. 287 et 288 du
Code pénal, on voit qu'elles ne constituent des con-

traventions qu'à l'égard des crieurs, vendeurs ou distributeurs, qui auront fait connaître la personne qui leur a remis l'objet du délit, et à l'égard de l'imprimeur ou du graveur qui auront fait connaître l'auteur ou la personne qui les aura chargés de l'impression ou de la gravure.

Ce n'est donc qu'à l'égard de ces personnes que le juge de paix est compétent. Il faut même restreindre sa compétence aux afficheurs et crieurs *autorisés par la police ;* car ceux qui exercent cette profession sans autorisation sont passibles de peines correctionnelles, d'après la loi du 16 février 1834.

4° La divination et l'explication des songes.

5° Les contraventions à la loi du 22 mars 1841, relative au travail des enfants dans les manufactures.

Instruction et jugement. — Le tribunal de simple police peut être saisi par l'un des modes suivants :

1° La *citation* à la requête du ministère public ou de la partie civile (art. 64, 145, 182);

2° La *comparution volontaire* des parties sur simple avertissement (art. 147);

3° L'*arrêt de renvoi* de la chambre des mises en accusation, conformément aux art. 129, 230;

4° L'*ordonnance de renvoi* du juge d'instruction;

5° Le *renvoi* de l'affaire par le tribunal correctionnel, sur la demande des parties, conformément à l'art. 192;

6° Enfin l'*arrêt de renvoi* de la Cour suprême, *après cassation.*

Les arrêts de renvoi des chambres d'accusation, et

les ordonnances de renvoi des juges d'instruction, ne sont qu'*indicatifs* et non *attributifs* de juridiction. . Les tribunaux de police (comme les tribunaux correctionnels) ont toujours le droit d'examiner leur compétence.

Il en est autrement à l'égard des Cours d'assises. Ces dernières sont liées irrévocablement par les arrêts de renvoi, non utilement attaqués devant la Cour de cassation. La raison de cette différence est que les tribunaux de police n'ont qu'une compétence limitée, tandis que les Cours d'assises sont investies de la plénitude de la juridiction criminelle.

Le délai pour comparaître est de vingt-quatre heures, outre un jour par trois myriamètres, à peine de nullité, tant de la citation que du jugement qui serait rendu par défaut (art. 146).

La personne citée peut comparaître par elle-même, ou par un fondé de procuration spéciale (art. 152). Le pouvoir peut être sous seing privé ; mais il doit être écrit sur papier timbré et enregistré.

L'instruction de chaque affaire est publique, à peine de nullité (art. 153).

Elle se fait dans l'ordre suivant :

1° Les procès-verbaux, s'il y en a, sont lus par le greffier ;

2° Les témoins, s'il en a été appelé par le ministère public ou la partie civile, sont entendus, s'il y a lieu ;

3° La partie civile prend ses conclusions ;

4° La personne citée propose sa défense et fait entendre ses témoins, si, aux termes de l'art. 154, elle est recevable à les produire;

5° Le ministère public résume l'affaire et donne ses conclusions; la partie civile peut proposer ses observations.

Le tribunal doit prononcer son jugement dans l'audience où l'instruction aura été terminée, et, au plus tard, dans l'audience suivante.

Si le fait incriminé ne constitue pas une contravention, ou si le prévenu n'en est pas convaincu, le tribunal annule la citation, et, dit l'art. 159, statue par le même jugement sur *les demandes en dommages-intérêts*. Il ne faut pas entendre cet article en ce sens que le tribunal, tout en acquittant le prévenu, peut le condamner à des dommages-intérêts. Ce serait contraire au principe général sur la compétence *ratione materiæ*. Il s'agit ici, non des dommages-intérêts de la partie plaignante, mais de ceux qui peuvent être dus au prévenu, en raison du préjudice que lui a causé la poursuite. L'art. 159, il est vrai, en employant l'expression générale : *les demandes en dommages-intérêts*, peut jeter quelque doute sur cette interprétation; mais ce doute disparaît en présence de l'art. 212 qui, en matière correctionnelle, dispose qu'en renvoyant le prévenu, le juge statuera sur ses *dommages-intérêts*.

Si le fait incriminé emporte une peine correctionnelle ou criminelle, le tribunal renvoie les parties devant le procureur de la République (art. 160).

Si au contraire le fait constitue une contravention, et que le prévenu en soit reconnu coupable, le tribunal doit prononcer la peine, et statuer par le même jugement sur les demandes en restitution et en dommages-intérêts, et sur les frais (art. 161).

Voies de recours. — Les voies ouvertes contre les jugements de simple police se divisent en deux classes : en voies ordinaires et en voie extraordinaire.

Les voies ordinaires sont l'*opposition* et l'*appel.*

La voie extraordinaire est le *pourvoi en cassation.*

Opposition. — L'opposition peut être faite dans les *trois jours* de la signification du jugement, outre un jour par trois myriamètres, par un acte d'huissier. Elle peut également être faite par une simple déclaration en réponse, au bas de l'acte de signification (art. 151).

L'opposition emporte de droit citation à la première audience, et elle est réputée non avenue si l'opposant ne comparaît pas. La première audience est celle qui a lieu, aussitôt après l'expiration du délai des citations qui est de vingt-quatre heures ; mais l'opposition formée en temps utile est recevable, même après l'expiration de ce délai, si le défendeur à l'opposition n'a pas obtenu un jugement qui constate la non-comparution de l'opposant à cette première audience.

Dans la pratique, cette disposition de l'art. 151 n'est pas observée. L'opposant reçoit une citation à un jour déterminé par les convenances du rôle.

L'opposition peut être formée avant la signification du jugement.

Appel. — Sous le Code de brumaire an IV, tous les jugements des tribunaux de simple police étaient en dernier ressort, et ne pouvaient être attaqués que par la voie de cassation. Il n'en est plus de même aujourd'hui. L'appel est recevable lorsque le jugement prononce une condamnation à l'*emprisonnement*, ou lorsque les amendes, restitutions et autres réparations civiles excèdent la somme de cinq francs, outre les dépens (art. 172).

L'appel doit être interjeté dans les *dix jours* de la signification du jugement, soit qu'il ait été rendu contradictoirement, soit qu'il l'ait été par défaut (art. 174).

Quoique l'art. 174 ne le dise pas, ce délai doit être trois augmenté, à raison des distances, d'un jour par myriamètres.

L'appel peut être formé, soit par exploit, soit par une déclaration faite au greffe de la justice de paix. Dans ce dernier cas, il n'est pas nécessaire qu'il soit signifié au procureur de la République.

Lorsque le prévenu, qui a l'option, choisit le mode de notification de l'appel, l'appel peut être signifié soit au ministère public près le tribunal de police, soit au ministère public près le tribunal qui doit statuer sur l'appel. (Cassation, 19 septembre 1834.) L'appel doit aussi être signifié à la partie civile, s'il y en a une.

L'opposition et l'appel sont *suspensifs*. On comprend, en effet, que la loi ne devait pas permettre l'exécution prématurée d'un jugement qui peut être réformé (art. 173). Mais il y a exception à cette règle pour les jugements déclarés exécutoires par provision, tels que ceux rendus, en vertu des art. 10, 11 et 12 du Code de procédure, contre les individus qui ont manqué de respect à la justice, ou commis une insulte envers le juge de paix.

Pourvoi en cassation. — Les jugements rendus par le tribunal de police peuvent être attaqués en cassation, dans les *trois jours* de leur prononcé, lorsqu'ils sont en dernier ressort, et dans les trois jours, à partir de l'expiration du délai d'opposition, lorsqu'ils ont été rendus par défaut.

CHAPITRE II

DES TRIBUNAUX DE POLICE CORRECTIONNELLE.

Les tribunaux correctionnels font partie des tribunaux civils dont ils forment une ou plusieurs chambres.

Nous traiterons successivement, dans ce chapitre : 1° de la composition du tribunal correctionnel ; 2° de sa compétence ; 3° de la manière dont il est saisi, et de la comparution des parties ; 4° des formes de l'instruction à l'audience ; 5° du jugement ; 6° des voies de recours ; 7° de l'instance d'appel.

SECTION I. — DE LA COMPOSITION DU TRIBUNAL CORRECTIONNEL.

Le tribunal correctionnel est composé de trois juges au moins, du procureur de la République, et d'un greffier. Dans les tribunaux d'arrondissement composés de plusieurs chambres, l'une d'elles est chargée spécialement des affaires correctionnelles. A Paris, le tribunal civil est composé de onze chambres, dont une temporaire. Le service correctionnel est fait par les septième, huitième, neuvième et dixième chambres.

Par dérogation à l'art. 257 qui interdit au juge d'instruction de siéger à la cour d'assises, ce magistrat peut valablement faire partie du tribunal correctionnel. Le législateur a obéi à des considérations d'organisation judiciaire.

Les juges sont remplacés, en cas d'empêchement, par les suppléants, et, à leur défaut, par les avocats ou avoués plus anciens.

SECTION II. — DE LA COMPÉTENCE DU TRIBUNAL CORRECTIONNEL

La compétence du tribunal correctionnel comprend la connaissance de tous les *délits* proprement dits, et la connaissance des appels des jugements de simple police.

Il connaît de tous les délits énumérés dans le Code pénal, et d'une foule d'autres délits, prévus par des lois particulières, telles que celles relatives aux douanes, aux forêts, aux impôts indirects, aux postes, à la pêche, à la chasse, et au port d'armes, etc., etc. Il juge séance tenante les délits commis à ses audiences, soit par des signes d'approbation ou d'improbation, soit par des injures ou voies de fait.

Le tribunal correctionnel connaît également de tous les délits forestiers, poursuivis à la requête de l'administration.

Il connaît, en outre, par exception, de certaines contraventions de police, telles que :

1° Les contraventions forestières dans les bois soumis au régime forestier, poursuivies par l'administration (art. 171, 190, C. for.);

2° Les contraventions de pêche fluviale (loi du 15 avril 1829, art. 48);

3° Les contraventions aux lois des contributions indirectes (Loi du 25 ventôse, an XII, art. 90);

4° Celles relatives à l'exercice illégal de la médecine (Loi du 19 ventôse, an XI).

Nous savons enfin qu'il connaît des *crimes* commis par un mineur de seize ans, dans l'hypothèse prévue par l'art. 68 du Code pénal, c'est-à-dire lorsqu'il n'a pas de complices au-dessus de cet âge, et que la peine n'est ni la mort, ni les travaux forcés à perpétuité, ni la déportation ou la détention.

La loi du 22 avril 1871 a attribué au jury la connaissance des délits commis par la voie de la presse ou par les moyens de publication prévus par l'art. 1 de la loi du 17 mai 1819 ; mais les tribunaux correctionnels continuent de connaître des délits commis contre les mœurs au moyen de dessins, gravures, etc., des délits de diffamation et d'injures publiques contre les particuliers, et des infractions matérielles aux lois, décrets et règlements sur la presse.

SECTION III. — DE LA MANIÈRE DONT LE TRIBUNAL EST SAISI.

Le tribunal de police correctionnelle est saisi par l'un des modes suivants, énumérés par l'art. 182 :

1° La citation à la requête du procureur de la République ;

2° La citation directe donnée par la partie civile ;

3° En matière forestière, la citation donnée par les employés de cette administration ;

4° L'arrêt de renvoi de la chambre des mises en accusation ;

5° L'ordonnance de renvoi du juge d'instruction.

Il peut, en outre, être saisi par la cour suprême :

1° Après cassation (art. 427) ;

2° Pour cause de suspicion légitime (art. 542) ;

3° Par voie de règlement de juges (art. 526).

L'art. 182 n'est pas restrictif ; par suite, la comparution volontaire du prévenu saisirait valablement le tribunal.

Le délai pour comparaître est de *trois jours*, plus un jour par trois myriamètres.

Lorsque le délit n'entraîne pas la peine de l'emprisonnement, le prévenu peut se faire représenter par un avoué. Le tribunal peut néanmoins ordonner sa comparution en personne (art. 185).

Lorsque, au contraire, le délit entraîne la peine de l'emprisonnement, le prévenu n'est plus admis à se faire représenter : il doit comparaître en personne.

Répétons ici ce que nous avons déjà dit au chapitre des tribunaux de simple police. Le tribunal correctionnel n'est pas lié par l'ordonnance de renvoi ou par la citation ; par suite, il a toujours le droit d'examiner, d'après la nature des faits, s'il est ou non compétent. Cela résulte des termes mêmes de l'art. 182 qui porte que le tribunal correctionnel est saisi des délits de *sa compétence* par le renvoi qui lui *en* est fait.

SECTION IV. — DES FORMES DE L'INSTRUCTION Á L'AUDIENCE.

L'instruction doit être publique, à peine de nullité ; elle doit être orale, et non écrite. — Elle se fait dans l'ordre prescrit par l'art. 190.

D'après cet article, le ministère public, la partie civile ; et, à l'égard des délits forestiers, le conservateur, inspecteur ou sous-inspecteur, ou garde général, exposent l'affaire ; — les procès-verbaux ou rapports sont lus par le greffier ; — les témoins pour et contre sont entendus, et les reproches proposés et jugés ; — les pièces pouvant servir à conviction ou à décharge sont représentées aux témoins et aux parties ; — le prévenu est interrogé ; — le prévenu et les personnes civilement responsables proposent leurs défenses ; — le ministère public résume l'affaire et conclut ; — le prévenu et les personnes civilement responsables peuvent répliquer, — le jugement est prononcé de suite, ou, au plus tard, à l'audience qui suit celle où l'instruction est terminée.

Les juges doivent, à peine de nullité, faire droit toutes les réquisitions des parties.

15.

SECTION V. — DU JUGEMENT.

Si le fait n'est réputé ni délit ni contravention de police, le tribunal annule l'instruction et la citation, renvoie le prévenu, et statue sur les dommages-intérêts (art. 191).

Nous avons déjà fait remarquer que les *dommages-intérêts* dont il est ici question, sont ceux réclamés par le prévenu, et non ceux demandés par la partie civile, les tribunaux de répression ne pouvant statuer sur des intérêts privés qu'accessoirement à l'action publique, dont ils se trouvent dessaisis par la sentence d'acquittement.

Si le fait n'est qu'une contravention de police, et si la *partie publique* ou la *partie civile* n'a pas demandé le renvoi, le tribunal applique la peine et statue, s'il y a lieu, sur les dommages-intérêts (art. 192).

Dans ce cas son jugement est en dernier ressort.

L'art. 192 ne parle pas du prévenu. Doit-on en conclure qu'il est privé du droit de demander son renvoi devant le tribunal de police ? Nous ne le pensons pas. Le silence de la loi doit être interprété en faveur du prévenu. Le principe des deux degrés de juridiction doit être égal pour toutes les parties. Si l'art. 192 ne parle que du ministère public et de la partie civile, c'est parce que la citation étant leur propre fait, on aurait pu en tirer une fin de non recevoir contre leur demande, si leur droit n'eût pas été rappelé d'une manière expresse.

Si le tribunal reconnaît le prévenu coupable du fait qui lui est imputé, il doit prononcer la peine, et statuer sur les dommages-intérêts réclamés par la partie civile.

Si le fait est de nature à mériter une peine afflictive et infamante, le tribunal peut décerner de de suite un mandat de dépôt ou un mandat d'arrêt, et renvoyer le prévenu devant le juge d'instruction compétent (art. 193).

Bien que cette disposition soit conçue en termes généraux et absolus, la jurisprudence a admis une distinction.

Le tribunal a-t-il été saisi par citation du ministère public ou de la partie civile? L'article reçoit son application.

A-t-il, au contraire, été saisi par suite du renvoi prononcé par la chambre des mises en accusation? Le tribunal, tout en conservant le droit de déclarer son incompétence, ne peut renvoyer l'affaire devant un juge d'instruction. En présence de l'ordonnance de renvoi et du jugement d'incompétence, c'est à la cour de cassation seule qu'il appartient de statuer par voie de *règlement de juges*.

SECTION VI. — DES VOIES DE RECOURS.

Les jugements des tribunaux correctionnels peuvent être attaqués par les voies ordinaires de l'*opposition* et l'*appel*, et par la voie extraordinaire du *recours en cassation*.

§ 1. — *De l'opposition.*

Si le prévenu ne comparaît pas au jour fixé par la citation, ou s'il refuse de se défendre, il est jugé *par défaut*.

Le jugement par défaut peut être attaqué, par la voie de l'opposition. Le délai de l'opposition est de cinq jours, outre un jour par cinq myriamètres, à partir de la signification du jugement à la personne du prévenu ou à son domicile (art. 187). Ce délai ne peut être augmenté lors même que le jour de l'échéance serait un jour *férié*.

La loi du 27 juin 1866, concernant les crimes et délits commis à l'étranger, a modifié l'art. 187. Cet article n'indiquait pas dans quelle forme le jugement par défaut serait signifié lorsque le prévenu ne pourrait être trouvé et que son domicile serait inconnu. La jurisprudence avait réparé cette omission, en faisant, dans ce cas, l'application des §§ 8 et 9 de l'art. 69 du Code de procédure civile portant que « l'exploit « sera affiché à la principale porte de l'auditoire du « tribunal et une seconde copie donnée au procureur « de la République. » Dans cet état, on se demandait, lorsque les condamnés par défaut étaient arrêtés après la signification, dans ces termes, du jugement de condamnation, si on devait les déclarer déchus du droit de former opposition, comme si la signification eût été faite à eux-mêmes, ou à leur domicile. La jurisprudence était partagée. Le nouvel art. 187 a fait cesser la controverse à cet égard en disposant que si la signification n'a pas été faite à la personne, ou s'il ne résulte pas d'actes d'exécution que le prévenu en a eu connaissance, l'opposition sera recevable jusqu'à l'expiration des délais de la prescription de la peine.

L'art. 187 est muet, quant aux formes de l'opposition; il se borne à déclarer que le défaillant sera tenu de la notifier tout à la fois au ministère public et à la partie civile. En pratique, l'opposition se fait par un acte d'huissier.

L'opposition emporte citation à la *première audience;* elle est non avenue si l'opposant n'y comparaît pas. Ici, comme en matière de simple police, la première audience est celle qui a lieu après l'expiration du *délai de citation.* Or l'art. 188 accorde un délai de *trois jours* pour la citation en police correctionnelle. La première audience pour laquelle l'opposition vaut citation est donc celle qui intervient après les trois jours qui suivent l'opposition.

La déchéance de l'opposition n'a pas lieu de *plein droit;* il faut qu'elle soit demandée par la partie adverse.

L'opposition est *suspensive;* elle arrête toute exécution du jugement.

§ 2. — *De l'appel.*

Tous les jugements rendus en matière correctionnelle, à l'exception des jugements purement *préparatoires* ou *d'instruction* sont susceptibles d'appel.

Personnes qui peuvent appeler. — Le droit d'interjeter appel appartient, d'après l'art. 202 :

1° Au prévenu ou aux parties civilement responsables ;

2° A la partie civile, mais seulement quant à ses intérêts civils ;

3° A l'administration forestière ;

4° A l'officier du ministère public près le Tribunal de première iustance et à celui de la Cour d'appel.

En conséquence, la loi exige que le premier de ces magistrats, *dans le cas où il n'appellerait pas*, adresse au second, dans le délai de quinzaine, un extrait du jugement (art. 202).

Délais de l'appel. — Le délai d'appel est de *dix jours*. Ce délai court à partir de la *prononciation* du jugement, s'il a été rendu contradictoirement, et à partir de sa *signification*, s'il a été rendu par défaut.

Par exception, le délai d'appel est augmenté en faveur du ministère public près la Cour d'appel.

Il est de *deux mois* à compter de la prononciation du jugement, ou, si le jugement lui a été notifié par l'une des parties, d'*un mois* seulement à partir de cette signification (art. 205).

Formes de l'appel. — Ces formes consistent dans une déclaration faite au greffe du tribunal qui a rendu le jugement (art. 203). Sous la loi de Brumaire on devait joindre à l'acte de déclaration d'appel une requête contenant énonciation des griefs d'appel. Aux termes de l'art. 204, le dépôt de cette requête est facultatif. « La requête contenant les moyens d'ap-

« pel *pourra* être remise au même greffe. »... Cette requête est signée de l'appelant ou d'un fondé de pouvoir spécial.

En pratique, le dépôt de cette requête ne se fait que rarement.

L'obligation de faire la déclaration d'appel au greffe du tribunal de première instance dans les dix jours du jugement, ne concerne que le prévenu, la partie civile, et le ministère public près ce tribunal. Il y est fait exception par l'art. 205 à l'égard du magistrat du ministère public près la Cour qui doit connaître de l'appel. Ce magistrat est seulement tenu de notifier son recours, dans les deux mois de la prononciation du jugement, ou dans le mois de la notification qui lui aura été faite. La loi ne prescrit aucun mode de notification à peine de nullité. La jurisprudence en a conclu que le ministère public est recevable, sur l'appel interjeté par le prévenu, à appeler lui-même à l'audience, s'il est encore dans les délais de l'art. 205.

Effets de l'appel. — L'appel a deux effets principaux : 1° il est *suspensif*; 2° il est *dévolutif*.

1° *Effet suspensif.* — Il est sursis à l'exécution du jugement pendant le délai de l'art. 203, et pendant l'instance d'appel. Le prévenu acquitté est mis en liberté immédiatement et nonobstant appel (Loi du 14 juillet 1865). Avant cette loi, l'appel du ministère public suspendait la mise en liberté du prévenu, pendant l'instance d'appel, jusqu'à l'arrêt. Si aucun appel n'avait été déclaré ou notifié dans les trois jours de la prononciation du jugement, le prévenu était mis en liberté.

2° *Effet dévolutif*. — L'appel a pour effet de saisir de la connaissance de l'affaire la Cour devant laquelle il a été régulièrement porté. Toutefois, il ne remet pas toujours en question toutes les dispositions du jugement attaqué. Ainsi lorsque l'appel a été interjeté par le prévenu seul, et que le ministère public a gardé le silence, la Cour ne peut aggraver la condition de l'appelant. En effet, l'appel du prévenu ne porte que sur les dispositions du jugement qui lui font grief. La Cour n'est pas saisie des autres. Elle ne peut donc, sans statuer *ultra petita* prononcer sur des chefs du jugement favorables à l'appelant.

Il en est de même de l'appel interjeté par la partie civile. Il ne peut avoir d'effet que relativement à ses *intérêts civils*.

Le prévenu est toujours le maître de renoncer à son appel, à la différence du ministère public qui ne peut se désister de l'appel par lui émis.

§ 3. — *Du recours en cassation.*

Les jugements en dernier ressort des tribunaux correctionnels peuvent être attaqués en cassation. L'art. 177, après avoir garanti à toutes les parties le droit de se pourvoir, ajoute : « le recours aura lieu « dans la forme et dans les *délais qui seront prescrits*. » Or, par une de ces lacunes trop fréquentes dans nos codes, aucune disposition ultérieure ne s'est occupée du délai du pourvoi contre ces décisions. En présence de cette omission, on a dû naturellement se référer aux cas dans lesquels la loi s'est expliquée sur le délai du pourvoi, quoique dans une hypothèse différente ; c'est-à-dire à l'art. 373 qui régit les arrêts des Cours d'assises. Cet article a dû être considéré comme la règle générale en matière de délai du pourvoi, pour tous les cas à l'égard desquels la loi ne s'est pas expliquée.

Le délai est de *trois jours*. Il court, pour les décisions *contradictoires* à partir du jour de la *prononciation*, sans qu'il soit besoin de faire une *signification*, et pour les décisions rendues *par défaut* à partir de l'expiration des délais d'opposition.

SECTION VII. — De l'instance d'appel corréctionnel.

Autrefois les appels des jugements rendus en matière correctionnelle par les tribunaux d'arrondissement étaient portés au tribunal du chef-lieu du département ; ceux des tribunaux des chefs-lieux de département l'étaient au tribunal du chef-lieu du département voisin, lorsqu'il était dans le ressort de la même Cour d'appel.

En aucun cas les tribunaux ne pouvaient être respectivement juges d'appels de leurs jugements. Il avait été publié un tableau des tribunaux de chef-lieu auxquels les appels étaient portés. Ces tribunaux prenaient le nom de *tribunaux supérieurs*.

Enfin, lorsque le chef-lieu d'un département était le siége de la Cour d'appel, c'était cette Cour qui jugeait les appels des jugements rendus dans le département et les appels des jugements rendus au chef-lieu du département voisin.

La loi du 13 juin 1856 a rétabli l'unité de compétence. Les appels des jugements de police correctionnelle se portent tous devant la Cour du ressort (Chambre des appels de police correctionnelle).

La procédure à suivre sur l'appel est réglée par les art. 207 et suivants.

Dans les vingt-quatre heures de la déclaration ou de la notification d'appel, les pièces du procès doivent être envoyées par le procureur de la République au greffe de la Cour d'appel.

Si l'inculpé est en état d'arrestation, il doit être, dans le même délai, transféré dans la maison d'arrêt du lieu où siége la Cour.

L'appel doit être jugé à l'audience, dans le mois, sur le rapport fait par l'un des conseillers (art. 209).

A la suite du rapport, le prévenu, les personnes civilement responsables, la partie civile et le ministère public sont entendus dans la forme et dans l'ordre prescrits par l'art. 190.

La faculté d'entendre de nouveaux témoins, ainsi que celle d'entendre les témoins qui ont déjà déposé devant les premiers juges est formellement consacrée par l'art. 175. Mais cette condition est facultative pour les juges d'appel; l'art. 175 leur laisse la libre faculté de l'admettre ou de la refuser, suivant qu'elle leur paraît plus on moins utile à la manifestation de la vérité.

En fait, cette audition n'a presque jamais lieu.

Si le jugement est réformé parce que le fait n'est réputé ni délit, ni contravention de police par aucune loi, la Cour renvoie le prévenu, et statue s'il y a lieu, sur ses *dommages-intérêts* (art. 212).

Si le jugement est annulé parce que le fait ne présente qu'une contravention de police, et si la partie publique et la partie civile n'ont pas demandé le renvoi, la Cour prononce la peine, et statue également, s'il y a lieu sur les dommages-intérêts (art. 213).

Si le jugement est annulé parce que le délit est de nature à mériter une peine afflictive ou infamante, la Cour décerne, s'il y a lieu, un mandat de dépôt ou même un manda td'arrêt, et renvoie le prévenu devant le magistrat compétent, autre toute fois que celui qui a rendu le jugement ou fait l'instruction. (art. 214.)

Droit d'évocation. — L'art. 215 porte que « si « le jugement est annulé pour violation et omission « non réparée des formes prescrites par la loi à peine « de nullité, la Cour statuera sur le tout ». — C'est là ce qu'on appelle le droit d'*évocation*, dont il nous reste maintenant à dire quelques mots.

Il faut distinguer, en cette matière, comme en matière civile : 1° le cas où la cour statue sur une poursuite qui a été jugée au fond par les premiers juges, c'est-à-dire, le cas où elle est saisie par l'effet dévolutif de l'appel ; 2° le cas où le fond est resté intact et où la Cour n'est appelée à régler qu'un point qui a été l'objet d'un interlocutoire, ou d'un incident qui a donné lieu à un jugement définitif.

1° *Cas où il a été statué au fond par les premiers juges.* — La Cour qui réforme un jugement pour mal jugé peut statuer elle-même, et n'est pas tenue de renvoyer l'affaire à un autre tribunal.

2° *Cas où il n'a pas été statué au fond.* — C'est là l'hypothèse dans laquelle se place l'art. 215. Nous citerons comme exemples :

1° Le cas où un tribunal correctionnel a prononcé un sursis, au lieu de juger le fond. S'il y a appel, la Cour doit, en infirmant le jugement sur le sursis, évoquer l'affaire, et statuer sur le fond ;

2° Le cas où une inscription de faux a été admise par les premiers juges contre un procès-verbal. Si les juges d'appel décident que cette inscription de faux n'était pas nécessaire pour faire accueillir la preuve contraire aux faits énoncés dans ce procès-verbal, ils doivent, en annulant le jugement qui a admis cette inscription, statuer sur le fond.

Ainsi, toutes les fois que les Cours d'appel annulent un jugement correctionnel pour vices de formes, elles doivent statuer sur le fond à peine de nullité. Elles ne sont autorisées à prononcer le renvoi devant un autre tribunal que lorsque le tribunal de première instance était incompétent, soit à raison du lieu du délit, soit à raison de la résidence du prévenu.

Nous terminerons cette section en rappelant que les arrêts rendus sur l'appel peuvent être attaqués par la voie de l'opposition et du pourvoi en cassation, dans la même forme et dans les mêmes délais que les jugements rendus en première instance.

TITRE II

DES AFFAIRES QUI DOIVENT ÊTRE SOUMISES AU JURY.

Nous traiterons successivement, sous ce titre : 1° des mises en accusation ; 2° de l'instruction intermédiaire ; 3° de la cour d'assises ; 4° du jury ; 5° de l'examen, du jugement et de l'exécution.

CHAPITRE PREMIER

DES MISES EN ACCUSATION.

De 1791 à 1810, un *jury d'accusation*, composé de huit jurés, statuait sur la mise en accusation des prévenus, et leur renvoi devant le jury de jugement. Ce jury, après avoir fonctionné pendant vingt ans, fut supprimé en 1810, et remplacé par la *chambre d'accusation*. On lui reprochait surtout d'excéder ses pouvoirs, en exigeant, non de simples indices et présomptions, mais des preuves presque égales à celles qu'il aurait fallues pour la condamnation. — On aurait pu, au lieu de le supprimer, en mieux régler la composition, à l'exemple de l'Angleterre, où le jury d'accusation, dit le *grand jury*, présente des éléments supérieurs à ceux du jury de jugement, sous le double rapport de l'indépendance et des lumières.

La chambre d'accusation est une section de la cour d'appel, composée de cinq membres au moins.

Elle est saisie de la connaissance des procédures criminelles par l'un des modes suivants :

1° Par le renvoi du juge d'instruction conformément à l'art. 133 ;

2° Par l'appel d'une ordonnance du juge d'instruction (art. 135);

3° Par l'évocation de l'instruction et des poursuites (art. 235);

4° Par un arrêt de la cour suprême.

Elle statue, dans les deux premiers cas, comme juridiction du second degré ; et, dans les deux autres, comme juridiction du premier degré.

Nous traiterons successivement de l'instruction devant la chambre d'accusation, statuant comme juridiction du second et du premier degré, et des pourvois contre ses arrêts.

SECTION I. — DE L'INSTRUCTION DEVANT LA CHAMBRE D'ACCUSATION STATUANT COMME JURIDICTION D'APPEL.

Nous avons vu que le juge d'instruction, lorsque le fait lui paraît présenter les caractères d'un crime, statue par une ordonnance de renvoi devant la chambre d'accusation. Les pièces doivent alors être transmises, sans délai, par le procureur de la République, au procureur général (art. 133). Il en est de même, lorsqu'une opposition a été formée à une ordonnance du juge d'instruction (art. 135).

Instruction. — Le procureur général est tenu de mettre l'affaire en état dans les *cinq jours* de la réception des pièces et de faire son rapport dans les *cinq jours* suivants au plus tard (art. 217). Mais ce délai de dix jours n'est pas de rigueur absolue. Il peut être dépassé quand la procédure est volumineuse et l'affaire compliquée.

Pendant ce temps, la partie civile et le prévenu peuvent fournir tels mémoires qu'ils estiment convenables, mais sans que le rapport puisse être retardé. La loi n'oblige point le procureur général à communiquer les pièces de la procédure ; mais, dans l'usage, la communication du dossier n'est jamais refusée aux avocats.

L'instruction est secrète. Après le rapport de l'affaire, le greffier donne lecture de toutes les pièces du procès. Elles sont ensuites laissées sur le bureau, ainsi que les mémoires que la partie civile et le prévenu ont fournis (art. 222). La partie civile, le prévenu, les témoins ne comparaissent point. Quand la lecture des pièces est terminée, le procureur général ou son substitut, après avoir déposé sur le bureau ses réquisitions écrites et signées, où les faits incriminés doivent être caractérisés avec soir et où doit être indiquée la loi pénale applicable, se retire avec le greffier (art. 224).

Le président est tenu de faire prononcer la chambre au plus tard dans les *trois jours* du rapport du procureur général (art. 219).

Les juges délibèrent entre eux sans *désemparer* et sans communiquer avec personne (art. 225).

Si la chambre juge que l'instruction n'est pas complète, elle peut ordonner des informations nouvelles. Elle commet, à cet effet, un de ses membres pour remplir les fonctions de juge instructeur, conformément à l'art. 236, ou délègue le juge d'instruction du tribunal de première instance.

Elle peut également ordonner, s'il y a lieu, l'apport des pièces à conviction qui sont restées déposées au greffe du tribunal, le tout dans le plus bref délai (art. 228).

Dans les affaires où l'instruction est complète, la chambre doit statuer immédiatement sur le règlement de sa compétence. Si l'affaire est de la nature de celles dont la connaissance est réservée à la cour de cassation, elle en ordonne le renvoi (art. 220) (1). Lorsqu'elle a reconnu sa compétence, elle examine s'il existe contre le prévenu des preuves ou des indices d'un fait qualifié crime par la loi, et si ces preuves ou indices sont assez graves pour que la mise en accusation soit prononcée (art. 221). Cet examen doit embrasser tous les faits sur lesquels a porté l'instruction. Ces faits doivent être considérés sous toutes les faces, et s'ils n'ont pas reçu les qualifications véritables qui leur appartiennent d'après la loi pénale, la chambre d'accusation doit, même d'office, régulariser et compléter ces qualifications.

Mode de statuer. — Si la Cour n'aperçoit aucune

----

(1) L'art. 220 parle également de la Haute-Cour, mais cette juridiction a été supprimée par le décret du gouvernement de la défense nationale du 19 septembre 1870.

trace d'un délit prévu par la loi, ou si elle ne trouve pas des indices suffisants de culpabilité, elle ordonne la mise en liberté du prévenu. Dans le même cas, lorsqu'elle statue sur une opposition à la mise en liberté du prévenu prononcée par le juge d'instruction, elle confirme son ordonnance. L'arrêt de la Cour est exécuté sur-le-champ si le prévenu n'est retenu pour autre cause (art. 229).

Si elle estime que le prévenu doit être renvoyé à un tribunal de simple police ou à un tribunal de police correctionnelle, elle prononce le renvoi et indique le tribunal qui doit en connaître (art. 230).

Enfin, si le fait est qualifié *crime* par la loi, et que la Cour trouve des charges suffisantes pour motiver la mise en accusation, elle ordonne le renvoi du prévenu aux assises (art. 231).

Il y a lieu à mise en accusation toutes les fois que le fait est qualifié *crime*, quand même il existerait une *excuse* de manière à réduire à une peine correctionnelle la peine encourue par l'accusé. Le fait conserve, en effet, le caractère de *crime*, malgré la réduction de la peine. Cette réduction d'ailleurs ne peut avoir lieu qu'autant que l'excuse est prouvée; or ce n'est que devant la cour d'assises qu'elle peut l'être.

S'il s'agit de délits *connexes*, la chambre d'accusation statue par un seul et même arrêt, lorsque les pièces se trouvent en même temps produites devant elle (art. 226), et elle peut ordonner leur jonction. — S'il s'agit de délits qui, séparément, sont de la compétence de tribunaux d'un ordre différent, le principe de la connexité les soumet au tribunal ayant plénitude de juridiction à l'égard de ces faits. Ainsi, deux délits connexes dont l'un est justiciable du tribunal de simple police et l'autre du tribunal correctionnel, doivent être renvoyés devant ce dernier tribunal.

Formes des arrêts. — La chambre d'accusation doit statuer sur tous les chefs de prévention compris dans l'ordonnance du juge d'instruction et dans le réquisitoire du procureur général, et sur les conclusions développées dans les mémoires produits devant elle par le prévenu ou par la partie civile. Elle doit le faire par des dispositions formelles et motivées, spécifiant toutes les circonstances de nature à aggraver ou à atténuer la criminalité du fait.

Les arrêts doivent être rendus à la majorité des voix. Le partage d'opinions entraîne un arrêt de non-lieu. Ils sont signés par chacun des juges qui les ont rendus, et il y est fait mention, à peine de nullité, tant de la réquisition du ministère public que du nom de chacun des juges (art. 234).

Comme nous l'avons déjà dit, les arrêts de renvoi de la chambre d'accusation en police simple ou correctionnelle ne sont qu'*indicatifs* et non *attributifs* de juridiction. Le tribunal saisi a toujours le droit de se déclarer incompétent. Mais il en est autrement des arrêts de renvoi devant la cour d'assises, non utilement attaqués devant la cour de cassation. Ils la saisissent irrévocablement, sans qu'elle ait le droit de s'occuper de leur régularité.

SECTION II. — DE L'INSTRUCTION DEVANT LA CHAMBRE D'ACCUSATION STATUANT *de plano*.

L'attribution la plus ordinaire de la chambre d'accusation est de prononcer sur la mise en accusation dans les affaires qui lui sont renvoyées, conformément à l'art. 133, et de statuer comme juge d'appel, sur les ordonnances du juge d'instruction, frappées d'opposition (art. 135).

Par exception, elle statue *de plano* sans que le juge d'instruction ait été appelé à rendre sa décision, dans les cas : 1° d'évocation ; 2° de survenance de charges nouvelles depuis l'arrêt de renvoi; 3° de crimes ou délits commis par des magistrats, dans l'exercice de leurs fonctions; 4° de renvoi après cassation, en vertu de l'art. 433.

1° *Droit d'évocation.* Le droit d'évocation est réglé par les art. 235 et 250 de notre Code, et par l'art. 11 de la loi du 20 avril 1810.

L'art. 235 donne à la chambre d'accusation le droit d'informer sur des délits qui n'ont pas subi le premier degré de juridiction, lorsque ces délits sont accessoires ou connexes au délit principal, ou qu'il existe des complices restés impoursuivis. Elle peut, soit qu'il y ait ou non, une instruction commencée, ordonner des poursuites, se faire apporter les pièces, informer ou faire informer.

Lorsqu'elle informe par elle-même, un de ses membres fait les fonctions de juge-instructeur (art. 236).

Ce magistrat entend les témoins, ou commet, pour

recevoir leurs dépositions, un des juges du tribunal dans le ressort duquel ils demeurent, il interroge le prévenu, et décerne les mandats d'amener, de dépôt ou d'arrêt (art. 237). Ses ordonnances sont susceptibles d'être attaquées par le procureur général ou par le prévenu, par voie d'opposition devant la chambre d'accusation.

L'instruction achevée, le magistrat instructeur remet les pièces au greffe, avec une ordonnance de *soit communiqué* au procureur général qui, dans les cinq jours suivants, doit faire son rapport à la chambre d'accusation (art. 238). Il ne doit être décerné préalablement aucune ordonnance de prise de corps. S'il y a lieu de renvoyer le prévenu à la Cour d'assises ou au tribunal correctionnel, l'arrêt porte cette ordonnance, ou, si le prévenu a été admis à la liberté provisoire sous caution, celle de se représenter à tous les actes de la procédure (art. 239).

Lorsque la chambre d'accusation *fait informer*, elle confie ce soin au juge d'instruction qui a fait l'information sur le fait principal. Celui-ci, sa nouvelle mission remplie, doit transmettre au Procureur général les procès-verbaux qu'il a dressés.

Passons au second cas d'évocation. L'art. 249 exige que le procureur de la République envoie tous les huit jours au procureur général une notice de toutes les affaires criminelles, de police correctionnelle et de simple police. Or, lorsque, par cette notice, le procureur général s'aperçoit, qu'il a été donné aux poursuites une portée trop faible, il peut porter l'affaire devant la chambre d'accusation, qui statue dans les trois jours (art. 250).

Cet article, on le voit, donne à la chambre d'accusation le droit de dessaisir un tribunal ; ce qui est une mesure très-grave.

Enfin l'art. 11 de la loi du 20 avril 1810 donne aux chambres réunies de la Cour d'appel le droit de mettre l'action publique en mouvement, ce qui est une exception au principe de l'indépendance du ministère public. Aux termes de cet article, la Cour d'appel peut, toutes chambres réunies, entendre les dénonciations qui lui seraient faites par un de ses membres ; elle peut mander le procureur général pour lui *enjoindre* de poursuivre, ou pour se faire rendre compte des poursuites commencées.

2° *Survenance de charges nouvelles.* — L'art. 246, faisant une juste application de la maxime *non bis in idem*, s'exprime ainsi : « Le prévenu à l'égard duquel « la Cour a décidé qu'il n'y a pas lieu au renvoi à la « Cour d'assises, ne peut plus y être traduit à raison « du même fait, à moins qu'il ne survienne de *nou-* « *velles charges.* »

Aux termes de l'art. 247, « sont considérées comme « *charges nouvelles*, les déclarations des témoins, « pièces et procès-verbaux qui, n'ayant pu être sou- « mis à l'examen de la Cour d'appel, sont cependant « de nature, soit à fortifier les preuves que la Cour « a trouvées trop faibles, soit à donner aux faits de « nouveaux développements utiles à la manifestation « de la vérité. »

16.

Les charges nouvelles peuvent servir à modifier la qualification légale du fait. Ainsi le fait avait été qualifié *délit :* comme tel, il était soumis à la prescription de trois ans. Des charges nouvelles érigent ce délit en *crime*. Dans ce cas, bien que trois années se soient écoulées depuis l'ordonnance de non-lieu, de nouvelles poursuites pourront être valablement intentées.

En cas de survenance de charges nouvelles, l'officier de police judiciaire ou le juge d'instruction, adresse, sans délai, copie des pièces et charges au procureur général, et le Président de la chambre d'accusation indique le juge devant lequel il doit être procédé à une nouvelle instruction. Le juge d'instruction peut toutefois, sur les nouvelles charges, et avant leur envoi au procureur général, décerner un mandat de dépôt contre le prévenu qui aurait été mis en liberté (art. 248).

3° *Poursuites contre un magistrat.* — La loi distingue entre les crimes et les délits. S'il s'agit de crimes, elle délègue au premier président les fonctions de juge d'instruction, et au procureur général celles du procureur de la République. La chambre d'accusation statue, d'après les règles de la compétence, sur l'instruction ainsi faite.

S'il s'agit de délits, aucune instruction préalable n'est prescrite. Le Procureur général fait citer le prévenu devant la Cour, qui prononce sans appel.

4° *Renvoi après cassation.* — Lorsqu'après cassation d'un arrêt de Cour d'assises, il y a des complices qui ne sont pas en état d'accusation, la Cour, devant laquelle l'affaire est renvoyée, commet un juge d'instruction, et le procureur général, l'un de ses substituts, pour faire l'instruction dont les pièces sont ensuite adressées à la Cour d'appel qui statue sur la mise en accusation.

SECTION III. — DU POURVOI CONTRE LES ARRÊTS DE LA CHAMBRE DES MISES EN ACCUSATION.

La chambre des mises en accusation formant le deuxième degré de l'instruction criminelle, il en résulte que les arrêts qui en émanent sont en dernier ressort. Ils doivent dès lors être attaquables par la voie de la cassation, s'ils sont en même temps définitifs.

On a cependant contesté que l'on pût se pourvoir contre tous les arrêts des chambres d'accusation. On se fonde sur l'art. 299, lequel est ainsi conçu : « La demande en nullité *ne peut être formée que con-* « *tre l'arrêt de renvoi et dans les quatre cas suivants :* « 1° pour cause d'incompétence ; 2° si le fait n'est pas « qualifié crime par la loi ; 3° si le ministère public « n'a pas été entendu ; 4° si l'arrêt n'a pas été rendu « par le nombre de juge fixé par la loi. »

On fait remarquer qu'il est difficile d'imaginer des expressions plus limitatives que celles employées par cet article, et on en conclut : 1° que, hors les quatre cas prévus, le recours contre les arrêts de renvoi est non recevable, quels que soient les vices ou les irrégularités dont ils peuvent être entachés ; 2° qu'il est défendu de se pourvoir contre les arrêts de la chambre d'accusation, autres que les arrêts de renvoi devant la Cour d'assises.

Le vice de cette argumentation est de vouloir faire de l'art. 299 la règle générale, tandis qu'il ne constitue qu'une exception au droit commun en matière de pourvoi contre les décisions criminelles.

Le pourvoi est recevable contre toutes les décisions judiciaires, définitives et en dernier ressort, dans le délai de *trois jours*, après la prononciation (art. 373). Tel est le droit commun.

L'art. 299 y est venu apporter une exception. Aux termes de cet article le délai est de *cinq jours*, lorsque le pourvoi est dirigé contre l'arrêt de renvoi devant la Cour d'assises, et dans les quatre cas énumérés. Hors ces cas, on rentre dans la règle générale. Le pourvoi sera donc recevable, contre les arrêts de la chambre d'accusation autres que les arrêts de renvoi, et contre les arrêts de renvoi, pour d'autres motifs que ceux déterminés par l'art. 299 ; seulement il devra avoir lieu dans le délai ordinaire de trois jours, et non plus dans le délai exceptionnel de cinq jours.

En résumé, le pourvoi en cassation est ouvert, contre toutes les décisions émanées de la chambre d'accusation, par lesquelles elle a prononcé sur des chefs quelconques d'accusation, soit pour violation ou inobservation des formes, soit pour fausse interprétation de la loi, etc.

Le droit de former le pourvoi appartient au procureur général, à l'accusé et à la partie civile. Il y a exception pour cette dernière, à l'égard des arrêts de non-lieu, lorsque le ministère public garde le silence.

Le pourvoi se forme par une déclaration écrite au greffe. Il est suspensif, à moins qu'il n'ait été formé après l'expiration du délai légal, ou même, pendant le cours de ce délai, après le tirage du jury : auquel cas, il n'est soumis à la Cour de cassation qu'après l'arrêt définitif de la Cour d'assises (art. 304).

CHAPITRE II

DE L'INSTRUCTION INTERMÉDIAIRE.

La procédure dont il est ici question comprend les actes faits depuis l'arrêt de mise en accusation, jusqu'à la comparution devant les jurés. Nous l'appelons *intermédiaire* afin de préciser la distinction qui existe entre les actes de cette instruction, qui se passent en dehors de l'audience, et ceux qui ont lieu lorsque la cour d'assises est constituée.

Nous avons à traiter : 1° de l'exécution de l'arrêt de renvoi; 2° de l'interrogatoire; 3° de la communication de l'accusé avec son conseil, et de la communication des pièces; 4° du recours contre l'arrêt de renvoi; 5° de l'audition de nouveaux témoins; 6° de la jonction ou de la disjonction des poursuites.

SECTION I. — EXÉCUTION DE L'ARRÊT DE RENVOI.

L'arrêt de renvoi de la chambre des mises en accusation et l'acte d'accusation doivent être signifiés à l'accusé, et copie de ces pièces doit lui être laissée cinq jours au moins avant l'ouverture des débats, à peine de nullité (art. 242).

L'acte d'accusation est rédigé par le procureur général (art. 241). Il doit exposer : 1° la nature du délit qui forme la base de l'accusation ; 2° le fait et toutes les circonstances qui peuvent aggraver ou diminuer la peine ; le prévenu doit y être dénommé et clairement désigné.

Il doit, en un mot, présenter le résumé des faits imputés au prévenu, afin de lui faire connaître les charges sur lesquelles il devra se défendre, et d'indiquer à la cour ainsi qu'aux jurés, les bases des questions qui leur seront soumises. Il résulte de là qu'il se confond avec l'arrêt de renvoi dont il n'est que le reflet. Du reste, la rédaction n'en est soumise à aucune règle tracée par la loi.

Dans les vingt-quatre heures de la signification de l'arrêt de renvoi et de l'acte d'accusation, le procureur général fait transférer l'accusé de la maison d'arrêt dans la maison de justice du lieu où il doit être jugé (art. 243). Dans le même délai, la procédure et les pièces de conviction sont envoyées au greffe de la cour d'assises qui doit juger l'affaire. — Dans la pratique la signification n'a lieu qu'après le transfèrement du prévenu.

Enfin, aux termes de l'art. 245 le procureur général doit donner avis de l'arrêt de renvoi, tant au maire du domicile de l'accusé, qu'à celui du lieu où le crime a été commis. Mais cette disposition est tombée en désuétude.

SECTION II. — DE L'INTERROGATOIRE.

L'accusé doit être interrogé par le président de la cour d'assises, ou par le juge qu'il aura désigné, dans les vingt-quatre heures au plus tard après son arrivée dans la maison de justice, et la remise des pièces au greffe (art. 293).

L'interrogatoire doit constater les réponses de l'accusé, ou son refus de répondre, à peine de nullité.

Lors de l'interrogatoire, le président interpelle l'accusé de déclarer le choix qu'il a fait d'un défenseur. A défaut du choix d'un conseil par l'accusé, il lui en désigne un *d'office*, sur-le-champ, à peine de nullité (art. 294).

Il doit, en outre, avertir l'accusé que dans le cas où il se croirait fondé à former une demande en nullité contre l'arrêt de renvoi, il doit faire sa déclaration dans les *cinq jours* suivants (art. 296).

L'avertissement dont il s'agit, et l'interrogatoire de l'accusé, doivent être constatés par un procès-verbal, signé de l'accusé, du juge et du greffier (art. 296, § 2).

Cet avertissement n'est pas prescrit à peine de

nullité. Une pareille omission ne pourrait vicier l'arrêt de renvoi, si cet arrêt se trouvait régulier, et fournir, par suite, à *elle seule* un moyen de cassation. Elle n'a d'autre résultat que de *conserver* à l'accusé la faculté de se pourvoir, s'il y a lieu, contre l'arrêt de renvoi, après l'*arrêt définitif* (art. 297).

SECTION III. — DE LA COMMUNICATION DE L'ACCUSÉ AVEC SON CONSEIL ET DE LA COMMUNICATION DES PIÈCES.

Le défenseur étant choisi ou désigné d'office, il s'agit de le mettre en *communication* avec l'accusé. A cet effet, l'art. 302 porte : — « Le conseil pourra « communiquer avec l'accusé après son interroga- « toire. — Il pourra aussi prendre communication « de toutes les pièces sans déplacement, et sans re- « tarder l'instruction. »

Comme on le voit, ce n'est qu'après l'interrogatoire de l'accusé que la procédure et l'instruction cessent d'être *secrètes.*

Les conseils des accusés peuvent faire prendre, *à leurs frais*, copie de toutes les pièces du procès qu'ils jugent utiles à leur défense (art. 305).

Indépendamment de ce droit de prendre copie de toutes les pièces de la procédure, aux frais des accusés, l'art. 305 exige qu'il soit délivré à ces derniers une copie *gratuite* des procès-verbaux constatant le délit et des déclarations écrites des témoins. Mais cet article n'autorise la délivrance que d'une *seule* copie, *quel que soit le nombre* des accusés.

Il y a là une parcimonie regrettable. Si, comme cela arrive souvent, les accusés ont des intérêts opposés, si la même accusation comprend des hommes et des femmes, qui se trouvent détenus dans des prisons différentes, la communication ne peut se faire que difficilement avec une seule copie pour tous.

L'intérêt de la défense, dit M. Legraverend, est ici sacrifié à l'intérêt du trésor.

La copie destinée aux accusés ne leur est pas *signifiée*, mais seulement remise sur *récépissé*, par le greffier qui en dresse un certificat.

SECTION IV. — DU RECOURS CONTRE L'ARRÊT DE RENVOI.

L'art. 299, modifié par la loi du 10 juin 1853, énumère quatre moyens de nullité contre l'arrêt de renvoi : 1° L'incompétence ; 2° la qualification illégale du fait ; 3° le défaut d'audition du ministère public ; 4° la composition irrégulière de la chambre d'accusation. — Nous allons les examiner successivement.

1° *Incompétence.* — L'ancien art. 299 ne mentionnait pas l'incompétence parmi les moyens de nullité qu'il énumérait. C'est pour combler cette lacune que la loi du 10 juin 1853 est venue en faire un quatrième moyen de nullité.

Avant cette loi, l'incompétence de la chambre d'accusation donnait sans doute ouverture à cassation, mais dans le délai ordinaire de *trois* jours, et non dans le délai particulier de *cinq* jours, fixé par l'art. 276.

Le recours pour incompétence a lieu, soit lorsque la chambre d'accusation a statué sur une affaire dont elle ne devait pas connaître, d'après les règles de sa compétence, soit lorsqu'elle a renvoyé devant une cour d'assises autre que celle qui devait en connaître.

2° *Qualification illégale du fait.* — Les arrêts de renvoi doivent rappeler les faits, et qualifier le crime qui en résulte. Si cette qualification est erronée, il y a ouverture en cassation. Mais la nullité ne serait pas encourue si la chambre d'accusation avait seulement mal apprécié les faits, tout en les qualifiant conformément à la loi. La Cour de cassation n'a pas à vérifier les faits, mais seulement à examiner si, tels qu'ils ont été reconnus et déclarés par la chambre d'accusation, ils sont qualifiés crimes par la loi.

3° *Défaut d'audition du ministère public.* — L'art. 234 veut que l'arrêt de mise en accusation contienne, à peine de nullité, la mention des réquisitions du ministère public.

Pour que le ministère public ait été entendu de la manière voulue par la loi, il faut que ses réquisitions *écrites* aient été déposées et laissées sur le bureau (art. 224). Il ne serait pas réputé avoir été entendu, si ses réquisitions avaient été purement verbales.

4° *Composition irrégulière de la chambre d'accusation.* — Le nombre des juges dont la chambre doit être composée est déterminé par le décret du 6 juillet 1810 (art. 2). Il doit être de *cinq* au moins.

Il faut, à peine de nullité, que la preuve de la coopération du nombre légal résulte de l'arrêt lui-même. En effet, il est de règle générale, que tout jugement doit se suffire à lui-même, et porter dans sa teneur la justification de l'accomplissement de toutes les formalités prescrites.

Tels sont les quatre moyens de nullité prévus par l'art. 299. Cet article est *limitatif*, suivant la jurisprudence.

Le délai du pourvoi est de *cinq* jours (art. 296) par exception à la règle générale qui est de *trois* jours.

Le délai est de cinq jours *pleins* et non de cinq jours *francs*. Ainsi l'avertissement ayant été donné le 1er, si les débats s'étaient ouverts le 6, il y aurait nullité desdits débats et de l'arrêt de condamnation. Réciproquement, la déclaration serait tardive le 7 ; car alors elle n'aurait lieu que le sixième jour seulement après celui de l'avertissement. Or la loi veut qu'elle soit faite dans *les cinq jours*.

Lorsque l'avertissement prescrit par l'art. 296 a été donné *avant* la signification de l'arrêt de renvoi (ce que la cour de cassation a jugé régulier, notamment par ses arrêts des 4 janvier 1847 et 4 juin 1864), ce n'est pas à compter du jour de cet avertissement, mais à compter de celui de la signification de l'arrêt, que court notre délai.

Quant à la forme du recours en cassation contre l'arrêt de renvoi, elle est déterminée par l'art. 300 dans les termes qui suivent : — « La déclaration doit « être faite au greffe. — Aussitôt qu'elle aura été

« reçue par le greffier, l'expédition de l'arrêt sera
« transmise par le procureur général près la Cour
« d'appel au procureur général près la Cour de cas-
« sation, laquelle sera tenue de prononcer toutes
« affaires cessantes. »

L'ancien art. 299 exigeait que la déclaration de
l'accusé énonçât l'*objet* de la demande. La loi du
10 juin 1853 n'a pas reproduit cette prescription.
Dans la pratique, l'accusé déclare purement et simplement qu'il se pourvoit *contre l'arrêt qui l'a renvoyé devant la cour d'assises*, sans viser aucun moyen
de nullité. Les pourvois, qui généralement ne re-
posent que sur des convenances de défense, sont
reçus dans cette forme.

Il nous reste à dire quelques mots sur l'*effet* du
pourvoi.

Avant la loi de 1853, la jurisprudence admettait
que les pourvois contre l'arrêt de renvoi, bien qu'ils
fussent évidemment tardifs ou irréguliers, n'en
avaient pas moins pour effet de suspendre le jugement sur le fond, conformément à la doctrine accré-
ditée que la Cour de cassation avait seule le droit
d'apprécier la validité des recours, tant en la forme
qu'au fond. Aussi n'était-il pas rare de voir des accusés former des pourvois la veille, le jour même
de l'ouverture des débats. C'est pour faire cesser cet
abus que la loi de 1853 est intervenue.

Aujourd'hui, suivant la nouvelle rédaction de
l'art. 301, le recours contre l'arrêt de renvoi ne produit d'effet suspensif que dans le cas où il est formé

dans le délai légal, et avant le tirage du jury. Dans tout autre cas, il est procédé, nonobstant le pourvoi, à l'ouverture des débats et au jugement; et le pourvoi n'est soumis à la Cour de cassation qu'après l'arrêt définitif de la Cour d'assises.

L'effet suspensif du pourvoi cesse lorsque la Cour de cassation l'a *rejeté*. Les débats de la Cour d'assises doivent s'ouvrir immédiatement, sans qu'il soit nécessaire de signifier l'arrêt de rejet à l'accusé.

SECTION V. — AUDITION DES NOUVEAUX TÉMOINS.

Après la clôture de l'instruction par l'arrêt de mise en accusation, il peut surgir des preuves ou des révélations nouvelles. La loi charge le président des assises du soin de les recueillir. Si les témoins sont sur les lieux, il les interroge lui-même. Dans le cas contraire, il délègue, pour recevoir leurs dépositions, le juge d'instruction de l'arrondissement où ils résident, ou même d'un autre arrondissement (art. 303).

La jurisprudence n'attache pas une rigueur extrême à l'observation de la lettre de l'article. Elle considère comme légale la délégation d'un juge de paix, au lieu du juge d'instruction, en se fondant sur ce que les dispositions de l'art. 303 sont indicatives et non limitatives (Cass., 7 juillet 1847).

Le droit attribué au président d'entendre des *témoins nouveaux* n'exclut pas celui d'entendre des témoins qui ont déjà déposé dans l'instruction écrite. L'expression de *nouveaux témoins* doit être interprêtée dans le sens de *nouveaux témoignages* (Cass., arrêt des 22 avril 1836 et 22 avril 1847).

SECTION VI. — JONCTION ET DISJONCTION DES POURSUITES.

1° *Jonction des poursuites.* — L'art. 307 est ainsi conçu :

« Lorsqu'il aura été formé, à raison du même dé-
« lit, plusieurs actes d'accusation contre différents
« accusés, le procureur général pourra en requérir
« la jonction, et le président pourra l'ordonner,
« même d'office. »

Cet article n'est pas limitatif : il faut en conclure que l'on peut ordonner la jonction de plusieurs actes d'accusation dressés en même temps contre le *même individu*, à raison de crimes *différents*. La loi n'a pas prévu ce cas ; mais elle n'a pas prévu non plus le cas de plusieurs actes d'accusation dressés contre le même individu pour crimes *connexes*. Or, il est impossible de supposer que, dans cette hypothèse, le Code ait entendu prohiber la jonction. On peut juger à la fois le même accusé pour des faits différents, lorsqu'il n'y a qu'un acte d'accusation. Pourquoi en serait-il autrement lorsqu'il y en a plusieurs?

Mais de ce que l'art. 307 n'est pas limitatif, il ne s'ensuit pas que le président de la Cour d'assises ait le droit illimité d'ordonner la jonction. Il faut nécessairement qu'il y ait entre les divers crimes un lien de connexité. La jonction peut, en effet, préjudicier aux droits des accusés, car la faculté d'exercer des récusations diminue à mesure que leur nombre augmente.

L'ordonnance de jonction est signifiée à chacun des accusés par un huissier, ou par le greffier. Toutefois cette notification n'est pas exigée par la loi.

2° *Disjonction des poursuites.* — Lorsque l'acte d'accusation contient plusieurs délits non connexes, le procureur général peut requérir la disjonction, et le président peut l'ordonner d'office (art. 308). Aucun article du Code ne donne à l'accusé le droit de la demander.

La disjonction peut être ordonnée après l'opération du tirage au sort du jury (Cass., 6 février 1834). Il suffit qu'elle le soit *avant l'ouverture* des débats.

CHAPITRE III

DE LA COUR D'ASSISES.

Compétence. — La Cour d'assises est un tribunal criminel composé de deux éléments : le jury et la magistrature. Le jury déclare la culpabilité ou la non-culpabilité de l'accusé ; la magistrature applique la loi.

Elle est instituée pour juger les *crimes*, c'est-à-dire tous les faits de nature à être punis de peines afflictives et infamantes, et les dommages civils qui peuvent en être la conséquence. C'est là sa juridiction propre.

Elle juge aussi certains *délits*, tels que les *délits de presse* et les délits *politiques*.

En troisième lieu, si, devant la Cour d'assises, le fait

qualifié *crime* est reconnu ne plus constituer qu'un simple délit ou même qu'une *contravention*, elle n'en doit pas moins retenir la cause et la juger (art. 365).

Enfin, comme elle a la plénitude de juridiction, elle doit connaître de tous les faits dont elle se trouve saisie par les arrêts des chambres d'accusation, lors même que ces faits ne constitueraient que des délits ou des contraventions.

Dans certains cas, la Cour d'assises juge sans l'assistance du jury. Ainsi, elle juge, séance tenante, les délits (art. 181), et même les crimes (art. 507) qui viendraient à se commettre à ses audiences. — Elle juge également, sans assistance de jurés, le délit de compte-rendu infidèle de ses audiences (L. 25 mars 1822, art. 7).

Siége. — Il y a, dans chaque département, une Cour d'assises qui se tient, pour les départements où se trouve une Cour d'appel, au siége même de cette Cour, et pour les autres dans la ville où réside le tribunal chef-lieu judiciaire.

Par exception, dix Cours d'assises se tiennent séparées de la Cour d'appel, et quatre ne sont pas établies au chef-lieu administratif. Cette exception a été déterminée par l'existence, dans les villes où sont établies ces Cours, de bâtiments ayant servi aux anciens parlements, bailliages et sénéchaussées.

Tenue. — La Cour d'assises ne forme pas, comme les tribunaux criminels qu'elle a remplacés, une juridiction permanente.

Elle tient une session tous les trois mois. Le jour

de son ouverture est fixé par une ordonnance du premier président de la Cour d'appel.

Si le nombre des affaires l'exige, il est tenu une session extraordinaire, en vertu d'une autre ordonnance du premier président (art. 259, 260).

A Paris, il y a, par trimestre, cinq sessions extraordinaires et deux présidents : ce qui porte à vingt-quatre le nombre total de celles de l'année.

En général, une session ne doit pas se prolonger au delà de quinze jours (Circul. min. 14 mai 1812, 14 juin 1819).

Composition. — La Cour d'assises est composée : 1° d'un président; 2° de deux assesseurs; 3° d'un officier du ministère public; 4° d'un greffier; 5° de douze jurés.

Le président est un conseiller de la Cour d'appel nommé par le garde des sceaux. Le premier président peut, quand il le veut, présider lui-même la Cour d'assises (L. 20 avril 1810, art. 16).

Les assesseurs, dans les villes où siége la Cour d'appel, sont deux conseillers de cette Cour, désignés par le premier président; et, dans les autres villes, deux juges du tribunal du lieu, désignés par le premier président de la Cour, sur l'avis du procureur général (art. 252, 253, modifiés par la loi du 21 mars 1855).

Les membres de la Cour d'appel qui ont voté sur la mise en accusation, et le juge d'instruction, ne peuvent ni présider les assises, ni siéger comme assesseurs (art. 257).

17.

Le ministère public est rempli, au siége de la Cou d'appel, par le procureur général, ou par l'un de ses avocats généraux ou substituts; et dans les autres villes, par le procureur de la République, ou par un de ses substituts, ou un juge suppléant. — Le procureur général peut toujours s'y transporter ou y envoyer un membre de son parquet (art. 253 284).

Le greffier est celui de la Cour ou du tribunal, ou l'un de ses commis assermentés (art. 253).

Les jurés sont les douze citoyens qui ont été tirés au sort, avant l'ouverture de l'audience, parmi les jurés maintenus sur la liste de session. Ils forment le *jury de jugement* (art. 399).

CHAPITRE IV

DU JURY.

Faire l'histoire du jury, serait faire l'histoire de ses variations. Depuis quatre-vingt-un ans que cette institution a été inaugurée, elle a été remaniée treize fois.

Notre cadre ne nous permet pas de faire ici le résumé, même succinct, de ses transformations. Nous nous bornerons à dire quelques mots du décret du 7 août 1848 et de la loi du 4 juin 1853. Nous donnerons ensuite l'analyse de la nouvelle loi du 21 novembre 1872.

1° *Décret du 7 août 1848* (1). — Tous les Français, âgés de trente ans, jouissant de leurs droits civils et politiques, doivent être portés dans chaque département, sur la liste *générale* du jury, sauf les cas d'incapacités, d'incompatibilités ou de dispenses.

La liste générale se forme, pour chaque département, au moyen de la réunion des listes communales.

La liste, pour chaque commune, est dressée par le maire, sur la liste générale des électeurs, qui devient ainsi la source de la liste du jury. Cette liste est affichée, et tout citoyen a dix jours pour présenter ses réclamations qui sont jugées par le conseil municipal, sauf recours devant le tribunal civil, lorsque la réclamation se fonde sur une incapacité légale, et devant le conseil de préfecture, lorsqu'elle est fondée sur toute autre cause. — Cette liste est permanente. Le maire la rectifie tous les ans, en retranchant les jurés décédés et devenus incapables, et en ajoutant les citoyens qui ont acquis les conditions exigées.

Toutes les listes communales sont fondues en une seule par le préfet qui dresse ainsi la liste générale du département, par canton et par ordre alphabétique.

La liste générale dressée, il s'agit de procéder à la formation de la liste annuelle.

(1) Nous croyons devoir donner ici l'analyse de ce décret qui ne tardera pas à être remis en vigueur.

La liste annuelle comprend un juré par deux cents habitants, en prenant pour base le tableau officiel de la population. Toutefois le nombre total des jurés ne peut excéder trois mille dans le département de la Seine, et quinze cents dans les autres départements.

Le nombre de jurés est réparti, à Paris, entre les arrondissements, et dans les départements entre les cantons, proportionnellement au nombre des jurés portés sur la liste générale. Cette répartition est faite par le préfet en conseil de préfecture.

Le contingent de chaque canton ainsi déterminé, la désignation des jurés qui doivent figurer sur la liste annuelle est faite par une commission réunie au chef-lieu de canton et composée : 1° du conseiller général du canton, président ; 2° du juge de paix, vice-président, et de deux conseillers municipaux par commune.

La liste des cantons achevée, le préfet dresse, en les réunissant, la liste annuelle de service.

A côté de la liste annuelle, la loi a placé une liste *supplémentaire*, c'est-à-dire une liste spéciale de jurés suppléants pris, en dehors de la liste annuelle, parmi les citoyens de la ville où se trouvent les assises. Elle est destinée à fournir des jurés aux assises, dans le cas où des jurés cités ne se présenteraient pas. Elle se compose de cinquante jurés pour chaque département, et de trois cents pour Paris. Elle est dressée par la commission chargée de former le jury du lieu où siégent les assises.

Enfin, dix jours au moins avant l'ouverture des assises, le président de la Cour d'appel ou le président du chef-lieu judiciaire, tire au sort, en audience publique, sur la liste annuelle, les noms des *trente-six* jurés qui formeront la liste de session. Il tire, en outre, six jurés suppléants sur la liste supplémentaire.

2° *Loi du 4 juin* 1853. — La loi de 1853 changea entièrement le système précédent. Elle supprima la *liste générale*, et confia à des commissions le soin de préparer et d'arrêter définitivement les listes annuelles.

Le nombre des jurés était de deux mille pour Paris et de cinq cents à deux cents pour les départements. Ils étaient choisis par deux commissions. La première, réunie au chef-lieu de canton et composée du juge de paix, président, et de tous les maires du canton, dressait une liste préparatoire contenant un nombre de noms triple de celui fixé pour le contingent du canton par l'arrêté de répartition.

La seconde commission, dite commission d'arrondissement, composée du préfet ou du sous-préfet, président, et de tous les juges de paix de l'arrondissement, formait la liste définitive d'arrondissement, en éliminant les deux tiers des noms proposés. — Elle pouvait élever ou abaisser le contingent cantonal fixé par le préfet, mais sans en excéder le quart, et sans modifier le contingent de l'arrondissement.

Les listes d'arrondissement définitivement arrêtées étaient envoyées au préfet qui dressait immédiatement, par ordre alphabétique, la liste annuelle du département.

La loi de 1853 admettait, comme le décret de 1848, une liste spéciale de jurés suppléants. Cette liste était composée de deux cents jurés pour Paris, et de cinquante pour les départements.

Il est inutile de faire remarquer les profondes modifications introduites par ce système. Plus de liste générale : par conséquent, plus de publication, de rectification, d'action des intéressés ou des tiers pour l'admission ou la radiation sur la liste ; la formation des listes abandonnée, pour ainsi dire, à l'arbitraire de l'administration ; les commissions composées de fonctionnaires tous nommés par le pouvoir ; enfin les jurés devenus, par leur petit nombre, une sorte de classe privilégiée : telles étaient les innovations qui faisaient de cette loi le renversement de l'ordre judiciaire.

Un des premiers actes du Gouvernement de la défense nationale avait été de remettre en vigueur le décret du 7 août 1848. Tel fut l'objet du décret du 14 octobre 1870.

Depuis cette époque, le décret de 1848 fonctionnait de nouveau sans qu'on eût pu remarquer aucun abaissement de la répression en matière ordinaire. Mais en matière politique, les résultats avaient été bien différents. De nombreux acquittements que le ministre de la justice n'a pas craint de qualifier d'*étonnants* avaient ému le Gouvernement, qui, dans le but d'arriver à raffermir l'action de la justice, pré-

senta la nouvelle loi qui nous reste à examiner.
Cette loi a donc un caractère politique indéniable.

SECTION I. — Des qualités requises pour être juré.

Les conditions essentielles pour être juré sont : 1° la qualité de Français ; 2° l'âge de trente ans accomplis ; 3° la jouissance des droits civils et politiques.

Telle est la règle formulée par l'art. 1. Les art. 2, 3, 4 et 5 énumèrent ensuite les causes d'incapacité, d'incompatibilité et de dispense.

§ 1. — *Des causes d'incapacité.*

L'art. 2 déclare incapables d'être jurés :

1° Les individus qui ont été condamnés soit à des peines afflictives et infamantes, soit à des peines infamantes seulement ;

2° Ceux qui ont été condamnés à des peines correctionnelles pour faits qualifiés crimes par la loi ;

3° Les militaires condamnés au boulet ou aux travaux publics ;

4° Les condamnés à un emprisonnement de trois mois au moins : toutefois, les condamnations pour délits politiques ou de presse, n'entraînent que l'incapacité temporaire dont il est parlé au paragraphe 11 ;

5° Les condamnés à l'amende ou à l'emprisonnement, quelle que soit sa durée, pour vol, escroquerie, abus de confiance, soustraction commise par des dépositaires publics, attentats aux mœurs prévus par

les art. 330 et 334 du Code pénal, usure ; les condamnés à l'emprisonnement pour outrage à la morale publique et religieuse, attaques contre le principe de la propriété et les droits de la famille, délits
commis contre les mœurs par l'un des moyens énoncés
dans l'art. 1er de la loi du 17 mai 1819 ; vagabondage
ou mendicité ; pour infraction aux dispositions des
art. 60, 63 et 65 de la loi sur le recrutement de l'armée et aux dispositions de l'art. 423 du Code pénal,
de l'art. 1er de la loi du 27 mars 1851, et de l'art. 1er
de la loi des 5-9 mai 1855 ; pour les délits prévus par
les art. 134, 142, 143, 174, 251, 305, 309, 345, 362,
363, 364 § 3, 365, 366, 387, 389, 399 § 2, 418 du
Code pénal ;

6° Ceux qui sont en état d'accusation ou de contumace.

Ne sont pas compris, par conséquent, dans l'incapacité établie par cet article, les prévenus en état
d'arrestation, ou en état de simple prévention correctionnelle. L'état d'accusation ou de contumace ne
résulte que d'un arrêt de la chambre d'accusation,
portant renvoi devant la Cour d'assises, pour un fait
qualifié *crime* ;

7° Les notaires, greffiers et officiers ministériels
destitués ;

8° Les faillis non réhabilités dont la faillite a été
déclarée soit par les tribunaux français, soit par jugement rendu à l'étranger, mais exécutoire en France.

L'homologation même du concordat ne suffit pas
pour restituer aux faillis leurs droits civils ;

9° Ceux auxquels les fonctions de jurés ont été interdites en vertu de l'art. 396 du Code d'instruction criminelle et de l'art. 42 du Code pénal;

10° Ceux qui sont sous mandat d'arrêt ou de dépôt.

L'incapacité qui résulte du mandat d'arrêt ou de dépôt est essentiellement temporaire. Dès que le mandat est levé, le prévenu qui en était l'objet redevient apte à faire partie du jury. Ainsi, écarté par la commission cantonale, il peut être admis par la commission d'arrondissement, si sa mise en liberté a précédé les opérations de cette commission ;

11° Les condamnés à un *emprisonnement de moins de trois mois* pour quelque délit que ce soit, même pour les délits politiques ou de presse, pendant cinq ans seulement;

12° Les interdits, les individus pourvus de conseils judiciaires, ceux qui sont placés dans un établissement public d'aliénés, en vertu de la loi du 30 juin 1838.

Aux termes de l'art. 4 :

Ne peuvent être jurés, les domestiques et serviteurs à gages, ceux qui ne savent pas lire et écrire en français.

Remarquons que ces deux catégories de personnes sont comprises sous la formule : *ne peuvent être jurés*, et non sous celle : *sont incapables d'être jurés*. Il y a là une nuance qui a son but.

L'inaptitude qui est attachée à cette situation est fondée sur ce que les jurés doivent être à l'abri de toute espèce d'influence, et posséder le degré d'instruction indispensable pour saisir les preuves, et prendre communication des pièces qui leur sont remises.

§ 2. — *Des causes d'incompatibilité.*

Il y a deux sortes d'incompatibilités : les incompatibilités absolues et les incompatibilités relatives.

Les incompatibilités absolues sont celles qui résultent de fonctions inconciliables avec la qualité de juré.

Les incompatibilités relatives sont celles qui ont seulement pour effet d'empêcher certaines personnes de siéger dans des circonstances données.

Les premières sont énumérées dans l'art. 3 de la nouvelle loi. D'après cet article, les fonctions de juré sont incompatibles avec celles de député, de ministre, membre du conseil d'État, membre de la Cour des comptes, sous-secrétaire d'État ou secrétaire général d'un ministère, préfet ou sous-préfet, secrétaire général de préfecture, conseiller de préfecture, membre de la Cour de cassation et des Cours d'appel, juge titulaire ou suppléant des tribunaux civils et des tribunaux de commerce, officier du ministère public près les tribunaux de première instance, juge de paix, commissaire de police, ministre d'un culte reconnu par l'État, militaire de l'armée de terre ou de mer en activité de service et pourvu d'emploi, fonctionnaire ou préposé du service actif des douanes, des contributions indirectes, des forêts de l'État et de l'administration des télégraphes, instituteur primaire communal.

La règle générale en cette matière, c'est que les incompatibilités sont de droit étroit. Les titulaires seuls sont exclus du jury. Les fonctionnaires qui les remplacent ne peuvent se prévaloir du principe de l'incompatibilité. Ainsi, un conseiller d'arrondissement faisant fonctions de sous-préfet, ne pourrait invoquer l'art. 3 pour se dispenser de siéger. Seulement la Cour d'assises peut lui accorder une dispense.

On remarquera qu'il n'existe pas d'incompatibilité pour les maires et adjoints, bien qu'au moment où la loi a été promulguée, ils fussent appelés à connaître, comme juges de police, de certaines contraventions, ni pour les prud'hommes. Il en est de même pour les greffiers, bien qu'ils soient membres de l'ordre judiciaire. Celui même de la Cour d'assises n'est point incapable d'être juré.

Les incompatibilités relatives sont établies par l'art. 392. Nul ne peut être juré dans la même affaire où il aura été officier de police judiciaire, témoin, interprète, expert ou partie, à peine de nullité.

§ 3. — *Des causes de dispense.*

Sont dispensés des fonctions de juré :

1° Les septuagénaires ;

2° Ceux qui ont besoin pour vivre de leur travail manuel et journalier ;

3° Ceux qui ont rempli lesdites fonctions pendant l'année courante ou l'année précédente (art. 5).

Comme la loi nouvelle a supprimé les listes générales, la disposition de cet article devra s'exécuter en ce sens que les commissions chargées de dresser les listes annuelles ne devront pas y comprendre les personnes dont il s'agit.

SECTION II. — DE LA COMPOSITION DE LA LISTE ANNUELLE.

C'est sous cette section que se trouvent les principales innovations de la loi. Elles portent sur le nombre des jurés et sur l'autorité chargée de composer la liste annuelle.

D'après le décret du 7 août 1848, il y avait un juré par deux cents habitants, sans que le nombre total pût excéder trois mille dans le département de la Seine, et quinze cents dans les autres départements. La loi nouvelle substitue à cette proportion celle d'un juré sur cinq cents habitants, sans toutefois que le nombre des jurés puisse être inférieur à quatre cents et supérieur à six cents. Le nombre des jurés est de trois mille pour le département de la Seine (art. 6).

Ce nombre est réparti, par arrondissement et par canton, proportionnellement au tableau officiel de la population. Cette répartition est faite par arrêté du préfet pris sur l'avis conforme de la commission départementale, et, pour le département de la Seine, sur l'avis conforme du bureau du Conseil général, au mois de juillet de chaque année.

A Paris, la répartition est faite entre les arrondissements et les quartiers.

En adressant au juge de paix l'arrêté de répartition, le préfet lui fait connaître les noms des jurés
du canton désignés par le sort pendant l'année courante et pendant l'année précédente (art. 7).

Les art. 8 à 14 déterminent ensuite l'autorité chargée de composer la liste nouvelle.

Ce soin est confié à deux commissions : une commission cantonale chargée d'établir une liste préparatoire et une commission d'arrondissement statuant
définitivement après révision de la liste préparatoire.

La commission cantonale est composée du juge de
paix et de ses suppléants et de tous les maires du
canton. Elle dresse une liste préparatoire qui contient
un nombre de noms double de celui fixé pour le
contingent du canton (art. 8).

A Paris, les listes préparatoires sont dressées pour
chaque quartier par une commission composée du
juge de paix de l'arrondissement ou d'un suppléant
du juge de paix président, du maire de l'arrondissement ou d'un adjoint, du conseiller municipal
nommé dans le quartier, et en outre de quatre personnes désignées par ces trois premiers membres
parmi les jurés qui ont été portés l'année précédente
sur la liste de l'arrondissement, et qui ont leur domicile dans le quartier.

La commission d'arrondissement est composée de
tous les juges de paix du canton et des membres du
conseil général, sous la présidence du président du
tribunal civil, ou d'un juge délégué par lui.

A Paris, la commission est composée, pour chaque arrondissement, du président du tribunal civil de la Seine ou d'un juge délégué par lui, président, du juge de paix de l'arrondissement et de ses suppléants, du maire, des quatre conseillers d'arrondissement.

La commission d'arrondissement se réunit au chef-lieu judiciaire, sur la convocation faite par le président du tribunal civil.

Elle peut porter, sur la liste définitive, des personnes qui n'ont point été inscrites sur les listes préparatoires des commissions cantonales, sans toutefois que le nombre de ces noms puisse excéder le quart de ceux qui sont portés pour le canton.

Elle a également la faculté d'élever ou d'abaisser, pour chaque canton, le contingent proportionnel fixé par le préfet, sans toutefois que la réduction ou l'augmentation puisse excéder le quart du contingent du canton, ni modifier le contingent de l'arrondissement.

Les décisions sont prises à la majorité; en cas de partage, la voix du président est prépondérante.

La nouvelle loi, comme les précédentes, place à côté de la liste annuelle, une liste *supplémentaire*. Cette liste se compose de 50 jurés pour chaque département, et de 300 pour Paris. Elle est dressée par la commission de l'arrondissement où se tiennent les assises (art. 15).

SECTION III. — DE LA COMPOSITION DE LA LISTE DE SESSION.

Dix jours au moins avant l'ouverture des assises,

le premier président de la Cour d'appel ou le président du tribunal chef-lieu d'assises, dans les villes où il n'y a pas de Cour d'appel, tire au sort, en audience publique, sur la liste annuelle, les noms des trente-six jurés qui formeront la liste de la session; il tire, en outre, quatre jurés suppléants sur la liste spéciale (art. 18).

L'opération du tirage au sort est constatée par un procès-verbal dont la minute est expédiée avec la liste du jury de session, et transmise immédiatement au préfet, pour être notifiée par extrait aux jurés de service.

SECTION IV. — CONVOCATION DES JURÉS DE SESSION.

La liste entière des jurés appelés à siéger pendant une session n'est pas envoyée aux citoyens qui la composent, mais le préfet notifie à chacun d'eux un *extrait* de la liste qui constate que son nom y est porté. Cette notification est faite par un huissier ou un gendarme, huit jours au moins avant celui où la liste doit servir. Ce jour est mentionné dans la notification, laquelle contient aussi une *sommation* de se trouver au jour indiqué, sous les peines portées par la loi.

Tout juré qui ne s'est pas rendu à son poste sur la citation qui lui en a été notifiée, est condamné par la Cour d'assises à une amende, qui est, pour la première fois, de 200 à 500 fr., pour la seconde fois, de 1000 fr., et pour la troisième, de 1500 fr. — Cette dernière fois, il est de plus déclaré incapable d'exercer, à l'avenir, les fonctions de juré. L'arrêt doit être imprimé et affiché à ses frais (art. 392).

Les mêmes peines sont applicables au juré qui, après s'être rendu à son poste, s'est retiré sans une excuse valable, ou s'est mis, par sa faute, dans l'impuissance de remplir ses fonctions. Les jurés défaillants peuvent se pourvoir, par voie d'opposition, devant la Cour qui les a condamnés.

Les jurés qui justifient qu'ils étaient dans l'impossibilité de se rendre au jour indiqué sont exceptés des peines portées par l'art. 396. La Cour prononce souverainement sur la validité de l'excuse (art. 397).

Il ne faut pas confondre les *excuses* avec les *dispenses*.

Les excuses ne s'entendent que des causes qui empêchent un juré de se présenter, ou, s'il s'est présenté, qui l'obligent à se retirer.

Les causes de dispenses sont tous les faits qui empêchent un juré qui s'est présenté de prendre part aux opérations du jury.

Excuses. — L'impossibilité de venir ou de rester est la seule cause d'excuse proprement dite. — Cette impossibilité est ordinairement fondée sur une maladie ou une infirmité grave. Dans ce cas, elle est constatée par un certificat de médecin, chirurgien ou officier de santé, rédigé sur timbre, et affirmé sincère et véritable, devant le juge de paix, par son rédacteur. Le médecin qui aurait délivré un faux certificat encourrait un emprisonnement de deux à cinq ans. S'il y avait eu dons ou promesses, la peine serait le

bannissement, et elle atteindrait aussi le juré corrup-
teur (art. 160, C. pén.).

La très grave maladie d'un proche peut être un motif suffisant d'excuse. Ainsi, un juré qui vient d'apprendre que sa mère est à l'extrémité peut être autorisé à se retirer (Cass., 15 avril 1830).

L'impossibilité dont il est question dans l'art. 396 doit s'entendre même d'une impossibilité morale. — Ainsi, on pourrait excuser un juré qui justifierait avoir été dans l'impossibilité morale de comparaître, parce qu'il s'exposait, en se montrant, à être constitué prisonnier : tel serait le cas où un juré serait sous le coup d'une contrainte par corps (1), ou d'une condamnation correctionnelle. Le Code n'autorise pas, en effet, pour ce cas, la délivrance d'un sauf-conduit, comme il le permet pour un témoin.

En outre, la réunion du Conseil général doit être regardée comme un motif d'excuse pour les jurés qui en sont membres (circulaire du ministre de la justice, du 12 nov. 1816).

Dispenses. — La loi a laissé les cas de dispense à l'appréciation des magistrats. Il eût été impossible de les examiner.

L'indisposition subite d'un juré avant la formation du tableau peut être une cause de dispense. Il en est de même de certaines fonctions publiques. Ceux qui en sont investis n'ont point de cause légale

(1) On sait que la contrainte par corps, qui a été abolie en principe, par la loi du 22 juillet 1867, a été maintenue pour le recouvrement des amendes, des frais et des dommages-intérêts.

d'exemption, mais les Cours d'assises peuvent user de leur pouvoir discrétionnaire en les exemptant du service effectif, tout en leur laissant la qualité de jurés, et en se fondant seulement sur la nécessité de ne pas entraver les autres fonctions dont ces jurés sont revêtus.

Les Cours d'assises peuvent également prononcer des dispenses lorsqu'elles s'aperçoivent de quelque irrégularité sur la liste du jury. Ainsi elles peuvent exempter les jurés dont le maintien sur la liste amènerait l'annulation de la procédure.

Indépendamment des motifs d'excuse et de dispense, il peut se rencontrer chez un juré des causes d'incapacité, *permanentes* ou *accidentelles*, qu'il doit faire connaître à la Cour.

Les incapacités *permanentes* sont : le défaut de nationalité, le défaut d'âge, la privation des droits civils ou politiques, l'ignorance de la langue française, et les incapacités et incompatibilités nombreuses prévues par l'art. 2 de la loi nouvelle.

Les noms des jurés atteints d'incapacités permanentes doivent être rayés de la liste de session.

Les incapacités *accidentelles* sont celles qui résultent, pour un juré, d'avoir, par exemple, figuré dans une des affaires du rôle comme officier de police judiciaire. A l'égard des jurés dans cette position, leurs noms sont simplement retirés de l'urne par le président, lors du tirage du jury de jugement pour l'affaire dont ils ne peuvent connaître ; ils y sont rétablis pour les tirages suivants.

Toutes les réclamations et pièces doivent être adressées au procureur général, ou au procureur de la République, suivant que les assises se tiennent au siége de la Cour d'appel ou dans un autre département.

SECTION V. — FORMATION DU JURY DE SESSION.

Le jour de l'ouverture des assises et à l'heure indiquée, les jurés se réunissent dans la salle d'audience de la Cour. Le greffier fait l'appel des jurés portés sur la liste. Le ministère public s'explique sur les excuses ou incompatibilités que font valoir les jurés défaillants, ou ceux qui ont comparu, mais qui veulent se faire dispenser.

La Cour examine les pièces; elle entend les jurés présents; elle sursoit à statuer lorsque les justifications lui paraissent insuffisantes. Elle prononce enfin, s'il y a lieu, les amendes requises contre les défaillants.

Elle prononce la radiation de la liste annuelle des noms des jurés décédés, de ceux qui exercent des fonctions permanentes incompatibles avec celles de juré, et de ceux qui sont atteints d'infirmités jugées incurables.

Quant à ceux dont la maladie, l'infirmité, ou toute autre cause d'empêchement n'est que temporaire, elle prononce la radiation de leurs noms de la liste de service seulement.

Lorsque, par l'effet des radiations qu'elle a prononcées, le nombre des jurés titulaires se trouve réduit au-dessous de trente, la Cour ordonne qu'il sera complété par les jurés suppléants (art. 393).

Si, tous les suppléants appelés, la liste se trouve encore inférieure à trente, il y a lieu à un tirage *complémentaire*. Ce tirage est fait par le président, à l'audience et publiquement, dans une urne où sont placés les noms des jurés de la ville, étrangers à la liste annuelle, et portés sur la liste supplémentaire formée d'après l'art. 15 de la loi nouvelle.

Il est également procédé à un tirage complémentaire, au cours de la session, lorsque le nombre des jurés de service devient inférieur au nombre légal, par suite de l'indisposition d'un juré ou d'une incompatibilité accidentelle qui vient de l'atteindre. Ces tirages complémentaires doivent se renouveler tant que la liste des trente n'est pas complétée par la présence des jurés complémentaires à l'audience. Les jurés ainsi désignés par le sort ne peuvent s'excuser de ce service inattendu sur le motif qu'ils auraient déjà siégé dans une des quatre sessions précédentes. L'art. 393 exclut formellement des dispositions de l'art. 391, relatives aux exemptions fondées sur un service antérieur, les remplacements opérés pour compléter la liste de session.

C'est aussi à l'audience, et par un arrêt, que la Cour, dans les procès qui paraissent de nature à entraîner de longs débats, ordonne, s'il y a lieu, qu'indépendamment des douze jurés de jugement, il en sera tiré un ou deux autres, qui assisteront aux débats pour remplacer ceux des premiers qui se trouveraient indisposés (1).

(1) Il est bon de préciser les dénominations diverses qui s'appli-

Dans le même cas, la Cour peut s'adjoindre un conseiller ou juge supplémentaire, pour remplacer l'assesseur qui viendrait à être empêché.

La liste de service arrêtée, la Cour se retire, s'il y a lieu, pour procéder au tirage du jury de jugement.

Toutes les opérations relatives à la formation du jury de session sont constatées par un procès-verbal, signé du président et du greffier.

SECTION VI. — FORMATION DU JURY DE JUGEMENT.

Le tirage du jury de jugement se fait, dans chaque affaire, avant l'ouverture de l'audience (art. 399), soit dans la chambre du conseil, soit dans la chambre des jurés, soit même dans la salle d'audience avant l'introduction du public, si ce local est le seul assez spacieux.

Le président, assisté du greffier, procède à cette opération, en présence des jurés non excusés et non dispensés, — de l'accusé et de son conseil, — et du ministère public.

quent aux jurés, suivant le rôle qu'ils sont appelés à jouer. La liste de session se compose de trente-six jurés ordinaires et de quatre jurés *supplémentaires*. Lorsque, par l'effet des radiations, le nombre des jurés ordinaires se trouve réduit au-dessous de trente, il est complété par les jurés *supplémentaires*. Lorsque, tous les supplémentaires appelés, la liste se trouve encore inférieure à trente, les jurés tirés au sort, en vertu de l'article 15, prennent le nom de *complémentaires*. Enfin dans les affaires d'une longue durée, les jurés tirés en sus des douze du tableau, pour remplacer ceux qui se trouveraient empêchés, sont des jurés *suppléants*.

18.

Le président demande aux accusés leurs noms pour constater leur identité, et le greffier fait l'appel des jurés maintenus sur la liste de service.

A mesure qu'un juré répond à l'appel, son nom, inscrit sur un carton, ou sur une tablette ou une boule de bois, est jeté par le président dans une urne.

Avant de commencer le tirage, le président avertit l'accusé du nombre de récusations que la loi lui donne le droit d'exercer ; il ajoute, dans l'usage, que le ministère public a la même faculté.

Le président tire ensuite, et successivement, les noms des douze jurés qui doivent former le jury de jugement.

A mesure que les noms sortent de l'urne, l'accusé ou son conseil, et le ministère public, peuvent exercer leurs récusations, mais sans pouvoir les motiver (art. 399).

L'accusé et le ministère public peuvent exercer un nombre égal de récusations ; cependant, si les jurés sont en nombre impair, l'accusé peut exercer une récusation de plus (art. 401). Mais si l'une des parties s'arrête dans ses récusations avant d'avoir épuisé son droit, l'autre ne peut pas excéder le nombre des récusations qui lui appartiennent.

S'il y a plusieurs accusés, ils peuvent se concerter pour exercer leurs récusations, ou bien les exercer séparément, mais sans pouvoir, dans aucun cas, excéder le nombre de récusations déterminé pour un seul accusé (art. 402).

S'ils ne se concertent pas, le sort règle entre eux

le rang dans lequel ils font leurs récusations. Dans ce cas, les jurés récusés par un seul, et dans cet ordre, le sont pour tous, jusqu'à ce que le nombre des récusations soit épuisé (art. 403).

Enfin, les accusés peuvent se concerter pour exercer une partie des récusations, sauf à exercer le surplus suivant le rang fixé par le sort (art. 404). — Mais le plus souvent, ils laissent ce soin à leurs défenseurs, généralement plus répandus qu'eux dans la connaissance des personnes appelées à composer le jury.

Le jury est formé à l'instant où il est sorti de l'urne douze noms de jurés non récusés. Dès ce moment aucune récusation ne peut plus être exercée.

Le *chef du jury* est le premier juré désigné par le sort. Mais la loi autorise les jurés à se choisir un autre chef, sans qu'il soit besoin du consentement de celui dont le nom est sorti le premier de l'urne. Elle ne demande le consentement que de celui des jurés à qui ses collègues défèrent, par élection, les fonctions de chef.

Il est procédé successivement au tirage des jurys de jugement de toutes les affaires qui doivent être jugées le même jour. L'art. 405 prescrit, il est vrai, de commencer l'examen de l'accusé immédiatement après la formation du tableau du jury ; mais la jurisprudence a décidé que l'usage actuel, pratiqué dès la mise en vigueur du Code, n'avait rien de contraire à l'esprit de la loi (Cass., 28 juin 1838).

Le greffier rédige un procès-verbal détaillé des opérations du tirage au sort, et des récusations. Ce procès-verbal doit être signé par le président et le greffier.

CHAPITRE V

DE L'EXAMEN, DU JUGEMENT ET DE L'EXÉCUTION.

Nous sommes maintenant arrivés au moment où l'accusé comparaît devant le jury, et nous allons essayer de retracer, aussi fidèlement que possible, une audience de la Cour d'assises.

SECTION I. — DE L'EXAMEN.

Nous diviserons, pour plus de clarté, cette section, en quatre paragraphes : 1° les débats ; 2° le résumé ; 3° la position des questions ; 4° la délibération et la déclaration des jurés.

§ 1. — *Des débats.*

1° *Ouverture des débats.* — A l'heure indiquée, les jurés et la Cour prennent séance. L'accusé comparaît libre, et seulement accompagné de gardes, et les débats s'ouvrent.

Le président interroge l'accusé pour constater son identité. Il rappelle au défenseur les dispositions de l'art. 311, et l'invite à s'y conformer. Après cet avertissement, il lit aux jurés, debout et découverts, la formule du serment. Chaque juré prête serment, *à peine de nullité* (art. 312).

Le président avertit l'accusé d'être attentif à ce

qu'il va entendre; puis le greffier lit à haute voix l'arrêt de renvoi et l'acte d'accusation.

A ce moment, la partie civile, s'il y en a une, prend qualité et pose des conclusions à cet effet. Elle peut intervenir jusqu'à la clôture des débats (art. 67), même après avoir été entendue comme témoin.

C'est aussi à ce moment que le ministère public requiert le *huis clos*, s'il y a lieu (Constitution du 4 novembre 1848, art. 81). Mais la publicité étant la règle générale, le huis clos forme une exception qui n'est pas susceptible d'extension. Tout ce qui précède et suit les débats doit rester public, à *peine de nullité*. Le huis clos ne prend fin que pour le résumé du président. Il est interrompu, et l'on doit ouvrir les portes pour le prononcé des arrêts rendus, pendant les débats, sur des incidents.

Le ministère public expose ensuite le sujet de l'accusation (art. 315). Dans l'usage, cet exposé n'est fait que dans les affaires extrêmement ardues. Le greffier lit, à haute voix, la liste des témoins à charge et à décharge. Cette liste ne doit contenir que les noms des témoins qui ont été notifiés, vingt-quatre heures auparavant, à l'accusé par le procureur général et la partie civile, et au procureur général par l'accusé.

L'accusé et le procureur général ont le droit de s'opposer à l'audition des témoins non notifiés.

L'appel des témoins terminé, le président les fait retirer dans leur chambre, et peut prendre des précautions pour les empêcher de conférer entre eux du délit et de l'accusé (art. 316).

2° *Interrogatoire.* — La loi n'impose pas au président l'obligation d'interroger l'accusé. Nulle part, il n'est question d'un interrogatoire général de l'accusé, mais l'usage l'a rendu presque obligatoire et l'a fait placer avant l'audition du premier témoin.

L'art. 327 autorise le président à faire sortir momentanément un ou plusieurs des accusés pendant l'interrogatoire des autres, ou durant la déposition d'un témoin, mais à la charge de leur rendre compte de tout ce qui a été fait pendant leur absence. Toutefois le président n'est tenu de le faire qu'après avoir interrogé l'accusé sorti de l'audience, sans quoi la mesure autorisée par l'art. 317 perdrait sa principale utilité.

L'accusé n'est pas obligé de répondre à l'interrogatoire. Nul ne peut être contraint de s'accuser luimême.

3° *Dépositions des témoins.* — Les témoins sont entendus dans l'ordre fixé par le procureur général. On entend en premier lieu les témoins assignés à la requête de ce magistrat; puis ceux de la partie civile, enfin ceux de l'accusé (art. 321).

Les témoins prêtent serment, à *peine de nullité.* Le serment n'est pas obligatoire pour les témoins âgés de moins de quinze ans. Quant à ceux qui sont appelés en vertu du pouvoir discrétionnaire du président, ils ne peuvent prêter serment (art. 269).

La loi veut que le président demande aux témoins, avant leur déposition, s'ils sont parents, alliés ou au service de l'accusé ou de la partie civile (art. 317). Après quoi, ils déposent *oralement*, sans être interrompus.

L'art. 322 défend d'entendre :

1° Les parents ou alliés de l'accusé jusqu'au deuxième degré inclusivement, le mari ou la femme. — Toutefois la jurisprudence admet qu'ils peuvent être interrogés, à titre de renseignements, sans prestation de serment, en vertu du pouvoir discrétionnaire du président ;

2° Les dénonciateurs récompensés pécuniairement.

L'audition de ces divers témoins n'opère pas nullité, si aucune opposition n'a été formée à leur déposition.

On ne peut forcer à déposer les témoins que leur profession oblige au secret, lorsqu'ils n'ont connu les faits par eux recueillis que dans l'exercice de leurs fonctions. Tels sont les médecins, chirurgiens, officiers de santé, pharmaciens, sages-femmes, avocats, avoués, confesseurs (art. 378 C. pén.).

Après chaque déposition, le président demande à l'accusé s'il veut répondre à ce qui vient d'être dit contre lui (art. 319).

Les pièces de conviction doivent lui être présentées, ainsi qu'aux témoins, et il doit être interpellé de répondre s'il les reconnaît (art. 329).

4° *Plaidoiries.* — Après l'audition des témoins, les plaidoiries commencent. On entend d'abord l'avocat de la partie civile, s'il y en a une, puis l'officier du ministère public, enfin le défenseur et l'accusé lui-même.

La réplique est permise à la partie civile et au ministère public ; mais l'accusé et son conseil ont toujours la parole les derniers, et ils ont le droit de dire tout ce qui peut être utile à la défense.

D'après la jurisprudence, la loi ne veut pas que les jurés puissent être influencés par des considérations tirées de la peine applicable au crime qui est l'objet de l'accusation soumise à leur appréciation. Elle se base sur l'art. 342 qui dispose : « que les « jurés manquent à leur premier devoir, lorsque, « pensant aux dispositions des lois pénales, ils consi- « dèrent les suites que pourra avoir, par rapport à « l'accusé, la déclaration qu'ils ont à faire. » En con- séquence, la plupart des présidents d'assises ne per- mettent pas au défenseur de parler de la peine. Mais il est bien difficile d'appliquer ce principe dans toute sa rigueur, et de forcer les jurés à juger ma- chinalement. Il vaut mieux, dans l'intérêt de l'accu- sation, comme dans celui de la défense, que la lu- mière soit faite sur tous les points.

5° *Police de l'audience.* — Le président a la police de l'audience. Tout ce qu'il ordonne pour le main- tien de l'ordre doit être ponctuellement exécuté, et à l'instant. Si un ou plusieurs individus, quels qu'ils soient, causent du tumulte d'une manière quelcon- que ; et si, après l'avertissement des huissiers, ils ne rentrent pas dans l'ordre sur-les-champ, il leur est enjoint de se retirer, et les résistants sont saisis et dé- posés à la maison d'arrêt pour vingt-quatre heures. Si le tumulte a été accompagné d'injures ou voies de fait, les délinquants peuvent être jugés séance tenante par la Cour.

6° *Pouvoir discrétionnaire.* — Le président a le droit d'ordonner tout ce que, dans sa conscience et son honneur, il croit utile à la découverte et à la manifestation de la vérité (art. 268). Le pouvoir discrétionnaire est facultatif et spontané. Personne n'a le droit d'en requérir l'exercice.

Il serait impossible de donner une énumération complète des actes abandonnés au pouvoir discrétionnaire du président, ces actes variant selon les circonstances. Nous nous bornerons à en mentionner quelques-uns.

Le président peut, en vertu de son pouvoir discrétionnaire :

1° Ordonner une expertise ;

2° Donner connaissance au jury des déclarations faites par l'accusé devant le juge d'instruction ;

3° Appeler et entendre, dans le cours des débats, *toutes personnes* qui lui paraîtraient pouvoir répandre un jour utile sur les faits ;

4° Faire lire toutes les pièces qu'il regarde comme étant de nature à conduire à la manifestation de la vérité ; et, à l'inverse, décider que certaines pièces de l'instruction ne seront pas lues.

§ 2. — *Du résumé.*

Après les plaidoiries et les répliques, le président déclare les débats terminés. Si le huis clos avait été ordonné, les portes de l'audience sont rouvertes. Le président prononce ensuite son résumé. Il fait remarquer aux jurés les principales preuves pour ou contre l'accusé (art. 335, 336), telles qu'elles résultent des débats, et non telles qu'elles ont été présentées par l'accusation ou la défense.

La loi n'autorise aucune réclamation, ni aucune conclusion contre le résumé. Cependant, si le président, sortant du cercle des preuves relevées par les débats, avait présenté des faits nouveaux ou des pièces nouvelles, le ministère public et l'accusé seraient fondés à faire rouvrir les débats sur ces faits ou ces pièces (Cass., 3 juillet 1856).

Le président donne ensuite lecture au jury des questions que la loi le charge de poser.

§ 3. — *De la position des questions.*

Cette matière a besoin d'être étudiée avec soin. Nous examinerons, sous ce paragraphe : 1° les questions tirées de l'arrêt de renvoi ; 2° les questions résultant des débats, ou questions subsidiaires ; 3° les questions complexes et alternatives ; 4° les questions de droit ; 5° le mode de position des questions.

1° *Questions tirées de l'arrêt de renvoi.* — Les questions doivent embrasser le fait principal, et toutes les circonstances qui peuvent le modifier, afin que l'accusation soit complétement purgée, et qu'il demeure certain qu'elle a été présentée aux jurés sous toutes ses faces.

Les questions embrassent d'abord le *fait principal* avec tous les éléments constitutifs du crime.

Elles commencent par la formule : un tel est-il *coupable* d'avoir, etc. Le mot *coupable* comprend à la fois la moralité et la matérialité du fait. Il résume à lui seul l'intention criminelle, et son emploi dispense de la position d'une question intentionnelle distincte.

Les questions portent ensuite sur les *circonstances aggravantes* résultant de l'acte d'accusation, *sous peine de nullité*. Ainsi, en matière de *vol*, la circonstance aggravante de l'*escalade* ou de l'*habitation*, doit faire l'objet d'une question. En matière d'*attentat à la pudeur*, la circonstance que l'auteur de l'attentat était *le père* de la jeune fille doit être énoncée dans la question posée au jury. Mentionnons encore l'*âge* de la victime, dans le cas d'enlèvement d'une mineure au-dessous de seize ans, et la *préméditation*, en cas de meurtre.

Les questions comprennent aussi, *à peine de nullité*, les faits d'*excuse légale*, que l'accusé aura proposés. Le ministère public a le droit de requérir la position d'une question d'excuse ; et nous ne voyons rien dans la loi qui empêche de la poser d'*office*.

Il doit être posé autant de questions d'excuse qu'il y a de faits principaux excusables (Cass., 29 mai 1857).

Enfin elles portent encore, à peine de nullité, sur le *discernement* de l'accusé, lorsque celui-ci n'a pas seize ans accomplis (art. 340). On sait que cette minorité particulière change fréquemment le crime en délit.

Lorsqu'il y a plusieurs chefs d'acusation, la question de discernement doit être posée pour chaque chef. L'accusé peut, en effet, avoir commis les uns sans discernement, et les autres avec discernement.

Les faits destructifs de la culpabilité, tels que la *violence*, la *démence*, la *légitime défense*, ne doivent pas faire l'objet d'une question spéciale, parce qu'ils sont compris dans la question intentionnelle résumée par le mot *coupable*. Ils effacent le crime ; et, par conséquent, ils ne doivent pas être confondus avec l'excuse qui l'atténue seulement

Quant aux *circonstances atténuantes* elles ne doivent pas faire l'objet d'une question écrite. Ce sont les jurés qui décident spontanément, si ces circonstances existent, et le président doit, à peine de nullité, les avertir du pouvoir que la loi leur confère à cet égard.

2° *Questions résultant des débats*. — Lorsque les débats révèlent un fait *nouveau*, distinct de celui qui est l'objet de l'accusation, ce fait ne doit pas faire l'objet d'une question aux jurés, mais devenir la matière d'une question particulière. Si, au contraire, les faits nouveaux révélés par les débats ne sont que des *circonstances* ou des *modifications* du fait principal, le président doit les soumettre aux jurés, alors même qu'ils auraient pour résultat d'aggraver le crime, de l'atténuer, ou même de le convertir en un simple délit.

Ainsi, en matière de vol, le président peut poser au jury une question concernant l'emploi de fausses clefs, comme résultant des débats, bien que la chambre d'accusation eût écarté cette circonstance.

En matière de *viol*, il peut poser la question d'*attentat à la pudeur avec violence*; et en matière d'attentat à la pudeur *sans violence* ou même celle d'*outrage public* à la pudeur.

En matière d'*infanticide*, il peut poser une question d'*homicide involontaire*; en matière de *meurtre*, une question de *coups et blessnres* volontaires, ayant occasionné la mort.

Enfin, lorsqu'un individu a été poursuivi comme *auteur* d'un crime et que cette qualification disparaît à l'audience, le président peut interroger le jury sur le point de savoir s'il est *complice* de ce crime.

Ces questions se nomment *subsidiaires*; mais elles ne peuvent être posées au jury, que lorsque le fait nouveau résultant des débats a une corrélation évidente avec le crime qui fait le sujet de l'accusation. Ainsi, dans une accusation d'infanticide, le président ne pourrait poser, comme résultant des débats, la question de *suppression d'enfant* ou d'*avortement*; ni, dans une accusation de *banqueroute frauduleuse*, la question d'*escroquerie*. — Ce sont là des faits principaux et distincts, qui ne peuvent être soumis au jury, qu'après une nouvelle instruction; et par lesquels, lorsqu'ils se produisent aux débats, le ministère public doit faire des réserves, afin de mettre obstacle à l'élargissement de l'accusé, en cas d'acquittement sur l'accusation première.

3° *Questions complexes et alternatives*. — Sous le

Code de brumaire an IV, aucune question complexe n'était permise. La base de la législation était la *division* en autant de questions séparées, des divers éléments de culpabilité. Ainsi, il fallait : une question pour l'existence du fait; une pour l'intention criminelle; une pour la culpabilité. Cette manière de procéder compliquait outre mesure les opérations du jury et faisait naître une foule d'embarras.

Le Code d'instruction criminelle avait adopté un système tout opposé. Au lieu d'imposer la division des divers éléments de la criminalité, il en avait ordonné la réunion dans cette formule unique : l'accusé est-il *coupable*? Ce point a été conservé.

En second lieu, il permettait la réunion, dans une seule question, du fait principal et des circonstances aggravantes. Ce système favorisait l'impunité; car il suffisait qu'une des circonstances aggravantes ne fût pas établie pour que le jury dût répondre négativement à la question unique qui lui était posée.

La loi du 13 mai 1836, se tenant dans une juste mesure, se contenta de défendre la complexité pour le fait principal et les circonstances aggravantes, ou pour les circonstances aggravantes entre elles, et permit d'agglomérer les circonstances constitutives du crime.

Il existe cependant deux crimes, qui dans l'état actuel de la jurisprudence donnent lieu à une question complexe. Ces crimes sont l'*infanticide* et le *parricide*, qui sont composés de deux éléments bien distincts, savoir : dans l'un, le meurtre d'un enfant et sa qualité d'enfant *nouveau-né ;* dans l'autre, le meurtre d'un individu, et sa qualité de *père* ou de *mère* ou *ascendant* du meurtrier. Néanmoins la Cour de cassation décide (à tort selon nous) qu'il n'y a lieu, dans ce cas, de poser qu'une question.

Il existe aussi des questions dites *alternatives* qu'on a toujours regardées comme vicieuses, parce qu'elles sont entachées de complexité. Ainsi, il y aurait complexité et nullité dans des questions ainsi posées : l'accusé est-il auteur ou complice de tel crime? — A-t-il agi avec ou sans discernement? On ne peut, en effet, y répondre par oui ou par non. La jurisprudence admet cependant les questions alternatives dans les cas où les deux faits, objet de l'alternative, sont punis de la même peine : par exemple le fait d'avoir exposé un enfant dans un lieu solitaire *ou* d'avoir donné l'ordre de l'exposer; — le fait d'une extorsion de billets commise par force, violence *ou* contrainte : le fait d'un attentat à la pudeur consommé *ou* tenté (art. 132, 331, 332, 400, C. pén.) — Dans ces différents cas, l'alternative peut être soumise au jury par une seule et même question. Il n'y a pas complexité, car les deux branches de l'alternative se rapportent à deux faits constitutifs du même crime.

4° *Questions de droit.* — Le jury prononce sur le fait, sur l'intention et sur les circonstances aggravantes. Mais a-t-il le pouvoir d'apprécier le caractère légal du fait ? C'est là une délicate et difficile question. La rédaction de l'art. 337 semble autoriser une réponse affirmative, car elle est ainsi conçue : l'accusé est-il coupable d'avoir commis tel *meurtre*, tel *vol*, etc. ? Or, c'est là une question formulée, non en fait, mais en droit. Le *meurtre* est la définition légale de l'homicide volontaire; le *vol*, de la soustraction frauduleuse. Il semblerait donc que le jury prononce sur la *qualification*, c'est-à-dire sur la criminalité *légale* du fait.

D'un autre côté, l'art. 342 invite les jurés à ne se déterminer que par leur *intime conviction*, ce qui exclut l'idée même de question de droit.

La jurisprudence résout la difficulté par une distinction :

Ou le délit a été défini par la loi, ou il ne l'a pas été.

Dans le premier cas, le jury n'a pas le droit de statuer sur la qualification. Les questions doivent porter sur les éléments constitutifs du crime. Au lieu de mettre dans la question le fait défini, on doit poser tous les éléments de la définition.

Ainsi, en matière de *faux*, c'est aux jurés à prononcer sur la fabrication ou l'altération coupable de certains actes ; mais c'est à la Cour à juger si ces faits constituent un faux, et à déterminer quelle espèce de faux (Cass., 5 mars 1840).

Dans le second cas, c'est-à-dire, lorsque le crime n'a pas été défini par la loi (comme le viol, l'attentat à la pudeur), c'est au jury à décider, si tel ou tel fait constitue tel ou tel crime. Il y a là, en effet, dans le silence de la loi une simple question de fait.

5° *Mode de position des questions.* — Les art. 337 et

338 règlent la forme dans laquelle doivent être posées les questions, mais leurs dispositions ne sont point prescrites à peine de nullité. En général, la position des questions est régulière lorsqu'elle est conforme soit aux faits de l'accusation tels qu'ils résultent de l'arrêt de renvoi et de l'acte d'accusation, soit au résultat des débats. L'ordre des questions n'importe pas plus que leurs termes.

L'accusé et le ministère public ont le droit d'élever des réclamations sur la position des questions. Ce droit n'est écrit nulle part dans le Code d'instruction criminelle, mais il est formellement reconnu par la jurisprudence. Ces réclamations doivent être présentées avant l'entrée du jury dans la chambre des délibérations.

Tant qu'il n'y a pas de réclamation, le président peut poser seul les questions, soit qu'elles résultent de l'acte d'accusation, soit qu'elles sortent des débats; mais dès qu'il se manifeste, soit de la part de la défense, soit de celle du ministère public, une réclamation sur la position des questions, ce débat forme une matière contentieuse qui sort des attributions du président, et sur laquelle la Cour d'assises entière doit prononcer.

La lecture des questions achevée, le président avertit le jury :

1° Que sa décision ne peut se former contre l'accusé qu'à la majorité, à peine de nullité;

2° Que le vote doit avoir lieu au scrutin secret, sans que le nombre des voix puisse être exprimé;

19.

3° Enfin, à peine de nullité, que s'il pense à la majorité, qu'il existe des circonstances atténuantes, il doit en faire la déclaration.

Le président fait ensuite remettre au chef du jury la liste des questions, l'acte d'accusation, les procès-verbaux, et les pièces du procès, autres que les déclarations écrites des témoins (art. 341).

Les jurés se retirent ensuite dans leur chambre pour y délibérer.

§ 4. — *De la délibération et de la déclaration des jurés.*

Arrivés dans leur chambre, les jurés ne peuvent en sortir qu'après avoir terminé leur délibération. L'entrée n'en peut être permise que par le président, et par écrit.

Le président doit donner au chef de la gendarmerie de service l'ordre spécial et par écrit de faire garder les issues de la chambre des jurés.

Le juré contrevenant peut être puni d'une amende de 500 francs. Tout autre qui enfreint l'ordre, ou qui ne l'a pas fait exécuter, peut l'être d'un emprisonnement de vingt-quatre heures. De ce que le président peut autoriser la communication des jurés avec le dehors, la jurisprudence a conclu que ce magistrat avait le droit de pénétrer lui-même dans la chambre du jury ; mais, en même temps, elle a décidé qu'une invitation préalable du chef des jurés, au nom de ses collègues, était nécessaire pour rendre licite cette communication (Cass., 13 octobre 1826).

Avant de commencer la délibération, le chef du jury donne lecture de l'instruction qui rappelle aux jurés leurs obligations, et qui est affichée en gros caractères dans le lieu le plus apparent de leur chambre.

Les jurés délibèrent sur le fait principal et ensuite sur chacune de ses circonstances. Le vote a lieu au scrutin secret, d'après la loi du 13 mai 1836. L'ancien art. 345 prescrivait le vote oral sur chacune des questions. Il en résultait que l'opinion de chacun pouvait se répandre au dehors.

Le vote s'opère par bulletins écrits et fermés et par scrutins distincts et successifs, sur le fait principal, sur les circonstances aggravantes, sur les faits d'excuse légale, sur la question de discernement, et enfin sur la question des circonstances atténuantes que le chef du jury est tenu de poser, toutes les fois que la culpabilité de l'accusé a été reconnue.

Quant aux questions *subsidiaires*, il n'y a pas lieu de s'en occuper lorsque la réponse sur la question principale est affirmative. De même, lorsque le fait principal a été écarté, il n'est pas nécessaire de répondre aux questions sur les circonstances aggravantes.

Le dépouillement de chaque scrutin est fait par le chef du jury, en présence des jurés qui peuvent vérifier les bulletins. Le résultat en est consigné dans la colonne destinée aux réponses. Après chaque dépouillement, les bulletins sont brûlés.

Les bulletins *blancs* ou *illisibles*, ceux qui porteraient *oui et non* doivent être comptés pour l'acquittément. *Six* voix suffisent pour faire déclarer un bulletin illisible.

La décision se forme, depuis la loi du 10 juin 1853, à la majorité, tant *contre l'accusé* que sur les *circonstances atténuantes*. Ainsi pour la condamnation, et pour l'admission des circonstances atténuantes, il faut *sept* voix sur *douze*. — *Six* voix suffisent pour l'acquittement, pour l'admission des excuses et pour la déclaration de non-discernement.

En aucun cas, le nombre des voix ne doit être exprimé.

La déclaration du jury doit être signée par le chef des jurés, à peine de nullité.

Lorsque les opérations de la délibération sont terminées, les jurés rentrent dans l'auditoire et reprennent leurs places. Le président demande au chef du jury quel est le résultat de la délibération. — Le chef du jury se lève et donne lecture du verdict. Cette lecture doit avoir lieu en audience publique, en présence de la Cour, de tous les jurés, du ministère public et du défenseur. L'accusé ne doit point assister à cette lecture.

La feuille du verdict, signée par le chef du jury, est remise au président qui la signe, et la fait signer par le greffier.

C'est à ce moment que la Cour, s'il y a des omissions ou des irrégularités, dans le verdict, décide s'il y a lieu de renvoyer les jurés dans leur chambre pour les réparer. C'est aussi à ce moment qu'elle peut user de la faculté qu'elle tient de l'art. 352, de dé-

clarer qu'il y a lieu à de nouveaux débats : « Dans le
« cas où l'accusé est reconnu coupable, et si la Cour
« est convaincue que les jurés, tout en observant les
« formes, se sont trompés au fond, elle déclare qu'il
« est sursis au jugement, et renvoie l'affaire à la ses-
« sion suivante pour y être soumise à un nouveau
« jury, dont ne peut faire partie aucun des jurés
« qui ont pris part à la déclaration annulée. — Nul
« n'a le droit de provoquer cette mesure. La Cour ne
« peut l'ordonner que d'office, immédiatement après
« que la déclaration du jury a été prononcée publi-
« quement.

« Après la déclaration du second jury, la Cour ne
« peut ordonner un second renvoi, même quand cette
« déclaration serait conforme à la première. »

Le président fait ensuite comparaître l'accusé, et
le greffier lit en sa présence, à peine de nullité, la
déclaration du jury. Une fois lu à l'accusé, le verdict
lui est acquis.

Lorsque, sur plusieurs accusés, il y en a d'acquittés, ceux-là sont introduits les premiers. On lit la
partie de la déclaration qui les concerne, et il est statué immédiatement à leur égard.

SECTION II. — Du jugement et de l'exécution.

§ 1. — *Du jugement.*

La Cour d'assises prononce différemment selon
que le jury a rapporté une déclaration de non-culpabilité ou une déclaration de culpabilité.

Dans le premier cas, l'accusé est *acquitté ;* dans le second, il est condamné ou *absous.*

1° *Déclaration de non-culpabilité.* — Lorsque l'accusé a été déclaré *non coupable,* le président prononce, par une simple *ordonnance,* son acquittement et sa mise en liberté s'il n'est retenu pour autre cause. Le ministère public n'a aucune conclusion à prendre à cet égard. L'acquittement est irrévocable, et ne peut être annulé par la cassation de la procédure pour vice de forme, ou dans l'intérêt de la loi.

2° *Déclaration de culpabilité.* — Lorsque l'accusé a été déclaré *coupable,* le ministère public requiert l'application de la peine, et la partie civile conclut à ses réparations. Le président demande à l'accusé, à peine de nullité, s'il n'a rien à dire pour sa défense (art. 363).

L'accusé ni son conseil ne peuvent plus plaider que le fait est faux, mais seulement qu'il n'est pas défendu ou qualifié délit par la loi, ou qu'il ne mérite pas la peine dont le ministère public a requis l'application, ou qu'il ne comporte pas les dommages-intérêts réclamés par la partie civile.

Absolution. — Si le fait dont l'accusé a été déclaré coupable n'est pas punissable, la Cour prononce *l'absolution.* Ce résultat peut se présenter en cas d'excuse *absolutoire.* Ainsi, en matière de fausse monnaie, l'accusé qui procure l'arrestation des auteurs ou complices, est exempt de toute peine. Il peut avoir lieu également, lorsque la poursuite est *pres-*

crite : par exemple, lorsque un individu poursuivi comme coupable d'un *vol qualifié,* commis depuis plus de trois ans, n'est déclaré coupable que d'un vol simple. En ce cas, en vertu de la prescription acquise, la loi pénale ne doit pas être appliquée.

Mais c'est à tort selon nous que la Cour de cassation a décidé qu'il y avait lieu à absolution, dans le cas où l'accusé, mineur de seize ans, était déclaré avoir agi *sans discernement,* et dans le cas où l'accusé était en état de démence. En effet, l'art. 66 du Code pénal, dit formellement : que l'accusé de moins de seize ans, s'il est décidé qu'il a agi, sans discernement, doit être *acquitté.* Dans ce cas, l'acquittement est prononcé par le président en vertu des pouvoirs qui lui sont propres, et la détention dans une maison de correction, par la Cour. Mais comme la Cour serait dessaisie par l'ordonnance d'acquittement, le président doit, avant de la rendre, mettre en délibération la question de détention.

D'un autre côté, aux termes de l'art. 64 du Code pénal : il n'y a ni crime ni délit lorsque l'accusé était en état de démence, lors du fait à raison duquel il est poursuivi. Il n'y a donc pas lieu à un arrêt d'absolution. En effet, dans ce cas, comme dans le précédent, un des éléments de la culpabilité manque, et si le jury a employé le mot *coupable*, il n'a entendu lui donner que le sens du fait matériel.

L'intérêt de la question est dans les différences qui séparent l'acquittement de l'absolution. Ces différences sont les suivantes :

1° L'acquittement est prononcé par le président, et l'absolution par la Cour elle-même (art. 358, 364) ;

2° L'acquittement étant le résultat d'une décision de fait est à l'abri du pourvoi en cassation, de la part du ministère public. Il n'en est pas de même de l'arrêt d'absolution qui résout une question de droit.

3° En cas d'acquittement l'accusé doit être mis en liberté immédiatement, s'il n'est retenu pour autre cause. — En cas d'absolution, le ministère public peut détenir l'accusé pendant les délais du pourvoi (art. 358, 375) ;

4° Enfin, d'après la jurisprudence, l'accusé absous peut être condamné aux frais du procès ; l'accusé acquitté ne peut pas l'être.

Condamnation. — Si le fait est punissable, la Cour prononce la peine établie par la loi, même dans le cas où, d'après les débats, il sortirait de la compétence de la Cour d'assises.

Si l'accusé est déclaré excusable, la Cour prononce, conformément au Code pénal.

La délibération a lieu à voix basse, soit dans l'auditoire même, soit dans la Chambre du conseil. L'arrêt est prononcé à haute voix par le président, en présence du public, et de l'accusé. La loi exige qu'il donne lecture du texte de la loi pénale, avant de prononcer l'arrêt, et qu'il avertisse l'accusé qu'il a trois jours pour se pourvoir en cassation contre l'arrêt (art. 369, 371, 373). — Ces trois jours sont *francs*, ce qui fait quatre jours (Cass., 7 décembre 1832).

La Cour prononce ensuite sur les frais, sur les restitutions et les dommages-intérêts.

Frais. — En cas d'acquittement pur et simple, l'accusé ne peut être éondamné aux frais. Il y a exception pour les frais occasionnés par le défaut ou par la contumace (art. 187, 478).

En cas d'acquittement pour faute de discernement, le mineur de seize ans est tenu des frais, d'après la jurisprudence. Mais il n'est pas contraignable par corps.

En cas d'absolution, l'accusé peut être condamné aux frais, suivant les circonstances (Cass., 22 décembre 1831).

Enfin, en cas de condamnation, il doit toujours les supporter.

Restitutions. — La Cour ordonne aussi que les effets *pris* seront restitués à leur propriétaire (art. 366); même lorsqu'il y a eu acquittement (Cass., 30 mars 1843).

Dommages-intérêts. — La Cour statue ensuite sur les dommages-intérêts demandés, soit par la partie civile, soit par l'accusé (art. 359).

Nous avons vu que devant les tribunaux correctionnels et de simple police, l'accusé renvoyé ou absous ne pouvait pas être condamné à des dommages-intérêts. Il en est autrement devant les Cours d'assises.

Cette différence s'explique historiquement et tient à la position des questions sous notre Code d'instruction criminelle.

Sous le Code de Brumaire an IV, les jurés étaient interrogés, par des questions séparées, sur la matérialité du fait et sur sa moralité. Ils déclaraient d'abord si le fait était constant, ensuite si l'accusé en était l'auteur, et s'il avait agi volontairement et avec l'intention de nuire. S'ils déclaraient que le fait n'était pas constant, ou que l'accusé n'en était pas l'auteur, le tribunal criminel ne pouvait évidemment pas le condamner à des dommages-intérêts.

Aujourd'hui, on ne divise plus les questions. Les jurés répondent simplement que l'accusé est ou n'est pas *coupable*, expression qui comprend à la fois la matérialité du fait et l'intention. Or, quand l'accusé a été déclaré *non-coupable*, on ne sait pas si le jury a voulu dire que l'accusé n'était pas l'auteur du fait, ou seulement qu'il n'avait pas agi avec une intention criminelle, et comme, d'un autre côté, la loi autorise la Cour d'assises à statuer, même en cas d'acquittement, sur les dommages-intérêts réclamés contre l'accusé, il s'ensuit que cette Cour peut examiner, dans l'intérêt de l'action civile seulement, si l'accusé n'a pas été l'auteur du fait qui sert de base à cette action. Elle remplit alors les fonctions du tribunal civil, en prenant pour règle les principes posés dans les art. 1382 et suivants du Code civil. En effet, la partie plaignante doit se trouver dans la même situation que si elle avait, dès le principe, saisi de son action en dommages-intérêts le tribunal civil, et que cette action eût été suspendue par des poursuites criminelles. Or, dans ce cas, il est incontestable que.

même après l'acquittement du prévenu sur les poursuites intervenues, elle eût été fondée à reprendre la suite de son action civile.

En résumé, la déclaration négative du jury fait disparaître la culpabilité des accusés sous le rapport de la loi pénale, mais elle n'exclut pas la matérialité du fait, et le préjudice qui a pu en résulter pour le plaignant. Mais il faut, bien entendu, que la condamnation à des dommages-intérêts ne soit pas en contradiction évidente avec le verdict du jury, et inconciliable avec lui. Autrement, il y aurait violation de la chose jugée.

Procès-verbal. — Le greffier doit dresser, à peine de nullité, un procès-verbal de la séance, à l'effet de constater l'accomplissement des formalités prescrites. — Ce procès-verbal est signé par le président et le greffier.

§ 2. — *De l'exécution.*

L'exécution des arrêts de la Cour d'assises est confiée aux officiers du ministère public (art. 376). Ces arrêts sont exécutoires lorsqu'ils sont devenus définitifs : c'est-à-dire, pour ceux qui n'ont pas été attaqués, le cinquième jour après le prononcé : pour ceux contre lesquels il y a eu un pourvoi lorsque l'arrêt de la Cour de cassation qui l'a rejeté a été reçu par le procureur général (art. 375).

La peine de *mort* est subie sur l'une des places publiques de la ville chef-lieu judiciaire, à moins que la Cour d'assises n'ait désigné un lieu spécial dans l'arrêt (art. 12, 26, C. pén.).

Les *travaux forcés* ne sont prononcés que contre les condamnés de moins de soixante ans. A cet âge, la peine est convertie en réclusion (Loi du 30 mai 1854, art. 5).

Cette peine est subie dans une possession française, autre que l'Algérie, pour les hommes; et pour les femmes, dans une maison centrale ou de force, quel que soit leur âge (art. 16, C. pén.).

Les forçats transportés aux colonies sont tenus d'y résider, après l'expiration de leur peine : ceux condamnés à moins de huit ans, pendant un temps égal à la durée de leur condamnation ; ceux condamnés à huit ans ou plus, pendant toute leur vie (Décret du 27 mars 1852, art. 6; Loi du 30 mai 1854, art. 6).

La *déportation* dans une enceinte fortifiée se subit dans la presqu'île Ducos, dans la Nouvelle-Calédonie, et la déportation simple, dans l'île des Pins; et, en cas d'insuffisance, dans l'île Maré, dépendance de la Nouvelle-Calédonie (Loi du 23 mars 1872).

La *réclusion*, l'*emprisonnement* correctionnel de plus d'un an, pour les deux sexes, se subissent dans les maisons centrales (art. 21, C. pén.); l'*emprisonnement* d'un an ou moins, dans les maisons d'arrêt (art. 40, C. pén.).

La *détention correctionnelle*, infligée aux mineurs de moins de seize ans, se subit, suivant la durée, dans les maisons centrales ou les maisons d'arrêt (art. 66, C. pén.), et surtout dans des établissements spéciaux établis à Mettray (Indre-et-Loire), à Saint-Ilan (Côtes-du-Nord), etc. (Loi du 5 août 1850).

Enfin, les *amendes et frais* sont recouvrés par les receveurs des domaines; au besoin. par la voie de la contrainte par corps.

TITRE III

DES MANIÈRES DE SE POURVOIR CONTRE LES ARRÊTS DU JUGEMENT.

Les manières de se pourvoir contre les arrêts ou jugements rendus en dernier ressort sont : le *pourvoi en cassation*, qui est fondé sur une erreur de droit, et le *pourvoi en révision*, fondé sur une erreur de fait.

Les arrêts des Cours d'assises, rendus par *contumace*, ne sont susceptibles d'aucun recours de la part du condamné ; mais ils sont anéantis par sa comparution volontaire ou forcée, avant la prescription de la peine.

Bien que notre titre ne traite que des *manières de se pourvoir*, nous placerons ici quelques explications sur la procédure spéciale que nécessite l'état de contumace.

CHAPITRE PREMIER

DE LA CONTUMACE.

On désigne sous le nom de *contumace*, l'état de celui qui ne se présente pas dans les dix jours de la notification à son domicile de l'arrêt de mise en accusation ; ou qui, s'étant présenté ou ayant été saisi, s'est évadé avant le jugement. Celui qui se trouve dans cet état est appelé *contumax*.

Dans ce cas, le président de la Cour d'assises doit rendre une ordonnance portant que le contumax sera tenu de se présenter dans un délai de dix jours, sinon qu'il sera déclaré rebelle à la loi, qu'il sera suspendu de ses droits de citoyen, que ses biens seront séquestrés, que toute action en justice lui sera interdite, et que toute personne est tenue d'indiquer le lieu où il se trouve.

Après l'expiration des dix jours, il est procédé au jugement de la contumace (art. 467). Aucun conseil ne peut se présenter pour défendre l'accusé (art. 468). Aucune exception ne peut être élevée en son nom. Seulement, si l'accusé est absent du territoire européen de la France, ou s'il est dans l'impossibilité absolue de se rendre, ses parents ou ses amis peuvent présenter son excuse, et en plaider la légitimité (art. 468). Mais ils ne sauraient être admis à discuter l'accusation.

Si la Cour trouve légitime l'excuse présentée, elle ordonne qu'il soit sursis au jugement de l'accusé et au sequestre de ses biens (art. 469).

Lorsqu'il n'est pas présenté d'excuse ou lorsque l'excuse n'est pas admise ; il est procédé à la lecture de l'arrêt de renvoi et des actes qui l'ont suivi ; et la Cour, sur les conclusions du ministère public, et et après avoir entendu les parties civiles, s'il y a lieu, prononce sur la contumace, sans assistance de jurés.

Si le contumace est condamné, ses biens sont, à partir de l'exécution de l'arrêt, considérés et régis comme biens d'absent (art. 471).

S'il est acquitté, l'arrêt qui le renvoie de l'accusation a les mêmes effets que s'il avait été rendu contradictoirement.

Si l'accusé se constitue prisonnier, ou s'il est arrêté avant que la peine soit prescrite, l'arrêt rendu par contumace est anéanti de plein droit, et il est procédé *dans la forme ordinaire* (art. 476). — Si la peine encourue par le contumax est prescrite, la loi veut que son crime soit mis en oubli. Mais il ne peut prescrire l'action publique que par les délais fixés pour la prescription de la peine qui lui a été infligée. Ainsi, un individu est condamné par contumace pour un crime. On sait que, dans ce cas, la peine se prescrit par vingt ans (art. 635). Quatre ans après cette condamnation, il est arrêté, jugé, et le jury ne le reconnaît coupable, en définitive, que d'un délit. Il ne pourra être affranchi de la peine, sous prétexte que l'action publique résultant d'un délit se prescrit par trois ans.

Le contumax qui, après s'être représenté, obtient son renvoi de l'accusation, est toujours condamné aux frais occasionnés par sa contumace (art. 478).

CHAPITRE II

DU POURVOI EN CASSATION.

La voie de la cassation est ouverte, soit aux parties engagées dans le procès, dans leur intérêt particulier, soit au gouvernement dans l'intérêt abstrait de la loi. Elle s'exerce sous forme de pourvoi ou de requête devant la Cour de cassation.

Nous traiterons séparément des deux sortes de pourvoi que nous venons d'indiquer.

SECTION I. — POURVOI DANS L'INTÉRÊT DES PARTIES.

Décisions susceptibles de pourvoi. — En général, les jugements et arrêts de tous les tribunaux criminels sont sujets au recours en cassation. Par exception, les jugements rendus par les tribunaux militaires ne peuvent être déférés à la Cour de cassation, que par les condamnés non militaires, et pour cause d'incompétence seulement (Loi du 9 juillet 1857, art. 80 et 81).

Dans tous les cas, la décision attaquée doit être définitive et en dernier ressort. Les jugements par défaut sont définitifs et en dernier ressort, lorsque le délai de l'opposition est expiré. Ce n'est donc qu'à partir de cette époque que le pourvoi est recevable.

Les décisions *préparatoires* et *d'instruction* ne

peuvent être attaquées qu'après l'arrêt ou le jugement définitif. Toutefois, celles qui ont été rendues sur la *compétence*, peuvent l'être immédiatement (art. 416).

Les ordonnances des juges d'instruction ne sont que des actes préparatoires, qui ne peuvent être attaqués que par la voie de l'*appel* ou *opposition*, devant la chambre d'accusation. Les art. 34, 80 et 86 font exception à cette règle. Le premier s'occupe de la peine à infliger à la personne qui contrevient à la défense de sortir de la maison dans laquelle un flagrant délit a été constaté; le second permet au juge d'instruction de prononcer une amende contre toute personne citée qui n'a pas comparu; le troisième prononce la même peine, contre le témoin qui a produit, et contre l'officier de santé qui a redigé un faux certificat de maladie ou d'infirmités.

Dans ces trois cas, la loi dispose, d'une manière expresse, que le juge d'instruction prononce sans *opposition ni appel*. Ses ordonnances peuvent dont être attaquées immédiatement par la voie du recours en cassation, puisque la loi les déclare elle-même *définitives* et *en dernier ressort*.

Nous nous sommes déjà occupés du pourvoi en cassation contre les arrêts de la chambre d'accusation; contre les jugements des tribunaux de simple police; contre les jugements des tribunaux correctionnels, et contre les arrêts des cours d'appels.

Nous rappelerons seulement ici ce que nous avons déjà dit relativement au délai, aux formes et à l'effet du pourvoi. Le délai général du pourvoi est de *trois jours*, à partir de la prononciation de la sentence ou depuis l'expiration du délai d'opposition. Il est de *cinq jours* pour les pourvois contre les arrêts de renvoi de la chambre d'accusation, et dans les quatre cas prévus par l'art. 299.

Il est de vingt-quatre heures pour les arrêts d'absolution et les ordonnances d'acquittement, lorsqu'il y a lieu de les attaquer et suivant les personnes (art. 374, 409).

Le pourvoi est suspensif de l'exécution du jugement ou de l'arrêt attaqué.

Le pourvoi se forme par une déclaration faite au greffier de la cour ou du tribunal qui a rendu la décision attaquée. Le greffier est tenu, lorsqu'il en est requis, de se transporter près du condamné. Cette déclaration peut être faite, soit par l'avoué, soit par un mandataire spécial du condamné.

Le demandeur en cassation en matière correctionnelle ou de simple police, doit consigner une amende de 150 fr. ou de 75 fr. si la décision est par défaut, sous peine de déchéance. En matière criminelle, la consignation n'est exigée que de la part de la partie civile.

Ceux dont l'état d'indigence est constatée sont dispensés de cette consignation.

Enfin, une autre condition est imposée pour la recevabilité du pourvoi, aux condamnés à une peine privative de la liberté : c'est *la mise en état,* c'est-à-dire l'obligation de se constituer préalablement prisonniers. Dans l'usage, on exige seulement que le demandeur se constitue au moment où la Cour de cassation doit statuer sur son pourvoi. — Les condamnés qui ont obtenu leur mise en liberté sous caution sont dispensés de la mise en état.

Il nous reste maintenant à parler du pourvoi contre les arrêts des cours d'assises.

Devant la Cour d'assises, l'affaire peut se terminer de trois manières différentes : par la condamnation de l'accusé, par son acquittement, par son absolution.

En cas de condamnation, pas de difficulté : le pourvoi est recevable, mais en est-il de même en cas d'acquittement, et en cas d'absolution ?

En ce qui concerne l'*ordonnance d'acquittement*, l'art. 409 est ainsi conçu : « Dans le cas d'acquitte-« ment de l'accusé, l'annulation de l'ordonnance « qui l'aura prononcé ne pourra être poursuivie par « le ministère public que dans l'*intérêt de la loi,* « et sans préjudicier à la partie acquittée. »

Dans ce cas, le pourvoi peut être formé par le ministère public près la cour d'assises, par exception à la règle, en vertu de laquelle le procureur général près la Cour de cassation a seul qualité pour se pourvoir dans l'intérêt de la loi.

En ce qui concerne l'*arrêt d'absolution*, il ne peut être attaqué par le ministère public que « si l'abso-« lution a été prononcée sur le fondement de la non-« existence d'une loi pénale qui pourtant avait « existé » (art. 410).

Quant à la *partie civile*, elle ne peut se pourvoir,

soit contre l'ordonnance d'acquittement, soit contre l'arrêt d'absolution, que lorsqu'il a été prononcé contre elle « des condamnations civiles, *supérieures aux demandes de la partie acquittée ou absoute* » (art. 412). Dans ce cas, cette disposition pourra être annulée, sur sa demande.

On distingue les arrêts de rejet et les arrêts de cassation :

De l'arrêt de rejet. — L'effet d'un arrêt de rejet est de donner à la décision attaquée la force de la chose irrévocablement jugée. L'arrêt de rejet est adressé, dans les trois jours, par le procureur général près la Cour de cassation, au ministre de la justice, et celui-ci l'envoie au magistat chargé du ministère public près la cour ou le tribunal qui a rendu l'arrêt ou le jugement attaqué (art. 439). — L'arrêt ou le jugement est exécuté dans les vingt-quatre heures de la réception de l'arrêt de rejet (art. 375).

En matière correctionnelle et de police, tout demandeur dont le pourvoi est rejeté est condamné à l'amende par le même arrêt.

En matière de grand criminel, l'amende n'est prononcée que contre la partie civile. La partie civile qui succombe dans son recours, soit en matière criminelle, soit en matière correctionnelle ou de police, est condamnée à une indemnité de 150 francs et aux frais, envers la partie acquittée ou absoute; elle est, en outre, condamnée envers l'État, à une amende de 150 francs, ou de 75 francs seulement, si l'arrêt ou le jugement a été rendu par contumace ou par défaut (art. 436).

De l'arrêt de cassation. — Si le pourvoi est admis, la cour casse l'arrêt et le jugement, et comme elle ne peut pas connaître du fond des affaires, elle renvoie la cause devant un tribunal ou devant une cour autre que celle qui a rendu la décision annulée. Telle est la règle générale, qui souffre quelques exceptions, comme nous le verrons en parlant des *cassations sans renvoi.*

En matière correctionnelle ou de simple police, la cour renvoie devant une cour ou un tribunal de même qualité que celui qui a rendu l'arrêt ou le jugement annulé (art. 427).

En matière criminelle, le renvoi a lieu de la manière suivante :

1° Si l'arrêt est annulé pour une des quatre causes exprimées en l'art. 299, le renvoi a lieu devant une Cour d'appel autre que celle qui a prononcé la mise en accusation. Dans ce cas, la cour de cassation ne renvoie pas directement devant les juges qui doivent statuer sur le fond. Il faut d'abord, avant de juger le fond, faire réparer l'instruction. La Cour d'appel à laquelle l'affaire est ainsi renvoyée, après avoir réparé l'instruction, désigne, dans son ressort, la Cour d'assises par laquelle le procès devra être jugé (art. 432).

2° Si l'arrêt est annulé pour cause de nullités commises à la Cour d'assises, la cour renvoie devant une autre Cour d'assises.

3° Si l'arrêt est annulé pour cause d'incompétence, la cour renvoie devant les juges qui en doivent connaître, et elles les désigne ;

4° Si l'arrêt est annulé, sur les chefs seulement qui concernent les intérêts civils, le renvoi a lieu devant un tribunal de première instance, lequel se trouve saisi, sans citation préalable, en conciliation. Ce cas se présente lorsque la partie civile s'est pourvue en cassation contre une ordonnance d'acquittement ou un arrêt d'absolution qui l'avait condamné à des dommages-intérêts *ultra petita*.

5° Si l'arrêt est annulé parce que le fait qui a servi de base à la condamnation, n'est pas qualifié crime ou délit par la loi, il faut distinguer s'il y a une partie civile en cause, ou s'il n'y en a pas. Au premier cas, le renvoi de l'affaire a lieu devant un tribunal civil, devant lequel la partie civile exposera sa demande en dommages-intérêts. Au second cas, la cassation est prononcée sans renvoi.

Effets du renvoi. — Il peut arriver que la cassation frappe sur l'arrêt de la Cour d'assises pour fausse application de la loi pénale, ou sur la déclaration du jury, pour vice de formes et nullités des débats.

Aux premier cas, comme, aux termes de l'art. 350 la déclaration régulière du jury est irréfragable, la nouvelle Cour d'assises n'est plus saisie que de la question relative à l'application de la peine, et elle rend son arrêt sur la déclaration déjà faite par le jury.

Au second cas, la procédure est mise à néant, et il

est procédé à de nouveaux débats devant la Cour de renvoi.

Le tribunal ou la Cour de renvoi, n'est pas tenu, après une *première* cassation, d'adopter la doctrine de la Cour suprême. Il juge selon sa conviction et ses lumières. S'il adopte la doctrine de la Cour de cassation, le défendeur originaire pourra former un nouveau pourvoi, sans qu'il soit possible d'y opposer l'exception de la chose jugée. Si, au contraire, il la repousse, c'est le demandeur qui aura le droit de former un second pourvoi.

Mais il en est autrement après deux arrêts de cassation. Aujourd'hui, depuis la loi du 1er avril 1837 le second tribunal de renvoi est tenu de se conformer sur le point de *droit*, au second arrêt de cassation, rendu toutes chambres réunies. L'art. 2 de cette loi est ainsi conçu : « Si le deuxième arrêt ou « jugement est cassé pour les mêmes motifs que le « premier, la cour ou le tribunal auquel l'affaire « est renvoyée se conforme à la décison de la Cour de « Cassation sur le point de droit jugé par cette « cour. »

Avant cette loi, après deux cassations d'une décision par les mêmes moyens, si le deuxième tribunal de renvoi n'adoptait pas la doctrine de la Cour de cassation, il devait en être *référé au pouvoir législatif* qui rendait alors une loi interprétative. Ce système était celui de la loi du 30 juillet 1828, abrogée par celle 1837.

Cassation sans renvoi et par voie de retranchement.

— La règle qui prescrit à la Cour de cassation de renvoyer l'affaire devant une autre cour ou un autre tribunal souffre quelques exceptions.

En premier lieu aucun renvoi n'est ordonné dans les cas de cassation dans l'*intérêt de la loi* ou d'*annulation pour excès de pouvoir*.

En second lieu, la cour casse sans renvoi, lorsque l'action publique est éteinte, par la prescription, l'amnistie, la chose jugée, etc.; et lorsque le fait se trouve n'être pas un délit qualifié par la loi, mais dans le cas seulement où il n'y a pas de partie civile.

Outre la cassation sans renvoi, la chambre criminelle procède par *voie de retranchement* lorsqu'elle casse, en laissant subsister la décision qui lui est déférée, les dispositions inutiles ou illégales qu'elle renferme. Ainsi, si un tribunal avait ajouté à la condamnation principale une condamnation dont la loi ne parlait pas, comme l'affiche de son jugement, la Cour de cassation se bornerait à casser, par voie de retranchement, l'aggravation de peine illégale.

Un exemple curieux de cassation par voie de retranchement a eu lieu en 1834. La Cour d'assises d'Eure-et-Loire avait condamné un individu aux travaux forcés à *perpétuité*, et elle avait ordonné qu'après l'*expiration de sa peine*, il demeurerait toute sa vie placé sous la surveillance de la haute police. La Cour de cassation considérant cette dernière disposition « *comme erronée, inutile et dérisoire* » a cassé par voie de retranchement, et maintenu les

autres condamnations prononcées (Cass., 13 septembre 1834).

SECTION II. — Pourvoi dans l'intérêt de la loi.

Le pourvoi dans l'intérêt de la loi a pour but de
maintenir l'uniformité de la jurisprudence et l'exacte
interprétation des lois. Cette voie d'annulation dans
l'intérêt des principes, n'est ouverte que contre les
jugements et *arrêts* proprement dits, et alors que le
délai du recours s'est écoulé sans qu'ils aient été attaqués. Le pourvoi dans l'intérêt de la loi est exercé
exclusivement par le procureur général près la Cour
de cassation, qui a l'initiative à cet égard. Cependant,
dans le cas d'*acquittement* de l'accusé, il peut l'être
par le ministère public près la Cour d'assises, dans
les vingt-quatre heures de sa prononciation.

La cassation dans l'intérêt de la loi est sans influence sur le sort des parties. L'arrêt n'en doit pas
moins être exécuté, puisqu'à leur égard, l'autorité
de la chose jugée est irrévocablement acquise.

Il ne faut pas confondre la cassation dans l'intérêt
de la loi avec l'*annulation pour excès du pouvoir*,
prévue par l'art. 441. L'annulation pour excès de
pouvoir est provoquée par l'ordre du ministre de la
justice, qui seul possède l'initiative. Le procureur
général doit justifier de cet ordre devant la Cour de
cassation. Elle frappe non-seulement les *jugements*
et *arrêts ;* mais tous les *actes*, quels qu'ils soient, contenant des excès de pouvoir. L'exercice de ce re-

cours extraordinaire n'est subordonné à aucun délai.

L'art. 441 ne réserve pas, comme l'art. 442, les droits acquis aux parties. De là sont nées de sérieuses difficultés sur les effets de l'annulation. Cette annulation peut-elle profiter aux parties? peut-elle leur nuire? La jurisprudence admet généralement qu'elle ne peut pas leur nuire et que la chose jugée doit conserver à leur égard toute son autorité. Si, en effet, le législateur eût voulu que l'annulation préjudiciât à l'accusé, il eût certainement introduit des formes et des délais pour qu'il ne restât pas éternellement sous le coup d'une pareille demande, et pour qu'il ne fût pas jugé par la cour sans être entendu... D'un autre côté, les principes généraux du droit veulent que l'annulation profite aux condamnés. On aurait peine à concevoir l'exécution d'une condamnation qui aurait été reconnue et déclarée par la Cour de cassation n'être que le résultat d'une application fausse et erronée de la loi pénale (Cass., 19 avril 1839; 18 mars 1842).

CHAPITRE III

DES DEMANDES EN RÉVISION.

La révision est une voie de recours extraordinaire contre des décisions judiciaires qui a pour but de faire revoir le procès et d'obtenir qu'il soit jugé de nouveau. Elle ne peut etre exercée que lorsqu'il n'existe plus d'autre voie de recours.

Elle diffère de la cassation : 1° en ce que la cassation s'applique à tous les arrêts infectés de nullité, tandis que la révision n'a lieu que dans des cas limitativement déterminés;

2° En ce que la cassation a son fondement dans les seules infractions de la loi, tandis que la révision peut atteindre une procédure régulière.

L'ordonnance de 1670 et le règlement de 1738 n'avaient posé aucune limite à l'exercice des demandes en révision. On admettait comme pouvant donner lieu à révision, toutes les erreurs qui pouvaient vicier une sentence criminelle.

L'assemblée constituante supprima cette voie de recours comme incompatible avec l'institution du jury qu'elle venait de créer. Bientôt après la Convention la rétablit, mais dans le cas seulement de l'existence simultanée de deux condamnations inconciliables.

Le Code d'instruction criminelle l'étendit à trois cas. Ces cas sont les suivants :

Premier cas. — *Deux condamnations inconciliables.* — « La révision, disait l'ancien art. 443, « peut avoir lieu lorsque un accusé aura été con- « damné pour un crime, et qu'un autre accusé « aura été aussi condamné par *un autre arrêt* comme « auteur du *même crime,* si les deux arrêts ne peu- « vent se *concilier.* »

Deuxième cas. — *Existence reconnue de la personne homicidée.* — « La révision peut avoir lieu « lorsque, après une condamnation pour homicide,

« l'existence de la personne prétendue homicidée
« est reconnue, ou lorsque l'on représente des indi-
« ces suffisants sur son existence, découverts posté-
« rieurement à la condamnation (art. 444). »

Troisième cas. — *Condamnation pour faux témoignage.* — Enfin la révision peut avoir lieu lorsque, après une condamnation, l'un ou plusieurs des témoins ont été poursuivis pour avoir porté un faux témoignage, et ont été condamnés pour ce crime (art. 445).

Dans le second cas seulement, c'est-à-dire dans le cas de l'article 444, la loi autorisait la révision au profit d'un condamné, mort depuis sa condamnation. L'instruction se faisait alors avec un curateur à sa mémoire, nommé par la section criminelle de la Cour de cassation. Une Cour d'appel était désignée pour reconnaître l'existence et l'identité de la personne prétendue homicidée. Après quoi, si l'identité était reconnue, la Cour de cassation cassait, sans renvoi, l'arrêt de condamnation.

Dans les deux autres cas, la Cour de cassation, après avoir reconnu que les deux arrêts de condamnation étaient inconciliables, et vérifié l'arrêt qui déclarait les témoins convaincus de faux témoignage, cassait les arrêts dénoncés et renvoyait les condamnés devant une autre Cour d'assises.

La Cour de cassation était saisie par le ministre de la justice. Les parties avaient bien le droit de lui adresser leurs réclamations, mais il n'était pas tenu d'y déférer.

21

Depuis longtemps l'opinion publique, par la voie de la presse et de la tribune, réclamait une réforme de notre législation sur ce point. La loi du 29 juin 1867 est venue donner une satisfaction partielle à ces réclamations, en apportant deux modifications importantes aux articles 443 à 447 de notre Code.

D'une part, elle autorise la révision non-seulement après une condamnation pour *crime*, mais aussi après une condamnation pour *délit*. Déjà, sous l'empire du Code d'instruction criminelle, lorsque le crime s'était changé, au cours des débats, en un simple délit, et que la Cour d'assises, conformément à l'article 365, avait appliqué une peine correctionnelle, la Cour de cassation s'était montrée disposée à admettre le recours en révision (Cass., 30 décembre 1842).

En second lieu, la loi nouvelle permet la révision *après la mort du condamné*, non plus seulement dans le cas d'existence reconnue de la prétendue victime, mais dans les trois cas où la révision est admise.

Quant aux formes de procéder, elles ont été également modifiées.

Le droit de demander la révision appartient tout à la fois au ministre de la justice et au condamné; et, après la mort de ce dernier, à son conjoint, à ses enfants, à ses parents, à ses légataires universels ou à titre universel, et généralement à tous ceux qui en ont reçu de lui la mission expresse. Mais il ne faut pas en conclure qu'il soit permis à l'une ou à l'autre de ces personnes de saisir *directement* la Cour de cassation de la requête en révision. C'est au ministre de la justice seul qu'appartient ce droit. Seulement, à la différence de ce qui se passait sous le Code d'instruction criminelle, lorsque les parties ont adressé leurs réclamations au ministre de la justice, celui-ci est tenu d'y donner suite et de faire porter la demande devant la Cour de cassation.

Ces réclamations doivent être faites, dans le cas de l'article 443, dans les *deux ans* à partir de la seconde des condamnations inconciliables, et, dans le cas de l'article 445, à partir de la condamnation du faux témoin.

Une fois saisie, la Cour de cassation examine s'il est possible ou non de procéder à de nouveaux débats.

Dans le premier cas, elle annule les jugements ou arrêts qui lui sont dénoncés, et renvoie les parties devant une autre Cour ou un autre tribunal.

La Cour ou le tribunal de renvoi n'a plus alors à se préoccuper de la question de savoir si les condamnés se trouvent ou non dans un des cas prévus de révision. Il ne lui reste plus qu'à vérifier la matérialité des faits et l'identité des personnes.

Aucun renvoi n'est prononcé dans l'hypothèse où la personne prétendue homicidée est reconnue vivante. La Cour de cassation, après avoir désigné une Cour d'appel pour reconnaître l'identité de cette personne, se borne, lorsque cette identité est reconnue, à casser l'arrêt de condamnation.

Dans le second cas, c'est-à-dire lorsqu'il est impossible de procéder à de nouveaux débats, soit par suite du décès des condamnés ou de l'un d'eux, soit à cause de la prescription de l'action publique ou de la peine, la Cour de cassation statue au fond sans cassation ni renvoi, en présence des parties civiles et des curateurs nommés par elle à la mémoire des accusés défunts, et son arrêt décharge, s'il y a lieu, la mémoire de l'accusé innocent de la condamnation injustement prononcée contre lui.

La jurisprudence admet généralement que la révision est ouverte contre les condamnations prononcées par les conseils de guerre, si elles se trouvent dans l'un des cas prévus par la loi. Le renvoi a lieu alors devant un autre conseil de guerre.

Malgré ces heureuses modifications, un exemple récent a montré que la réforme laissait encore à désirer.

Une fille accusée de suppression d'enfant (C. pén., art. 345), avait été condamnée, sur le rapport d'un médecin constatant son accouchement récent, et sur son *propre aveu*. — Néanmoins, quelques jours après, cette fille fut reconnue enceinte et elle accoucha. Les délais d'appel étaient expirés, et la révision n'était pas possible. Heureusement, le procureur général était encore dans le délai extraordinaire de deux mois que la loi lui accorde (art. 203 et 205); et sur l'appel qu'il s'empressa d'interjeter, cette fille fut acquittée par un arrêt de la Cour d'Amiens du 18 janvier 1869.

Il y a là une lacune à combler. Sous le premier Empire, dans des cas analogues, la révision fut octroyée par décrets de l'empereur. Un nommé Ellemberg, condamné à 16 ans de travaux forcés, fut, à la suite d'une instruction qui révéla le vrai coupable, reconnu innocent du crime pour lequel il avait été condamné. Mais la voie de la révision se trouva fermée, car on ne put mettre le vrai coupable en accusation, l'action publique étant prescrite, aux termes de l'article 637. Il était donc impossible de prononcer contre lui un arrêt qui, se trouvant inconciliable avec celui qui avait condamné Ellemberg, donnât ouverture à l'un des cas de révision.

L'empereur trancha la difficulté par un décret du 20 décembre 1813, qui investissait la Cour de cassation du droit de casser l'arrêt de condamnation d'Ellemberg. Mais ces mesures dictatoriales, qui confondaient tous les pouvoirs, ne sont plus dans nos mœurs. Il est donc nécessaire qu'une loi nouvelle, sans tomber dans l'exagération de l'ordonnance de 1670, étende le bienfait de la révision à *tous les cas où l'innocence d'un accusé serait évidente.*

FORMULAIRE

Nᵒ 1. — Citation devant le Tribunal de simple police.

L'an mil huit cent soixante-treize, le   janvier, à la requête du ministère public près le Tribunal de simple police de la ville de Paris, séant boulevard du Palais, élisant domicile en son parquet, j'ai,   huissier près le Tribunal civil de première instance de la Seine, audiencier de la justice de paix du quatorzième arrondissement de Paris et du Tribunal de simple police de ladite ville, y demeurant, rue   nᵒ , soussigné, cité M.   demeurant à Paris, rue   nᵒ , à comparaître le   , heure de midi (défaut à une heure) à l'audience du Tribunal de police de la ville de Paris, pour avoir contrevenu le   à l'ordonnance de police du 25 juillet 1862, en n'éclairant pas, pendant la nuit, les travaux qu'il faisait exécuter rue   ;

En conséquence répondre aux conclusions qui seront prises à l'audience par le ministère public; lui déclarant que, faute de comparaître les jour, lieu et heure susdits, aux fins de la présente citation, il sera contre lui donné défaut et passé outre au jugement, avec dépens; et j'ai au susnommé audit domicile et parlant comme est dit en l'original, laissé cette copie, dont le coût est de   .

NOTA. La personne citée doit comparaître en personne, ou par un fondé de pouvoir spécial (dûment enregistré.)

Nº 2. — **Réquisitoire du Procureur de la République afin d'informer.**

Le Procureur de la République près le Tribunal de première instance du département de la Seine :

Vu les pièces ci-jointes, d'où résulte contre le nommé inculpation de   ;

Vu l'article   du Code pénal,

Requiert qu'il plaise à M. le Juge d'instruction informer par les voies de droit.

Au parquet, le   1873.

(Signature du Procureur de la République ou d'un substitut.)

Nº 3. — **Mandat de comparution.**

Nous,   Juge d'instruction au Tribunal de première instance de la Seine, mandons et ordonnons à tous huissiers ou agents de la force publique, requis à cet effet, de citer à comparaître devant nous, en notre cabinet, au Palais de justice, le nommé   à l'effet d'y être interrogé sur les faits à lui imputés, et de lui déclarer que, faute de comparaître, il sera contre lui décerné mandat d'amener, et nous avons signé le présent, après l'avoir scellé de notre sceau.

Fait au Palais de justice, le   1873.

(Signature du juge.)

Nº 4. — **Notification du mandat de comparution.**

L'an mil huit cent soixante-treize, le   j'ai, huissier audiencier   soussigné, exhibé, notifié, et, avec ces présentes, laissé copie à   , demeurant à   , rue   , nº   ,

Du mandat de comparution décerné contre lui par M.   ,
juge d'instruction, en date de ce jour, dûment signé et
scellé, à ce qu'il n'en ignore; et ai, en conséquence, cité le
susnommé à comparaître en personne, le   du présent
mois, devant mon dit Juge d'instruction, en son cabinet, au
Palais de justice, lui déclarant que, faute de ce faire, il y
sera contraint par mandat d'amener; et ai, en parlant comme
dessus, laissé copie du mandat et du présent. Le coût
est de   .

(Signature de l'huissier.)

N° 5. — Mandat d'amener.

De par la loi,

Nous   , Juge d'instruction au Tribunal de première
instance du département de la Seine, mandons et ordonnons
à tous huissiers ou agents de la force publique d'amener
devant nous, en se conformant à la loi, le nommé
pour être entendu sur les inculpations dont il est l'objet ;
  Requérons tout dépositaire de la force publique de prêter
main-forte, s'il en est requis, pour l'exécution du présent
mandat par le porteur d'icelui ; à l'effet de quoi nous l'avons
signé et scellé de notre sceau.

Fait au Palais de justice, à Paris, le   1873.

(Signature du Juge d'instruction.)

N. B. — La notification du mandat d'amener se fait dans
les mêmes termes que celle des mandats de dépôt et d'arrêt.

21.

N° 6. — **Ordonnance d'extraction.**

Le directeur de la maison d'arrêt de   remettra à l'huissier porteur du présent, le nommé   , pour le conduire par-devant nous, en notre cabinet, au Palais de justice, à Paris, à l'effet d'y être interrogé sur les faits à lui imputés, et être ensuite réintégré en ladite maison d'arrêt.

Fait à Paris, au Palais de Justice, le   1873.

(Signature du juge.)

Le susnommé a été réintégré en ladite maison d'arrêt.

(Signature du directeur.)

N° 7. — **Cédule pour appeler les témoins devant un juge d'instruction.**

Nous   , Juge d'instruction au Tribunal de première instance du département de la Seine, mandons et ordonnons au premier huissier audiencier ou tout autre huissier ou agent de la force publique, sur ce requis, d'assigner le sieur

à comparaître le   , heure de   , par-devant nous, en notre cabinet, sis au Palais de justice, à Paris, pour y déposer, en personne, sur les faits et circonstances, dont il lui sera donné connaissance, lui déclarant que, faute de comparaître, il y sera contraint par corps, conformément à la loi.

Fait à Paris, au Palais de justice, le   1873.

(Signature du juge d'instruction.)

Nº 8. — **Assignation à témoin devant un juge d'instruction.**

L'an mil huit cent soixante-treize, le   , à la réquisition de M. le Procureur de la République, près le Tribunal de première instance du département de la Seine, séant à Paris, élisant domicile, en son parquet, au Palais de justice, à Paris,

J'ai   , huissier audiencier audit Tribunal, soussigné, donné assignation à

à comparaître, en personne, le   de ce mois, à heure, devant M.   juge d'instruction, en son cabinet, au Palais de justice, pour, au désir de son ordonnance, y déposer sur les faits et circonstances, dont il lui sera donné connaissance, lui déclarant que, faute de comparaître, il y sera contraint par amende et même par corps, et lui ai, en parlant comme dessus, laissé copie du présent. Le coût est de   .

(Signature de l'huissier.)

Nº 9. — **Ordonnance de soit communiqué.**

Soit communiqué à M. le Procureur de la République la procédure instruite contre le nommé   , inculpé de.

Paris, le   1873.

(Signature du juge.)

Nº 10. — **Mandat de dépôt.**

Nous   , Juge d'instruction au Tribunal de première

instance du département de la Seine, mandons et ordonnons à tous huissiers ou agents de la force publique de conduire en la maison d'arrêt de   , en se conformant à la loi, le nommé (*nom, prénoms, profession, demeure*), inculpé de   ;

Enjoignons au directeur de ladite maison de le recevoir et retenir en dépôt, jusqu'à nouvel ordre ;

Requérons tout dépositaire de la force publique de prêter main-forte pour l'exécution du présent mandat, s'il en est requis par le porteur d'icelui ; à l'effet de quoi nous l'avons signé et scellé de notre sceau.

        Fait à Paris, au Palais de justice, le   1873.

              (*Signature du Juge d'instruction.*)

Nº 11. — **Notification du mandat de dépôt.**

L'an mil huit cent soixante-treize, le   ,j'ai, huissier audiencier..... soussigné, exhibé, notifié et laissé copie au nommé   , de présent détenu en la maison d'arrêt de la Préfecture de police, à Paris, en parlant à sa personne, au greffe de ladite maison, du mandat de dépôt décerné contre lui par M.   , Juge d'instruction, ledit mandat dûment scellé et signé, à ce qu'il n'en ignore, et lui ai, en parlant comme dessus, laissé en outre copie du présent, dont acte. Coût   .

              (*Signature de l'huissier.*)

Nº 12. — **Mandat d'arrêt.**

De par la loi,

Nous   ,Juge d'instruction près le Tribunal de première instance de la Seine, vu les pièces du procès et les conclusions de M. le Procureur de la République du

mandons et ordonnons à tous huissiers ou agents de la force publique d'arrêter et de conduire à la maison d'arrêt de   le nommé   , en fuite, taille de (suit le signalement de l'accusé), prévenu de   crime (ou délit) prévu par l'art.   du Code pénal.

Enjoignons au gardien de ladite maison d'arrêt de le recevoir.

Requérons tous dépositaires de la force publique auxquels le présent mandat sera exhibé, de prêter main-forte pour son exécution; à l'effet de quoi avons signé le présent mandat, scellé de notre sceau.

Fait au Palais de justice, à Paris, le   1873.

(Signature du juge.)

N. B. — La notification se fait comme pour le mandat de dépôt.

N° 13. — Ordonnance de mise en liberté provisoire sous caution.

Nous   , Juge d'instruction au Tribunal de première instance du département de la Seine, vu la procédure suivie contre le nommé   , détenu dans la maison d'arrêt de   , sous l'inculpation de

Vu la requête à nous présentée par le sieur   à l'effet d'obtenir la mise en liberté provisoire, sous caution, du nommé   ;

Vu les conclusions de M. le Procureur de la République, en date de ce jour, déclarant ne s'opposer à la mise en liberté provisoire de l'inculpé moyennant caution;

Ordonnons que l'inculpé sera, s'il n'est détenu pour autre cause, mis sur-le-champ en liberté provisoire, moyennant

caution solvable de se représenter à tous actes de la procédure et pour l'exécution du jugement aussitôt qu'il en sera
requis, et à la charge par ledit inculpé de se conformer préalablement aux dispositions de l'art. 121 du Code d'instruction criminelle modifié par la loi du 14 juillet 1865 ;

Fixons à la somme de mille francs le montant du cautionnement à fournir, en espèces, en exécution de la présente ordonnance, laquelle somme demeurera affectée : savoir, jusqu'à
concurrence de cinq cents francs à la garantie de la représentation de l'inculpé à tous les actes de la procédure, et
pour l'exécution du jugement ; et quant au surplus, à la
garantie du payement des frais et des amendes, dans l'ordre
énoncé à l'art. 114 du Code d'instruction criminelle modifié
par la loi du 14 juillet 1865.

      Fait en notre cabinet, au Palais de justice à Paris,
le   1873.

N. B. — S'il y a constitution de partie civile, on mentionne
dans l'ordonnance : vu l'original de la notification faite de la
requête à ladite partie civile par exploit de   , huissier,
le   1873, et les observations écrites de ladite partie
civile, datées du   1873.

N° 14. — Réquisitoire du Procureur de la République tendant au renvoi en police correctionnelle.

Le Procureur de la République près le Tribunal de première instance de la Seine, séant à Paris ;

Vu la procédure instruite contre   ;

Attendu qu'il en résulte contre le nommé   charges
suffisantes d'avoir

Vu l'art.   du Code pénal ;

Requiert qu'il plaise à M. le Juge d'instruction renvoyer

le nommé   devant le Tribunal de police correctionnelle, pour y être jugé conformément à la loi.

Au parquet, le   1873.

(Signature du Procureur de la République.)

N° 15. — **Ordonnance de renvoi devant le Tribunal correctionnel.**

Nous   , Juge d'instruction au Tribunal de première instance du departement de la Seine;

Vu la procédure instruite contre le nommé   inculpé de   ;

Vu le réquisitoire de M.   , substitut de M. le Procureur de la République, en date du   , tendant au renvoi en police correctionnelle;

Déclarons qu'il existe contre l'inculpé   prévention suffisamment établie d'avoir   ;

Attendu que le fait susénoncé constitue le délit prévu et puni par l'article   du Code pénal, portant peines correctionnelles ;

Renvoyons le nommé   devant le Tribunal de police correctionnelle de la Seine pour y être jugé conformément aux lois.

Fait en notre cabinet, le   1873.

(Signature du Juge d'instruction.)

N° 16. — **Assignation à prévenu en police correctionnelle.**

L'an mil huit cent soixante-treize, le   janvier, à la requête de M. le Procureur de la République près le Tribunal de première instance du département de la Seine, séant à Paris, qui fait élection de domicile en son parquet, au Palais de justice, à Paris ;

J'ai   , huissier audiencier audit Tribunal, demeurant à Paris, au Palais de justice, soussigné, donné assignation au sieur...

en son domicile, parlant ainsi qu'il est dit en l'original ;

A comparaître en personne, le   , à onze heures du matin, à l'audience du Tribunal de première instance du département de la Seine, huitième chambre jugeant en police correctionnelle, séant à Paris, au Palais de justice ;

Pour répondre et procéder sur et aux fins d'une procédure de laquelle il résulte qu'il est prévenu d'avoir en 1872, à Paris, étant commerçant failli, commis le délit de banqueroute simple : 1° en faisant des dépenses personnelles et des dépenses de maison excessives ; 2° en ne faisant pas au greffe dans les trois jours de la cessation de ses payements la déclaration exigée par les art. 438 et 439 du Code de commerce ; 3° en ne tenant pas de livres réguliers, de nature à offrir sa véritable situation active et passive ;

Délit prévu par les art. 585, 586, du Code de commerce et 402 du Code pénal ;

Et, en outre, pour répondre aux conclusions qui seront prises contre lui par M. le Procureur de la République, d'après l'instruction à l'audience, et j'ai au susnommé, en parlant comme dessus, laissé cette copie.

Coût :

(Signature de l'huissier.)

N° 17. — **Assignation à témoin en police correctionnelle.**

L'an mil huit cent soixante-treize, le   janvier, à la

requête de M° L. demeurant à Paris,   , n°   , élisant domicile en mon étude ;

J'ai   , huissier près le Tribunal civil de la Seine, séant à Paris, y demeurant rue   , n°   , soussigné,

donné assignation à M...

à comparaître le   , à l'audience et par-devant MM. les président et juges composant la septième chambre du tribunal civil de la Seine, jugeant en matière correctionnelle, séant au Palais de justice, à Paris, onze heures du matin, pour

serment préablement prêté dire et déposer vérité sur les faits dont il lui sera donné connaissance à l'audience dans une affaire pendante devant ledit Tribunal entre la requérante et le sieur B.   ;

Lui déclarant que, comparaissant, il sera taxé, s'il le requiert, et que, faute de comparaître, il sera passible de l'amende prononcée par la loi et réassigné à ses frais ;

Et j'ai, au susnommé, en parlant dessus, laissé copie du présent, dont le coût est de   .

(Signature de l'huissier.)

N° 18. — **Citation directe en police correctionnelle.**

L'an mil huit cent soixante-treize, le   janvier, à la requête de M.   , propriétaire, demeurant à Paris-Montmartre,   , n°   , pour lequel domicile est élu en mon étude ;

J'ai   , huissier près le Tribunal civil de la Seine, séant à Paris, y demeurant rue   , n°   , soussigné,

Donné assignation à M.   , directeur-propriétaire du journal le   en ses bureaux, sis à Paris, rue   ,

n°   , où étant et parlant à un employé du journal ainsi déclaré ;

A comparaître le   à onze heures du matin, à l'audience et par-devant MM. les président et juges composant
la huitième chambre du Tribunal de première instance de la
Seine, jugeant correctionnellement, pour   ;

Attendu que le   dernier, le susnommé a publié
dans le journal le   l'article suivant.

(*Suit la teneur de l'article.*)

Attendu que ces allégations sont inexactes et constituent
le délit de diffamation prévu par la loi du 17 mai 1819 ;

Qu'en outre, elles ont causé au réquérant un grave préjudice pour lequel réparation lui est due ;

S'entendre condamner aux peines édictées par la loi ;

Et pour le préjudice causé au requérant, s'entendre condamner à lui payer 10,000 francs à titre de dommages-intérêts et aux dépens ;

Voir ordonner l'insertion du jugement à intervenir dans le
plus prochain numéro du journal le   et des jour-
naux qui ont reproduit l'article ci-dessus copié ;

Et j'ai, au susnommé, en parlant comme dessus, laissé
copie du présent dont le coût est de   .

(*Signature de l'huissier.*)

N° 19. — **Assignation devant la chambre des appels de police correctionnelle.**

L'an mil huit cent soixante-treize, le   janvier, à la re-
quête de M. le Procureur général près la Cour d'appel de
Paris, lequel fait élection de domicile en son Parquet, sis à
Paris, au Palais de justice,
Nous   , huissier

audiencier en ladite Cour, demeurant à Paris, au Palais de justice, soussigné, avons donné assignation au nommé

          , détenu à Paris, en la maison Mazas, en parlant à sa personne au greffe de ladite maison
à comparaître en personne, le   dix heures précises du matin, à l'audience de la Cour d'appel de Paris, Chambre des appels de police correctionnelle, au Palais de justice, pour être entendu sur l'appel interjeté par lui ;

d'un jugement rendu par le Tribunal de première instance de la Seine jugeant en police correctionnelle, le   , qui l'a condamné à 3 ans de prison et à 5 ans de surveillance et en outre à 50 francs d'amende pour escroquerie en récidive...
et voir statuer ce qu'il appartiendra ; lui déclarant que, faute de comparaître, il sera donné défaut, contre lui, pris telles réquisitions que de droit et passé outre à l'arrêt ; et, pour qu'il n'en ignore, nous lui avons, parlant comme dit est, laissé cette copie,   dont le coût est de.

(Signature de l'huissier.)

Nº 20. — **Opposition à un arrêt par défaut.**

L'an mil huit cent soixante-treize, le   janvier, à la requête de M. B.   demeurant à Paris, rue   , nº   , lequel fait élection de domicile en sa demeure ;

J'ai,   huissier au Tribunal civil de la Seine, séant à Paris, y demeurant, soussigné, signifié et déclaré à :

1º Monsieur le Procureur général, près la cour d'appel de Paris, en son parquet sis au Palais de justice à Paris où étant et parlant à l'un de MM. ses secrétaires ainsi déclaré, requérant visa, à moi octroyé ;

2° Théophile Pierre, compositeur, demeurant à Paris, rue   , n°   , en son domicile où étant et parlant à la concierge de la maison...

que le requérant est opposant comme de fait il s'oppose formellement par ces présentes à l'exécution d'un arrêt contre lui rendu par défaut par la Chambre des appels de police correctionnelle de la Cour d'appel de Paris, le   , au profit des susnommés, leur faisant, en conséquence, défenses expresses de mettre ni de faire mettre ledit arrêt à exécution ;

Et pour voir statuer sur la présente opposition, j'ai donné assignation auxdits susnommés, à comparaître le   , devant messieurs les président et conseillers composant la Chambre des appels de police correctionnelle de la Cour d'appel de Paris, en son local ordinaire, sis au Palais de justice de ladite ville, onze heures du matin, pour s'y défendre et voir adjuger au requérant les conclusions par lui prises en première instance et en appel, sous toutes espèces de réserves ;

A ce que les susnommés n'en ignorent et je leur ai au domicile et parlant comme dit est, laissé copie du présent dont le coût est de.

(Signature de l'huissier.)

Vu au parquet de la
Cour et reçu copie
   Le   janvier 1873.

(Signature de l'avocat général.)

N. B. — L'opposition à un jugement par défaut rendu par le Tribunal correctionnel se fait dans les mêmes termes.

N° 21. — Réquisitoire définitif du Procureur de la République, tendant à la transmission des pièces au Procureur général.

Le Procureur de la République, près le Tribunal de première instance du département de la Seine :
Vu les pièces de la procédure suivie contre le sieur   détenu,
Expose ce qui suit :

En conséquence,
Attendu qu'il existe contre   charges suffisantes d'avoir....

Crime prévu par l'article   du Code pénal, requiert qu'il plaise à M. le Juge d'instruction, dire et ordonner que les pièces de la procédure seront sans délai transmises à M. le Procureur général, près la Cour d'appel de Paris, pour être statué ce qu'il appartiendra, le mandat de dépôt tenant état.

Au Parquet, le   1873.

(Signature du Procureur de la République ou d'un substitut.)

N° 22. — Ordonnance de transmission de la procédure au procureur général.

Nous,   , Juge d'instruction au Tribunal de première instance de la Seine,
Vu la procédure instruite contre le nommé   , inculpé de   ;
Vu le réquisitoire de M.   substitut de M. le Procureur de la République, en date du   , tendant à la

transmission de la procédure à M. le Procureur général;

Exposons que de l'instruction résultent sommairement les faits suivants :

Dans ces circonstances, attendu qu'il résulte de l'instruction contre le nommé   charges suffisantes d'avoir, à Paris, depuis moins de 10 années;

Et attendu que ces faits constituent le crime prévu et puni par l'article   du Code pénal, et passible de peines afflictives et infamantes ;

Ordonne, conformément aux art. 133 et 134 du Code d'instruction criminelle, que les pièces de l'instruction, les procès-verbaux constatant le corps du délit et un état des pièces à conviction soient transmis à M. le Procureur général près la Cour d'appel pour être ultérieurement procédé ainsi que de droit.

Fait en notre cabinet, le   1873.

(Signature du juge d'instruction.)

Suit le signalement du prévenu.

(Signature du greffier.)

N° 23. — **Réquisitoire du procureur général.**

Le substitut du Procureur général soussigné :

Vu les pièces de la procédure suivie contre   ;

Attendu qu'il résulte contre lui charges suffisantes d'avoir,

Vu l'article   du Code pénal,

Requiert qu'il plaise à la Cour prononcer la mise en accusation de   , décerner contre lui ordonnance de prise de corps, et le renvoyer devant la Cour d'assises de la Seine pour y être jugé.

Au parquet, le   1873.

(Signature du substitut ou de l'avocat général.)

N° 24. — **Arrêt de renvoi devant la Cour d'assises.**

La Cour, réunie en la Chambre du conseil, M.   ,
substitut de M. le Procureur général, est entré et a fait le
rapport du procès instruit contre : 1° la fille B..., la femme
C..., et la veuve M.

Le greffier a donné lecture des pièces du procès qui ont
été laissées sur le bureau. Le substitut a déposé sur le bureau son réquisitoire écrit, signé de lui, daté du   -   et
terminé par les conclusions suivantes : « Requiert qu'il
« plaise à la Cour prononcer la mise en accusation des sus-
« nommés, décerner contre eux ordonnance de prise de
« corps, et les renvoyer devant la Cour d'assises de la Seine
« pour y être jugés.

Le substitut s'est retiré ainsi que le greffier. Il résulte de
l'instruction les faits suivants :

*(Suit l'énumération des charges relevées par l'instruction. La
chambre d'accusation doit, dans son arrêt, déterminer soigneuse-
ment le fait imputé au prévenu, et spécifier toutes les circonstances
qui peuvent être de nature à en atténuer ou à en aggraver la criminalité.)*

Le   janvier 1873, le Juge d'instruction au Tribunal
de la Seine, a ordonné la transmission des pièces au Procureur général.

La Cour, après en avoir délibéré :

Considérant que des pièces et de l'instruction résultent
charges susfisantes, savoir : 1° contre la femme C. d'avoir en
1872, à Paris, par médicaments, violences ou par tout autre
moyen procuré l'avortement de la nommée Louise B. alors
enceinte, avec cette circonstance que ladite femme C. est
sage-femme, et que l'avortement a eu lieu ; 2° contre la fille
B. d'avoir, à la même époque et au même lieu, étant enceinte, consenti à faire usage des moyens à elle administrés

pour se procurer l'avortement, lequel s'en est suivi ; 3° contre la veuve M. de s'être, à la même époque et au même lieu, rendue complice de l'avortement ci-dessus spécifié : 1° en provoquant par abus d'autorité ou de pouvoir ladite fille B. à cette action, et en lui donnant des instructions pour la commettre ; 2° en l'aidant ou assistant, avec connaissance de cause, dans les faits qui ont préparé, facilité ou consommé ledit avortement,

Crimes prévus par les art. 59, 60 et 317 du Code pénal ;

Ordonne la mise en accusation desdites femme C., fille B. et veuve M. et les renvoie devant la Cour d'assises du département de la Seine, pour y être jugées.

En conséquence, ordonne que par tout huissier ou agent de la force publique, les nommées   seront prises au corps, conduites dans la maison de justice, et écrouées sur les registres de ladite maison ;

Ordonne que le présent arrêt sera exécuté à la diligence du Procureur général.

Fait au Palais de justice, à Paris, le   janvier 1873, en la Chambre du conseil, où siégeaient MM.
conseillers, tous composant la chambre des mises en accusation, et qui ont signé le présent arrêt avec M.   greffier.

(Suivent les signatures du président, des conseillers et du greffier.)

N° 25. — **Signification de l'arrêt de renvoi.**

L'an mil huit cent soixante-treize, le   janvier, à la requête de M. le procureur général près la Cour d'appel de Paris, lequel fait élection de domicile en son parquet, sis en ladite ville, au Palais de justice,

Nous soussigné   , huissier audiencier près ladite Cour, demeurant à Paris, au Palais de justice,

Avons, par ces présentes, signifié l'arrêt sus-copié et laissé la présente copie à la nommée C. demeurant à Paris, rue   , n° , où étant et parlant à sa personne, le tout afin que du contenu audit arrêt la susnommée n'en ignore ; et de suite, et en vertu dudit arrêt nous l'avons sommée de nous suivre, lui déclarant que nous allions la conduire en la maison de justice, près la Cour d'assises de la Seine, et l'écrouer sur les registres de ladite maison, ce à quoi elle a immédiatement obtempéré ;

Et de fait, nous avons à l'instant conduit la susnommée dans la maison de justice près la Cour d'assises de la Seine, et l'avons écrouée sur les registres de cette maison, et laissée à la garde du directeur d'icelle qui le reconnaît et a signé avec nous, tant sur le registre que sur l'original, dont acte.

Coût.

(Signature de l'huissier.)

Observation. — En l'espèce, l'accusée avait été laissée en liberté provisoire. Lorsque l'accusé est détenu, ce qui a lieu le plus souvent, la signification de l'arrêt de renvoi lui est faite au greffe de la maison d'arrêt.

N° 26. — Acte d'accusation.

Le Procureur général près la Cour d'appel de Paris expose que par arrêt du   la chambre d'accusation de la dite Cour a renvoyé devant la Cour d'assises de la Seine, pour y être jugé conformément à la loi, le nommé C.   ;

Déclare le Procureur général de la République que des pièces et de l'instruction résultent les faits suivants...

(L'acte d'accusation doit contenir tous les détails, toutes les circonstances qui ont précédé, accompagné et suivi le délit; en un mot, présenter dans toute leur étendue les faits qui ont rapport au délit.)

22

En conséquence le sieur C. est accusé d'avoir en 1873, à Paris, détourné au préjudice de P. dont il était commis, une somme de   qui ne lui avait été remise qu'à titre de mandat, à la charge de la rendre ou représenter;

Crime prévu par l'art. 408 du Code pénal.

Fait au parquet de la Cour d'appel de Paris, le   février 1873.

Pour le Procureur général.

(Signature d'un avocat général.)

Observation. — La signification de l'acte d'accusation se fait dans la même forme que celle de l'arrêt de renvoi. Ordinairement ces deux pièces sont signifiées par un seul et même acte.

N° 27. — **Notification de la liste des témoins.**

L'an mil huit cent soixante-treize, le   janvier, à la requête de M. le Procureur général près la Cour d'appel de Paris, lequel fait élection de domicile en son parquet, sis en ladite ville, au palais de justice;

Nous, soussigné   , huissier audiencier près ladite Cour, demeurant à Paris, au Palais de justice,

Avons, par ces présentes, signifié et notifié à la nommée F. détenue à Paris en la maison d'arrêt de Saint-Lazare, parlant à sa personne, au greffe de ladite maison;

La liste, ci-après copiée, des témoins que mondit sieur le Procureur général a l'intention de faire entendre à l'audience de la Cour d'assises de la Seine, du   de ce mois, sur l'accusation portée contre la susnommée; et pour qu'elle n'ignore du contenu en ladite liste, nous lui en avons laissé la présente copie dont le coût est de...

(Suit la teneur de la liste.)

N. B. — La liste des témoins doit être notifiée vingt-quatre heures au moins avant l'audience.

Nº 28. — Déclaration du Jury.

COUR D'ASSISES

DU

DÉPARTEMENT DE LA SEINE

———

Audience du 22 janvier 1873.

DÉCLARATION DE CULPABILITÉ.

Si l'accusé est déclaré coupable, soit du fait principal, soit des circonstances aggravantes du ait principal, par une majorité de sept voix ou plus, le Jury répondra, sur chaque question :

OUI, *à la majorité.*

Si la même majorité admet l'existence de circonstances atténuantes, le Jury l'énonce ainsi :

A la majorité, il y a des circonstances atténuantes en faveur de l'accusé.

Si, au contraire, le Jury n'admet pas l'existence de circonstances atténuantes, il n'a aucune mention à faire à cet égard.

NOTA. Pour admettre des circonstances atténuantes, l'égalité des voix ne suffit pas, il faut *sept* voix, au moins, comme pour la condamnation.

DÉCLARATION DE NON-CULPABILITÉ.

L'égalité des voix pour et contre l'accusé équivaut à une déclaration de non-culpabilité. Lors donc que l'accusé est déclaré non coupable sur le fait principal, il ne doit être fait aucune mention de majorité. La réponse sera : NON.

Si l'accusé, déclaré coupable sur le fait principal, ne l'était pas sur une ou plusieurs circonstances, la réponse sera également sur chacune de ces circonstances : NON.

NOTA. La décision du Jury est signée par le Chef et remise par lui au Président, le tout en présence des onze autres Jurés.

Si le Chef du Jury désigné par le sort est remplacé, la signature du Juré remplaçant doit être suivie de ces mots :

Remplaçant le premier Juré sorti par le sort, sur sa demande, sur la désignation des autres Jurés, et de mon consentement.

	QUESTIONS.	RÉPONSES. Le Chef du Jury, debout, la main placée sur son cœur, DIT : *Sur mon honneur et ma conscience, devant Dieu et devant les hommes, la déclaration du Jury est :*	
		(Faits principaux avec leurs circonstances.)	(Circonstances atténuantes.)
1	Auguste St. est-il coupable d'avoir, en novembre 1873. soustrait frauduleusement, au préjudice de la veuve D., de l'argent monnayé, des bijoux en or et des effets d'habillement?		
2	Cette soustraction frauduleuse a-t-elle été commise la nuit?	Oui, à la majorité.	
3	A-t-elle été commise à l'aide d'escalade?	Non.	
4	A-t-elle été commise à l'aide d'effraction?	Non.	
5	A-t-elle été commise dans une maison habitée?	Oui, à la majorité.	A la majorité, il y a des circonstances atténuantes en faveur de l'accusé.
		Oui, à la majorité.	
	Le Président des Assises.	*Le Chef du Jury.* (Signature.)	*Le Chef du Jury.*

N° 29. — **Ordonnance de déchéance.**

Nous,   , conseiller à la Cour d'appel de Paris, président de la Cour d'assises de la Seine, vu : 1° l'ordonnance de prise de corps rendue par la chambre des mises en accusation de la Cour d'appel de Paris, le   1873, contre le nommé   absent, accusé de   ;

2° L'arrêt rendu par la même Cour, ledit jour, portant renvoi du susnommé devant la Cour d'assises du département de la Seine, pour y être jugé conformément à la loi ;

3° L'original de la signification de cet arrêt faite à son dernier domicile le   , dûment enregistré, duquel il résulte que le susnommé n'a pu être saisi ;

4° Et enfin les art. 465 et 466 du Code d'instruction criminelle ;

Attendu que le susnommé n'a pu être saisi et qu'il ne s'est pas présenté dans les dix jours de la signification qui lui a été faite de l'acte de mise en accusation ci-dessus daté et énoncé ;

Ordonnons que ledit   sera tenu de se présenter dans un nouveau délai de dix jours, sinon qu'il sera déclaré rebelle à la loi ; qu'il sera suspendu de l'exercice des droits de citoyen ; que ses biens seront séquestrés pendant l'instruction de la contumace ; que toute action en justice lui sera interdite pendant le même temps ; qu'il sera procédé contre lui, et que toute personne sera tenue d'indiquer le lieu où il se trouve ;

Enjoignons au premier huissier sur ce requis, de mettre la présente ordonnance à exécution, de la faire publier à son de trompe ou de caisse et afficher, tant à la porte du dernier domicile de l'accusé absent, qu'à celle du maire de la commune de,   et enfin à celle de l'auditoire de la Cour d'assises du département de la Seine.

         Fait et donné au Palais de justice, à Paris, le   1873.

           Le Président de la Cour d'assises.

N. B. — L'ordonnance de déchéance est signifiée, par acte d'huissier, au dernier domicile de l'accusé absent.

N° 30. — Procès-verbal de publication et affiche de l'ordonnance de déchéance.

L'an mil huit cent soixante-treize, le dimanche
à la requête de monsieur le Procureur général près la Cour d'appel de Paris, lequel fait élection de domicile en son parquet ; et en vertu de l'ordonnance de déchéance rendue en conformité de l'art. 465 du Code d'instruction criminelle, par M.   président de la Cour d'assises de la Seine, en date du   présent mois, dûment en forme, et signifiée ;

Nous,   , huissier audiencier de ladite Cour, d'appel demeurant à Paris, au Palais de justice, soussigné ; après avoir fait battre la caisse, tant à la porte du dernier domicile connu du nommé   accusé absent, qu'à la porte du maire de la commune de   et à celle de l'auditoire de la Cour d'assises de la Seine, avons donné publiquement lecture de ladite ordonnance aux habitants rassemblés, et enfin que ce fût chose publique et notoire, avons fait placarder en chacun des endroits indiqués ci-dessus, un exemplaire, tant de ladite ordonnance que du présent procès-verbal dressé en conformité de l'art. 466 du Code d'instruction criminelle, dont acte.

Le coût du présent est de

(*Signature de l'huissier.*)

Visé par nous, maire de

le   1873.

(*Signature du maire.*)

FIN DU VOLUME.

TABLE DES MATIÈRES

CODE PÉNAL

LIVRE I

DES PEINES EN MATIÈRE CRIMINELLE ET CORRECTIONNELLE, ET DE LEURS EFFETS.

LIVRE II

DES PERSONNES PUNISSABLES, EXCUSABLES, OU RESPONSABLES POUR CRIMES OU DÉLITS.

FIN DE LA TABLE DU CODE PÉNAL.

TABLE DES MATIÈRES

CODE D'INSTRUCTION CRIMINELLE

LIVRE I.

DE LA POLICE JUDICIAIRE ET DES OFFICIERS DE POLICE QUI L'EXERCENT.

LIVRE II

DE LA JUSTICE.

TITRE I

DES TRIBUNAUX DE POLICE.

TITRE II

DES AFFAIRES QUI DOIVENT ÊTRE SOUMISES AU JURY.

TITRE III

DES MANIÈRES DE SE POURVOIR CONTRE LES ARRÊTS OU JUGEMENTS.

FIN DE LA TABLE DU CODE D'INSTRUCTION CRIMINELLE.

CORBEIL, typ. et stér. de CRÉTÉ FILS.

ERRATA.

Page   6, ligne 14, *au lieu de :* 1° preuve testimoniale, *lisez :* 2° preuve testimoniale.

— » — 21, *au lieu de :* 2° serment, *lisez :* 3° serment.

— 7, — 3, *au lieu de :* 3° épreuves, *lisez :* 4° épreuves.

— 9, — 3, *au lieu de :* 4° combat judiciaire, *lisez :* 5° combat judiciaire.

— 140, — 28, *après*, en matière de crime, *ajoutez :* attribué.

— 256, — 15, *au lieu de :* trois augmenté d'un jour par myriamètres, *lisez :*
augmenté d'un jour par trois myriamètres.

— 328, — 22, *au lieu de :* question particulièree, *lisez :* instruction particulière.

— 341, — 4, *au lieu de :* condamné, *lisez :* condamné.

— 348, — 1, *au lieu de :* le contumacé, *lisez :* le contumax.